名师名校名校长

凝聚名师共识
回应名师关怀
打造名师品牌
培育名师群体

名师名校名校长书系

小学语文"微课程"
基于**文化名人**研究

张德芝 / 著

光明日报出版社

图书在版编目（CIP）数据

小学语文"微课程"：基于文化名人研究/张德芝著.
—北京：光明日报出版社，2016.7
ISBN 978-7-5194-1570-9

Ⅰ.①小… Ⅱ.①张… Ⅲ.①小学语文课—教学研究
Ⅳ.①G623.202

中国版本图书馆CIP数据核字（2016）第184033号

小学语文"微课程"：基于文化名人研究

著　　者：张德芝	
责任编辑：靳鹤琼	封面设计：北京言之凿文化
责任校对：傅泉泽	责任印制：曹　净

出版发行：光明日报出版社
地　　址：北京市东城区珠市口东大街5号，100062
电　　话：010-67022197（咨询），67078870（发行），67019571（邮购）
传　　真：010-67078227，67078255
网　　址：http://book.gmw.cn
E-mail：gmcbs@gmw.cn　　caoy@gmw.cn
法律顾问：北京德恒律师事务所龚柳方律师

印　　刷：北京市华审彩色印刷厂
装　　订：北京市华审彩色印刷厂
本书如有破损、缺页、装订错误，请与本社联系调换

开　　本：787×1092　1/16	
字　　数：288千字	印　　张：18
版　　次：2016年8月第1版	印　　次：2016年8月第1次印刷
书　　号：ISBN 978-7-5194-1570-9	
定　　价：36.00	

版权所有　翻印必究

序言 PREFACE

"微"风袭来，语文教育何去何从

时下，越来越多的事物被冠以"微"的名号，从微博、微信、微小说到微电影、微旅行。甚至某人寿保险公司也来凑热闹——推出了"微理赔"业务：客户如果受伤或者生病住院，只需通过微信即可提交理赔申请，让理赔操作简单到指尖。种种迹象表明：我们已悄然进入了一个全新的"微时代"。粉丝、关注、转发、@，这些"微时代"特有的关键词，构建起一个虚拟的新大陆，形成一股"微力量"，推动着传统生活方式的变革。

一、我们处在"微时代"

"微信，是一种生活方式"，与其说这是微信的一个理念，不如说这是微信的一个宣言。微信，彻底改变了人们的生活、交流方式。

自2011年1月21日腾讯公司推出"微信"以来，短短几年获得巨大成功，"微信"已经覆盖中国90%以上的智能手机，月活跃用户达到5.49亿；覆盖200多个国家，超过20种语言。

毫不夸张地说：微信，改变了全世界。

"微"字被《新周刊》（第385期）评为2012中国年度汉字。推委会给出的理由是：微博的"见微知著"、微信的"造微入妙"、微公益的"积微成著"，以及北京暴雨中152位农民工奔赴京港澳高速救出200名被淹者时发出的"我们不要钱，我们是来救人的"的"微言大义"，等等。从微博、微信到微公益，从微表达、微力量到微监督，社会生活已经"无微不至"。

我们已经迈入了"微时代"！

在这个"微时代"里，我们可以通过虚拟的小行为获得减压的小满足，比如风靡全国的"开心农场"；我们每个人都有机会成为别人的粉丝并拥有自己的粉丝，每个人都可以与明星大腕对话调侃；我们记住了诸多的网络流行语和微语录，比如"不要迷恋哥，哥只是个传说"式的自嘲自恋，"生活像一个茶几，上面摆满了杯具"式的慨叹……

二、"微民"造就"微动力"

生活在这个时代的每个人——我们这些"微民"们，曾经做着微不足道的事，发出微小的声音。

"朝阳区人民群众"最近很火，据说还拍成了电影，人们将其称为"世界第五大王牌情报组织"。这是一个似乎无所不能的群体，从明星吸毒、藏毒，到卖淫嫖娼、刑事案件等，他们似乎无处不在。他们可能是商场、超市里的保安，可能是路边的志愿者，又或者仅仅是晨练所见的一个个平凡路人。这几年，北京市朝阳区警方破获多起明星吸毒等大案、要案，其中不少线索来自"朝阳群众"的举报。

这是"微民"的胜利！这是个"微民"造就"微动力"的时代，个人与集体、个人与社会的关系被人们重新审视。这是一个关注个体的时代，这是一个关注草根的时代，这是一个价值被强调的时代。"微传播"迅速快捷，"微宣传"喜闻乐见，"微文化"健康高雅，"微阵地"引人入胜。那么，我们应该由衷地感谢这个伟大的时代，并独具匠心地运用各类"微媒体"，举手之劳中手留余香，轻轻点击间传递文明。

三、"浅阅读"刷出正能量

当人们还在批评电子阅读的种种弊端的时候，当人们还在议论"深阅读"与"浅阅读"孰是孰非的时候，微信已经悄然占领了我们的生活。看看我们的周围吧，单位有公众号、学校有微信群、班级有朋友圈，约个吃饭还要先建一个群……

有人说，我们正身处一个意识觉醒的伟大时代——微时代，这个时代人的感知朝着细腻而细微的密度显化，使人的内心变得温暖。有"微"就有沟通。

适逢"三八"妇女节，看看我们的朋友圈吧，晒的可都是满满的幸福——老公送鲜花的，子女献礼物的，家人吃团圆饭的，微信发红包的，妈妈下厨房的，同事搞拓展活动的……人们在刷"朋友圈"的时候，学会了细腻地观察生活，学会了体贴地增进亲情，学会了尽情地享受生活。这难道不是在弘扬正能量？不是在提高国民素质？不是在提升道德力量？这种"浅阅读"是否值得提倡？

习近平总书记曾指出，要利用各种时机和场合，形成有利于培育和弘扬社会主义核心价值观的生活情景和社会氛围，使核心价值观的影响像空气一样无所不在、无时不有。如今，触手可及的网络足以让每个人的言行都被无限地放大，数不胜数的好人好事可在瞬间发酵传播，但不少丑恶也遭受众人的批判揭发，如此高效的"微阵地"，凝聚强大的正能量，汇聚和谐的源动力。

四、"微"风刮进校园来

在这个"微时代"，形形色色的"微"扑面而来，纯净的校园也"微"风不断——

我们兜里揣着"微终端"（手机）进课堂，铺天盖地的"朋友圈"裹挟着我们，花样翻新的"微视频"吸引着我们，人们好像被圈养的动物一样接受着信息的填塞。作为教育者的我们，怎能淹没在信息的海洋里，从而失去自由的、独立的思考？

笔者新接一个三年级班，在第一次家长会后，乐乐妈妈提议：既然阅读这么重要，那我们就开展"微信阅读"活动吧！我每月从图书馆给孩子们借一本书（人手一本，全班共读。比如三月份读《窗边的小豆豆》、四月份读《草房子》等），孩子与家长每天一起阅读，用微信的语音发送功能，把家长与孩子共同读书的语音发到群里，家长们轮流值日，查看并登记。而我呢，只需要随机抽查即可。

此活动得到了大部分家长的支持，想不到，居然有不少孩子一坚持就是几个月，连放寒假过春节都没有间断！大量的阅读让孩子们的阅读能力、写作能力得到了提高，接班仅一个学期，我们班每人就写了几十篇文章，还出版了作品集《童年的水墨画》呢！

"微信阅读"这个不经意的举动，几乎颠覆了我二十多年来的工作方法和思维方式。

于是我想，在校园实现WiFi全覆盖、家家都有网络的今天，"微信"在教学中的应用还可以更加广泛。当我以"微信与语文教育"为话题发起讨论时，得到这样动人的回馈：

牛书霞：自"微信"诞生，公众号便如雨后春笋般生长起来，随之生长的还有我的"小幸运"——遇见好文章，遇见好讲座，它们像是语文之旅中久别重逢的故人，总是给我带来很多欢喜和惊叹。在这一声声惊叹和欢喜里，我的语文教学在且行且思中前进——每周"读享一本书"让我保持读书的习惯；"教室阅读行动"让我见识了丰富多彩的"绘本"教学；"重新认字研究"让我和孩子们收获到想象的幸福……相信微信中的语文学习是点滴积累，日久便汇聚成智慧的河流，绵延不绝于教育疆界中。

杨施：学校提倡"国学诵读"，一部分家长不理解、不支持。"新校长传媒"微信公众号的一篇文章《小时候背那么多诗有什么用？》中的很多话触碰到了我的内心深处，引发了我的强烈共鸣。比如，"春天，看到了盛开的桃花，突然明白了什么是'逃之夭夭，灼灼其华'"。这篇文章作者所传递的信息和情感与我个人的想法不谋而合，于是，我迫不及待地把它分享给家长们阅读。

不出我所料，文章在家长群中得到强烈反响。一个晚上，点赞数就高达近五十个，还有很多家长在QQ空间与朋友圈里转载、分享。借着这个机会，我也给家长们推荐了不少关于经典国学与朗读方面的公众号，期待能为家长们提供更多的资源和便利。后来，我还接到一些家长的电话，表示非常赞同学校的教学安排，希望举行更多的活动，他们也会根据孩子的情况单独辅导孩子背诵经典。

我的内心是欣慰的，一方面是我们的教学理念得到了家长们的认可，另一方面是微信公众号这一交流平台让我们与家长们的沟通更加顺畅、有效。

不得不说上一句：微信，感谢有你！为你点赞！

唐嘉佳：一直以来，我都希望我的工作和生活是分开的。当大家都在用最前沿的

小学语文"微课程"——基于文化名人研究

"微信"与家长沟通交流的时候，我拒绝了。家长加我时，我基本上不理会，但也有几条漏网之鱼。

周日晚上11点多，不太方便打电话了，嘉棋妈妈通过微信给我留言，说因为没时间帮孩子打理长发，把她的长发剪短了。被剪了发的孩子哭闹不已，妈妈希望周一一大早老师们能赞美孩子短发同样很美。长长的文字叙述，让我感受到家长的无可奈何。

"嘉棋，剪了头发呀，短发同样适合你啊，好美！"第二天一大早，我一看见嘉棋就不失时机地夸她，看着孩子开心地走了，我也放心了。语文课上，我要求用"赞美"一词造句，嘉棋高高地把手举起，用她洪亮的声音说："今天早上，唐老师赞美我短发很美，我无比高兴！"孩子对我的回应，就是最美的教育！

从那以后，我不再拒绝用"微信"与家长沟通。微信，让我和家长的沟通跨越时间的障碍，让我的语文教学更加生活化。如此，我怎能拒绝这么好的一种方式？

"微信"真是个好东西！不仅能实现老师与同学间"一对一"地提出问题和答疑解惑，还能帮忙管理班级、讨论活动、与家长沟通。更为方便的是，不仅可以用文字交流，还支持语音交流，老师亲切的声音让孩子的思路更为清晰具体，思考的空间更为广阔。

当然，微信是柄"双刃剑"，既有让人难以拒绝的"方便"，也存在隐藏很深的问题。面对这样的"微时代"，我们需要拒绝诱惑，值守内心。这个说起来容易，做起来很难，直到有一天偶遇了畅销书——《断舍离》。

"断舍离"是日本杂物管理咨询师山下英子推出的概念。"断"就是不买、不收取不需要的东西，"舍"就是处理掉堆放在家里没用的东西，"离"就是舍弃对物质的迷恋，让自己处于宽敞舒适、自由自在的空间。说白了，"断舍离"就是让我们扔东西减压力，活出自己的幸福人生。此书2013年一经出版即引起轰动，横扫日本、台湾各大畅销书榜第一名，"断舍离"一词迅速成为当年日本年度词汇。如今，它已经成为一种生活理念。

作家张德芬说："在负面思考的时候，要能够'断'。断的能力在于'观'，如果你可以观察到自己的负面思考，你就已经成功一半了。"

台湾著名占星师唐立淇也说："离是必须的，若你当断不断、当舍不舍、当离不离，宇宙能量自然会制造事件逼你断、逼你舍、逼你离，所以，表面上是灾难，事实上却是上天帮了你一把，把你逼上了梁山，才能激发出后面无穷的可能。"

于语文教师而言，也需要这样一种思考：什么是孩子的成长最需要的语文素养？我们的教材能全面地给予吗？如果不能，我们是否也要用"断舍离"的理念去重新审视教材？我们是否能为孩子们做些什么？

《小学语文"微课程"：基于文化名人研究》会带给你一个全新的答案，"张德芝名师工作室"探索开发的文化名人微型课程，是基于教材、超越教材的一种尝试，将带给孩子们"正餐"之外的不一样的"营养"。

魏畅彪 校长
深圳市龙华新区民顺小学

目录 CONTENTS

第一辑 微课程之"微"

语文的使命 ·· 2
教材需要"断舍离" ·· 5
我们开始"微行动" ·· 12
我们眼中的"微课程" ·· 16
小立课程,大作功夫 ·· 19
让语文学习像寻宝一样有趣 ·· 25
关于语文"微课程"的几点思考 ··································· 29
不能忘却的长征 ··· 33
当今,语文教师最缺什么 ·· 37
咬"文"嚼"化",探寻语文教学规律 ························· 39

第二辑 微课程之"课"

世界儿童文学的太阳——安徒生 ································· 44
"童话大王"郑渊洁 ·· 52
"不老"的金波 ·· 59
孩子的天使——泰戈尔 ··· 67
"诗仙"李白 ·· 78

"圣人"孔子 …… 85
"文宗·师宗"叶圣陶 …… 98
李杜诗歌对比趣 …… 105
陨落的星星——新美南吉 …… 112
大师叶圣陶 …… 121
伟人毛泽东 …… 129
"诗中有画"话王维 …… 144
寂寞萧红 …… 157
人民艺术家——老舍 …… 165
境在画中，意在言外 …… 176
"民族魂"鲁迅 …… 184
有趣的苏东坡 …… 195

第三辑 微课程之"程"

寻找幸福的语文学堂 …… 212
"鲸吞"与"牛嚼" …… 217
用终生的时间来准备 …… 220
当课文内容被否定时 …… 223
讲故事VS学课文 …… 225
美哉，笋芽儿 …… 227
"比"出来的"文化味" …… 229
低年段古诗教学要把握好三个"贯通" …… 232
我们该"给予"三年级学生什么 …… 235
我的"智慧语文"之旅 …… 238
邂　逅 …… 240
给课堂加点"情趣" …… 242
为"改动"叫好 …… 245
既要教"内容"，也要教"形式" …… 248

关注文体，是备课的第一步…………………………………………… 250
磨刀不误砍柴工…………………………………………………………… 252
识字课的"变"与"不变"……………………………………………… 254
教学是"慢"的艺术……………………………………………………… 257
朗读的温度………………………………………………………………… 259
从"是什么"走向"怎么样"…………………………………………… 262
固本求源回归语文课堂本真……………………………………………… 263
师生关系也是一种生产力………………………………………………… 266
与季老的"初次相识"…………………………………………………… 268
荟萃　淬炼　精粹………………………………………………………… 271
简约中的精彩……………………………………………………………… 275

第一辑

微课程之"微"

标题中的"微课程",不是时下流行的在线教学视频,不是诸如"翻转课堂"的教学模式,也不是以课例片段为中心的教学资源(微课),而是取字面上的意思:微型的课程。力图展现的是为学生所需的、为教师所用的"正餐"(语文教材)之外的补充"营养"的微型课程,以丰富学生的文化存养,培育学生的文化根基。

"微是你我,是每一个推动社会进步的微小分子。只有微幸福,才是真幸福。"央视主持人白岩松这样说。

语文的使命

深圳市龙华新区民顺小学　张德芝

一

我不是一个球迷,但今年我也偶尔看了几场世界杯球赛,尽管很多时候看不懂,但是也跟着激动了一把,球赛的确是扣人心弦。这事本来已经过去了,但前几天我看到一篇文章,让我为语文叫冤。文章的题目是《央视为人诟病的足球解说风格,是被敝国语文教育所害的》,开头第一段是:

在我们这个传统的足球弱国里,有着一流的球迷、二流的联赛、三流的球场、四流的球员以及五流的足球评论员。而作为焦点的央视足球评论员,其解说风格长期为人们所诟病:他们每逢解说大型比赛,似乎都只懂煽情、矫情以及大吼大叫(姑且称之为"激情"),CCTV5等于CCTV五流。

作者说,央视解说员风格雷同、毫无创新,只会煽情、矫情、大吼大叫的原因,就在于我们的语文教育。原因有二:一是我们自小就会被语文老师教育——平淡无奇的作文是拿不了高分的,作文一定要煽情、要用很多的排比句、要有气势,只有这样才容易得高分……于是我们看到,每逢高考,99%的作文都是打煽情牌。二是我国特有的"爱国主义教育"也充斥于语文教育中,课本里动不动就是"啊,祖国啊,我们伟大的祖国……"这样的内容。

足球评论员解说风格雷同,是语文的错?我不懂作者什么意思,我只是想:难道我们不应该教孩子们写作要别出心裁吗?难道我们不应该进行爱国主义教育吗?英美那么发达,也重视"公民教育"呀!当然,这事也给我们提了个醒,也让我们明确了语文的一个使命——用好祖国语言,弘扬民族文化!

二

新浪网的一篇博客,是一位很有争议的作家写的:

昨天我的车挂不上两档,今天维修后,问题还是存在,所以基本上一直用1档和3档、4档在跑。但还好车速还是比较快,加上退出比赛的朋友帮我把车调的操控比昨天好了很多,所以名次还排在第3,领先了第4名一分钟。

这篇博文被湖北某名校作为联考的题目,要求考生从中挑出4个语法错误。正确答案是这样的：

昨天我的车挂不上二档，今天维修后，问题还是存在，所以基本上一直用1档和3、4档在跑。但还好，车速还是比较快，加上退出比赛的朋友帮我把车调得（去掉了"操控"）比昨天好了很多，所以名次还排在第3，领先了第4名一分钟。

答案是十分正确的，谁也否认不了作家所犯的语法错误。正是因为他错了，而且被人以考试的方式指出了，所以作家开骂了。他是怎么骂的，我没有找到博文，据说骂的是语文教育。作家出现了语法错误，也是语文的错？

作家开骂，原本是十分正常的，但个别专家也出来发话，让我迷惑不解。某作协会副主席说，他虽没有看过那篇博客，但他认为作家文字不符合语文考试要求，是很正常的事情。他认为，中学里学习的语言和文学语言是两码事，"前者是学生要打好语言基础，第一要求就是规范化；而后者则只要生动就可以，所以完全可以用倒装，用各种模糊的表达方式，但却不尽'规范化'"。在他看来，由于两种语言所承担的任务不同，所以就"很难说对和错"。

文学语言就可以例外地不需要"规范化"吗？如果是这样的话，学生还学规范的语言干什么？到底要不要"规范"？

争论归争论，教授发表的也只是个人意见，语文的使命还是要规范语言文字的学习。

三

2011年第6期《读者》中有篇文章叫《对抗语文》，写的是上海某著名作家、文学博士正"痛"着女儿的语文教育问题：

乔乔上三年级了，但是她的古典文学博士妈妈却不能有效辅导女儿的语文！比如乔乔遇到了一道难题：三国时期最足智多谋的人是谁？读了很多书的乔乔欣喜而自信地写下了自己的答案——"孔明和庞统"。这个答案得到了博士妈妈的认可。结果在当天晚上，女儿伤心地回来了，因为语文教师的标准答案是"诸葛亮"。问老师"为什么不能是庞统"，老师回答，在小学阶段答案只能写诸葛亮或周瑜，写孔明也算错！

当时我的心被深深地刺疼了，为我们的同行脸红，为乔乔小小的心灵受伤难过。我猜想这位老师一定没有读过《三国志》《三国演义》之类的书，更别说看过易中天的《品三国》了。三国时期，那可真是英才辈出的时代呀，诸葛亮、庞统、周瑜、司马懿、郭嘉、荀彧、曹操……这道题或许可以改成这样：你认为三国时期谁最聪明？请写出理由。

无独有偶！"童话大王"郑渊洁——作家、慈善家、演讲家，国家民政部"中华慈善楷模奖"获得者，小学没毕业，也没有上过大学，他是一个人写一本月刊《童话大王》杂志30年世界纪录保持者。《皮皮鲁总动员》（由105本书构成）是郑渊洁在图书市场销售的系列丛书。从2009年到现在，他以每年2000万元左右的年度版税收入稳居"中国作家富豪榜"前三名。他对中国教育的弊端深恶痛绝，他说小学四年级时被老师叫到台前，说了100遍"我是全班最差的学生"，后又因不按老师要求写作文等冲突而退学。直到今天，他的抨击依旧辛辣，"改革开放30多年，中国的变化翻天覆地，但只有两个领域在退步：一个是教育，一个是作协"。所以，他的儿子也勉强上完了小学，办理了退学，在家由他来上课了，家中的一个房间改成了教室，黑板、讲台和课桌一应俱全。暖气上绑着国旗，每周一进行升旗仪式……在他的教导下，儿子成才了，现任北京皮皮鲁总动员文化科技有限公司董事总经理，还是北京名校史家小学的"成长导师"。

"痛"也好，"怒"也罢，这些只是个案，能有几个家长像叶教授那样亲自为女儿编教材？又有几个家长能像郑渊洁那样为了教育儿子，把《刑法》变成动画故事《皮皮鲁和413宗罪》？语文的使命，依然是要关注孩子的精神成长。

四

今天，我们越来越不会做语文教师了。相对于其他学科，语文教育可以说是研究得最多、讨论得最深入的学科，但是语文教育多年来都被人诟病，无数的事例让我们反思：语文教育为什么吃力不讨好？语文教育到底缺什么？

一个5岁的孩子饿了就会说"妈妈，我都快饿死了"，他会用"夸张"的修辞格。幼儿们经常会说"爸爸好，给我买玩具；妈妈好，给我买新衣服。爸爸妈妈都好！"论点明确，论据充分，论证严密。结构方式是分总式和并列式，语言特点简洁明快，融抒情于议论之中。一个几岁的孩子竟会这么多的表达"技巧"！为什么随着年级的升高，知识量的增加，孩子们的好奇心、想象力和创造力反而在不断萎缩，问题意识、批判意识在淡漠，对教师、对书本、对大人的盲从、迷信越来越严重？

教育是人与人心灵上最微妙的接触，语文教育更是承担塑造人心灵的重任。所以，教师最高的智慧在于开拓道路，照亮一条知识之路。每位语文老师都应该成为学生的"恩师"，为他们的一生导航。

在日本大阪有一个远近闻名的高僧，有人向他请教修炼的奥秘，他笑着回答："我第一次参加苦行修炼的时候，掉进了一个很深的沟涧，师父没有帮助我，而是用了一天一夜看着我一点点想办法爬了出来。后来他告诉我：人有两种眼睛，一种是肉眼，一种是心眼。肉眼中满是花花绿绿的世界，所以，心神都被分散了，很难集中精神做好最重要的事；而心眼则丝毫不受外界的干扰，眼中只有一件最重要的事，然后人就会用全部精力做好这件事。"凡人与智者的区别，就在于平凡者只会用肉眼看世界，而大智者学会了使用心眼。

我们每天忙着上课、考试，却很少让学生思考，用心眼看一看，什么是当下最该做的事情。我们的老师缺什么？语文教育缺什么？我个人认为，就是缺"心眼"！

教育的智慧、语文的使命，就是教给学生"心眼"。

教材需要"断舍离"

深圳市龙华新区民顺小学　张德芝

"断舍离"是日本杂物管理咨询师山下英子2013年出版的一本畅销书的名字，这个名字非常具有冲击力，足以让人过目不忘。其实，这是她倡导的一种现代生活理念——面对如今这个物质丰富到泛滥的时代，我们需要"断舍离"。"断"就是拒绝不需要的东西（也就是管理好物品的"入口"），"舍"就是要处理掉堆放在家里没用的东西（也就是疏通好物品的"出口"）。当进出口通畅、家里处于"流水"状态的时候，"离"便会应运而生——舍弃对物质的迷恋，让自己处于宽敞舒适、自由自在的空间。

狭义地看，"断舍离"是一个居家整理的理念，让我们扔东西减压力，然后活出自己的幸福人生。广义地看，"断舍离"可以延展到我们生活的方方面面——整理家庭、整理朋友圈、整理办公室、整理人生……"断舍离"其实就是人生的再设计。

"断舍离"的生活理念同样可以运用到教育教学上来。语文的困境不只在课堂教学，这背后的指挥棒是教材和考试。在中国当前的教育体制下，"一切为了考试。考什么，教什么；多考多教，少考少教"。应试教育依然主导着整个基础教育现状，这是我们一己的力量难以改变的。尽管我们左右不了考试，但是身处一线，我们能在教材的运用和处理上下功夫，在自己的"一亩三分地"里大胆尝试，试着把"断舍离"的理念用于语文教材的处理之中。

一、断

1. 判断

长期以来，语文教育总是被人诟病，攻击不断，风波不止。语文教材也免不了屡受"炮轰"。新中国成立以来，语文教材经历了几十年的摸爬滚打、磕磕绊绊，为顺应时代不断地改、改、改，可以说，在不断地追求人性内涵的几十年里，语文教材逐步走向成熟。

对于现行的语文教材，特别是人教版、北师大版和苏教版，尽管网络上、专家们众说纷纭，但作为战斗在一线的我们来说，心里还是有杆秤的。综合学生成长、家长意见和全国视野等方面的因素，尽管它们有这样那样的不足，但总体上我们还是比较满意的。

有人倡导"让教材走下神坛"，我不反对，相反还很支持。因为教材的编撰考虑的因素太多了，比如我们正在使用的人教版教材，使用它的教师和学生成千上万，覆盖全国三十多个省市，既有农村也有城市，要想满足所有人的口味和需要，实在是困难。因此我觉得，一套教材只要它能体现国家的核心价值、传递正能量、教人求真向善，同时能完成"培养学生的语言文字运用能力，提升学生的综合素养，为学好其他课程打下基础；为学生形成正确的世界观、人生观、价值观，形成良好个性和健全人格打下基础；为学生的全面发展和终身发展打下基础"（《语文课程标准》2011版）的任务就可以了，何必求全责备？

2010年《收获》杂志社副编审叶开连续发表博文，后来还出版了《对抗语文》一书，目标直指全国多个版本的小学语文教材作假、教法作假，并称之为添加了"三聚氰胺""时至今日还在表演和说谎"。民间团体也在批评小学语文教材存在"四大缺失"（即经典的缺失、儿童视角的缺失、快乐的缺失和事实的缺失）。近两年，前教育部新闻发言人王旭明公开炮轰"假语文"，甚至发出"我的愿望是拥有更大的行政权力，当更大的官，越大越好，将真语文推进下去"这样无奈的呼声。

也许是凑巧。2014年教师节前夕，习近平总书记在北京师范大学参观时说："我很不赞成把古代经典诗词和散文从课本中去掉，'去中国化'是很悲哀的。应该把这些经典嵌在学生脑子里，成为中华民族文化的基因。"的确，"语文课程对继承和弘扬中华民族优秀文化传统和革命传统，增强民族文化认同感，增强民族文化认同感，增强民族凝聚力和创造力，具有不可替代的优势"（《语文课程标准》2011版）。什么叫"去中国化"？就是"凡是具有中国特色的东西都要去掉"。"五四"以来，落后挨打的中国出于对西方文化的盲目崇拜，出现了"去中国化"的一种不良倾向，对百年来语文教育产生了一定的负面效应，起到了极大的破坏作用，以至于长期忽视语文教育的民族特点，而盲目搬用西方语文教育的理论和经验，导致语文教育有如缘木求鱼、旱地行舟，很难向前推进。

随着历史的发展与社会的进步，随着中国的崛起与强大，汉字的优越性与先进性越来越受到重视，越来越多的人感受到中华优秀传统文化的光辉灿烂和对世界文化发展的历史贡献。也有不少仁人志士致力于国学的推广，各种各类的"国学讲堂"遍地开花，"孔子学院"走向全世界。在中小学里，国学诵读、诗词吟诵也成了常态。

然而语文教材内容和数量的变更不能随心所欲，要受到多种因素的制约。面对比较难以全面改观的教材，面对众说纷纭的各种观点，教师需要有"断"的能力，这就是判断力。

2. 拒绝

我以为，"断"的核心是以人——确切地说是学生——为中心的。对学生学习语言有利的、能滋养孩子身心成长的，也就是"有用"的，坚决保留。而那些弃之心疼、食之无味的东西，也就是"无用"的，我们称之为"鸡肋"的，坚决抛弃。打个比方，家里有几只样式各异的旧碗，还有一套式样新颖、光洁照人的新餐具。老一代人的选择是"用旧碗吧，新餐具等来了客人再用"，这样用的东西都是"鸡肋"，吃饭都没了食欲。而年轻人说："这是我们的家，我们就是家里最尊贵的客人，我要用新餐具，让自己快乐、满足，客人来到我们家，也会看到一个满足的家庭，也能感受到我们的快乐！"

于是，我们需要训练自己舍弃诸如此类的"鸡肋"，腾出空间增添一些新的东西，经过两三年的"新陈代谢"，我们家里每一样东西都能够沉淀下来变成精品。这个精品不一定价值高，但一定意味着我们有好的感觉。

3. 选择

如何选择"精品"？这考验我们的判断力和选择力，前提是弄清楚语文学习的根本目的是什么。著名特级教师赵志祥老师提出的语文课程观很重要："我们难以区分'教材内容'和'课程内容'，误将'教材内容'当成语文课的主要目标，将课堂教学中大量的时间花费在文本内容的梳理和思想感情的感悟方面。"他指出，语文课程的核心词是"学习语言文字的运用"。语文该教什么？"指导学生学习终身受用的、相对稳定的、不可替代的语文知识、方法、技能。"赵老师如是说。

回头审视语文教材，王旭明说："现行中小学教材中一半以上的内容都不用学！"如何落实？赵老师支招："需要学习"的课文，一是学习生字词语，二是找一段好一点的文字指导学生朗读，只要求正确流利，三是精彩段落适当感悟。"不需要学习"的课文分两类，一类课文参照上述一二条，二类课文当作故事读一读，如果你愿意，可以以此为基点，引导学生广泛阅读此类题材的其他名家作品。

花一两个月的时间处理完教材，其他的时间干什么？当然是阅读！是补充课堂以外的营养。李希贵说："语文学科的基础是阅读，尽管我们要培养孩子的听、说、读、写能力，但是如果没有阅读作为基础的话，孩子的其他能力是很难得到提升的。"阅读影响孩子的整体素质，能提高语文素养。

但是读什么？怎么读？中国是出版大国，出版图书的种类和数量都位居世界第一，但库存量也冠绝全球。图书质量也是鱼龙混杂、良莠不一。选择什么样的书给孩子们，再次考验老师们的选择力。

二、舍

1. 舍假

"假语文"首先是教材的"假大空"。毋庸讳言，当今的语文教材的确存在这个现象。除了叶开，还有不少人在批评语文教材充斥着谎言，现摘录部分内容：

《地震中的父与子》：一篇改了又改的鸡汤文

人教社语文教科书五年级上册中，有一篇名为《地震中的父与子》的文章，讲述了地震中父亲救助儿子的感人故事，表达了亲情的力量会使人坚定和勇敢，会让人产生信任。

这篇文章开头几乎每隔几年就会修改，在2002年和2003年的教科书中，文章开头写道"1989年美国洛杉矶发生大地震"，但1989年洛杉矶根本没有发生地震。在2004年的教科书中，文章开头改成了"1994年，美国洛杉矶发生大地震"。1994年美国洛杉矶确实发生了地震，但发生的时间是当地凌晨4点31分，按道理学生只可能在宿舍或家里，不会在教室中，不过文章中写的是教学楼。2005年，教科书再次修改，开头变成了"有一年"，2009年又变成"一场突如其来的大地震"，2012年，开篇又变回"有一年"。

一篇教科书中的文章，故事背景变来变去，简直视若儿戏，何况历年教科书都还在，并不难查询，这种鸵鸟心态怕是解决不了问题。

《与象共舞》：一场人类单相思的美好

人教社语文教科书五年级下册中，有一篇名为《与象共舞》的文章，描述了作者去泰国看大象的故事，讲述了泰国人与大象之间亲密和谐的关系，展示了泰国独特的地域文化。文章最后描述说："我想，如果大象会笑，此刻所展示的便是它们独特的笑颜。"

不过正所谓别人只看到我人前笑，哪知我人后哭，泰国人与大象的关系远不是作者描述的那般和谐，在大象精彩表演的背后是近乎残酷的训练，泰国大象种群正在减少。泰国清迈府大象自然公园的工作人员素彻2010年曾对媒体表示，任何形式的动物表演都是对动物的伤害，"所有的表演都是在强迫之下进行的，如果有些大象既会画画，又会跳舞，这就意味着它需要接受更多、更残酷的训练和虐待，遭受更严重的伤害"。

失业大象命运更加悲惨，它们不受泰国保育法保护，被视为家畜，可能会被杀掉吃肉，公象则可能被拔掉象牙。它们也可能被派去乞讨，就为了一串香蕉，但随着越来越多的大象失去表演能力，乞讨也变得困难了。（参照《看世界》2006年第4期文章《泰国失业大象的悲惨世界》）

显然，《与象共舞》只讲了大象表演美好的一面，却忽视了大象表演背后的残酷与卑劣，而最新的教科书在完全可以参照媒体报道的情况下，并没有参照，只是描绘了一场人类单相思的美好。

——摘自网络文章《小学语文课本欺骗我们多年的谎言》

这是事实！五年级教了好几年，《地震中的父与子》的屡次改动让我也纳闷：地震的时间怎么可以改来改去？查阅资料才发现，1994年美国洛杉矶的确发生了地震，除了时间不符，伤亡也极少。这是真正的不负责任！我唯一能做的，是引领着孩子们去查阅资料、了解真情！

从这个意义上讲，叶开的指责是有依据的。其实认真考察我们的教材，这样的文章还真不少，有的甚至不是"鸡肋"，而是"垃圾"。"要杜绝'假大空'的文章，必须对教育制度进行重新的考量，也要把对教材的严格控制彻底放开，并允许出版社和专家自由编写教材，甚至允许有能力的教学单位无教材教学。"叶开这样提议。

2. 去伪

去除"假大空"，最好的办法就是自行选择合适的"教材"，以补充或者替换。的确，在国外，包括离我们最近的香港，许多国家或地区是没有统一编订的教材的，他们只是制订一个宽泛的课程标准给各个学校参考，并推荐大量的优秀阅读书目，而且年年更新或数年更新。这个可以从《第56号教室的奇迹》等教育书籍中得到验证。记得在美国某学校考察时，老师们在课间连水都顾不上喝，都忙着印资料，一问才知道，他们是没有统一教材的，教学内容需要老师自行挑选和印制。他们的教室里都有一个大大的书柜，里面放着历年来老师们选择的书籍。不像我们的语文课本属于学生自己，用完了就闲置了，他们的书籍可以循环使用好多年。

十几年前我刚到深圳时，恰逢萧桂林先生的"小学生情境作文"正在蓬勃开展，学校安排我创办学生文学社，并进行"情境作文"课题研究。这让依赖惯了"教材"的我真有些不知所措。正焦急之时，我在教具室翻到一盒录像带——那是萧老师带着一帮人依据教材各年级各单元的写作要求拍摄出来的。我如获至宝，这每一个视频就是一个主题呀！我一个一个地指导孩子们认真观看、讨论，引导他们从不同角度写出不同的文章。一盒录像带用完，我已经知道怎样去寻找"教材"了——带孩子们去植物园，看花开花谢，赏鱼游鸟飞；鼓励孩子们旅游参观，看大千世界无奇不有……我第一次体悟到：写作，真的来源于生活！

有了这个意识后，我的"教材"范围扩大了。央视在播《再说长江》，我追着每一集看，再领着孩子们看，让他们学着写解说词。这样他们就必须先了解长江沿岸的风土人情、历史人文，自然而然地就要阅读……如此一部《再说长江》下来，孩子们对长江流域有了深刻的了解，也跟着"走"了大半个中国，收获满满！

3. 存真

写到这儿，我突然来了灵感——对付"假语文"，我们就是要真干！"假语文"的对立面就是真语文，这也是包括王旭明、叶开在内的有识之士的共识和期盼。

如何真干？我在作文教学中体会最深。要问我语文教学中什么事最让我开心？我会毫不犹豫地说：读孩子们的周记！我在多年的语文教学中发现，每个单元的习作课是孩子们最讨厌的，也是自己最不想上、最感到痛苦的课，特别是每每讨债似的收作文本。但"情境作文"的研究和实践让我茅塞顿开——有生活的写作最容易。于是我开始指导孩子们写周记，每周五我总会抽出半节课，跟孩子们一起捋一捋：这一周学校有什么大型活动？咱们班发生什么印象深刻的事情？我们家又有什么新鲜事？周末又去了哪里？我这是在帮孩子们"找米下锅"，同时也引导他们学会观察生活。因为习作中最难的是不会观察生活，找不到写作的材料——米。我想，只要有"米"，就不愁没"饭"。刚开始可能会煮糊，也可能夹生，但是没关系，一回生二回熟，折腾几次就会做"饭"了。

周一收到孩子们的周记，我再忙也要尽快阅读并批改，这主要是让孩子们能尽快接收到信号——我写的文章怎么样？我批改的要求很宽松：只要字数够了，我就给"优"（我的理念是，哪怕写的是"垃圾"，也得先有"垃圾"，才有删改的空间）；如果有一两句精彩的句子，或者是选材新颖，或者是语言生动，或者是富于情趣，都可以得到"优+"，累积一定数量可以得到我颁发的"小作家奖"。当然，由于写作量大，我也不会精批细改，因为不是当面的批改是没有多少效果的，更何况也已经要求家长先阅读并简单批阅了（主要是字词方面）。

阅读完毕，我首先要在班级表扬得"优+"的孩子，并发短信给家长进行表扬，让孩子及时获得成就感。同时，在全班分享他的成果。比如有一次写"新鲜事"，孩子们写得相当鲜活——有写当前流行的"接睫毛"的，有写交警与车主冲突的，有写周末学骑马的，也有写家里买了新电子产品的，还有写爸爸下厨的……那个鲜活，那个灵动，让人忍俊不禁！尤其是缓缓流淌的亲情，更让我的心温暖不已！

就这样，轻轻松松让孩子们爱上写作，让家长们也参与到作文教学中，因为表扬孩子也是激励家长啊！到了学期末，在我的提议下，家长们积极响应，他们自觉地组成了一个编写组，收集每个孩子至少三篇优秀作品，投票选出优质文章（保证每个孩子至少一篇），编成一本孩子们自己的书，我给这本书取了个诗意的名字——童年的水墨画，还为它写了序呢！

三、离

1. 远离浮躁

"浮躁"的本义是急躁，不沉稳。"躁"是说心里有众多的东西要动，而"浮"的意思是"漂流"，两个字组合在一起的意思就是"心里有众多的东西要动，而又没有地方可以让他们落脚，因此到处飘荡不得安心"。很多人在感叹，如今这个社会太浮躁！GDP升高了，手中有钱了，生活条件好了，人们的幸福感却下降了。这在教育界也反映强烈，今天搞集团办学，明天要特色学校，这里流派纷呈，那里模式创新，无不昭示着如今教育的浮躁。

有人说："教育是农业。"农业者，春风化雨顺其自然也。农民对土地，唯有朴素实干、耐心等待，不能拔苗助长，最来不得半点浮躁。因为如果浮躁，他将颗粒无收，来年是要饿肚子的。

张文质提倡"教育是慢的艺术"；日本教育家佐滕学说"教育往往要在缓慢的过程中才能沉淀下一些有用的东西"；前不久我们的李克强总理也在撰文强调"教育就像养花一样，一边养一边看，一边静待花开"。

我想起春节从老家返深路上的一件事。那天正好下雨，我驾驶德国某品牌汽车在高速公路上以百分里的速度行驶，正庆幸车子很稳，雨天不打滑，突然前车急刹，在10米左右的距离内，我急踩刹车，我的车稳稳地停住，离前车仅十多厘米的距离！可是后面的车硬生生顶了上来：我被人追尾了！后车司机满脸无奈地说："我踩死刹车，眼睁睁地看着它追上来，刹不住呀！"下车一看，前面五车追尾，唯有我的车没"吻"到前车！维修时才知道，是这车装了ESP车身稳定系统、ABS防抱死刹车系统和超宽轮胎的缘故。难怪德国车好，德国人善于抓住事物的本质，打好基础，慢就是快！这也是德国只有8000万人口，却创造出2300个世界名牌的根源所在了。

抓住本质，打好基础，慢就是快！去年我接手新班，这帮孩子聪明、毛躁，上课静不下来。你只能听到喊喊喳喳的声音，就是找不到是谁，因为几乎全班都在这样小声讲话，就是不听你的。作业、书写等学习习惯非常不好。我首先从常规抓起，整整用了两个多月的时间与他们斗智斗勇，才算彻底扭转局面。一旦孩子们从心底里佩服老师，完成学业就不成问题了。真的，慢，就是快！

著名教育家李镇西说："成都市武侯实验中学（李镇西是校长）是一所不刻意追求特色也不着力打造品牌的学校。"他解释说，不是不要特色，而是不"刻意追求"特色；不是不要品牌，而是不"着力打造"品牌。他认为，特色也好，品牌也好，都是教育实践的水到渠成，学校发展的瓜熟蒂落。

在武侯实验中学，没有口号，没有标语，甚至没有"校风""教风""学风"，也没有领导视察学校的照片，没有领导人的题词。"我就是想让学校朴素朴素再朴素"，因为教育本来就应该是朴素的。

教育需要慢慢来，教育需要朴素，我们应该切记！

2. 远离功利

"教育走得太快，请等等落下的灵魂！"这是国家总理李克强在2015年发出的呼吁。"教育的核心问题不是出在我们的术，不是出在我们学生的能力，不是出在改革——我们的教育缺乏的是灵魂的东西。"

是的，教育需要慢慢地、静静地、悄悄地做，不要浮躁，不要显摆。作为深圳一所普通小学的业管副校长，我常常会收到各类学校、机构的"通知"和"邀请"，希望学校派员参与形形色色的"现场会""开放日""观摩""研讨""交流"和"培训"。名头一般都不小，"某某教育思想""啥啥啥教育模式""什么什么教学""什么什么奇迹"……

"如今，学校校长、教师以及学生越来越'忙'，以致校园里充满着竞争、嘈杂和喧嚣。校园本应是教育者和学生心灵得以舒展或栖息的'家园'，然而现今却像一个片刻懈怠不得的竞技角斗的'沙场'。"（严华银，江苏省行政干部培训中心副主任、研究员、省特级教师）这话说出了我们的心声。

"教育的新常态就是要摒弃浮躁、功利，回归到教育规律。"总理的话犹在耳畔，发人深省。学校应该是"无丝竹之乱耳，无案牍之劳形"，斯是教室，惟吾德馨。教育的过程，就是大手拉小手，一起滋养生命，是相互陪伴下的温馨旅程。特别是肩负着传承中国文化的语文教育，更需要相对单纯，不应该负担过多的非教育的东西；学校也应该相对宁静，不应该不断地被折腾。远离喧嚣，远离是非，静心读书，才是语文之根本。

张文质先生说：我觉得所谓的"好老师"，他一定要有自己独立的价值判断，在今天这样的教育格局中，他能够"有所为有所不为"。我觉得要做一名好的语文老师，更需要这份"有所为有所不为"的勇气和力量，因为他不仅仅是一个知识的传递者，更是一个文化的传播者，是中华文化的传承者，是在影响、默化、润泽他班上每一个学生的成长……

我们开始"微行动"

深圳市龙华新区民顺小学　张德芝

灵感源自"断舍离"。

当对现行的语文教材进行理性的思考之后，我们发现，面对强大的教育体制，我们个人的力量是有限的。更何况孩子们将来还是要面临中考、高考，老师们还是要面对上级领导对教学质量的考察，要面对家长对语文成绩的关注，面对孩子语文素养的提高。我们能做的，恐怕就是比一般的语文老师"多"一点——在学生的"正餐"（教材学习）之余，补充点"营养"（微课程）。于是，我们尝试着压缩教材的教学时间，开发文化名人系列"微课程"。

一、基于教材资源的缺失

知名杂志《收获》的副编审、作家叶开曾历数语文教材"三宗罪"：非语文化，加入太多道德因素；随意篡改文本原意，打断文化传承；选文水平偏低。针对语文教材，他写了一系列批评文章，还出版了《对抗语文》一书。

这几点我个人表示赞同。但是，什么样的语文书才是好书？近几年民国语文课本甚是流行，发行量巨大，《开明国语课本》甚至卖得脱销。叶开给出了自己的答案。他凭借一己之力，编写了一套教材（原本是为了他的女儿而编），取名《一个人的教材》，出版前临时改为《这才是中国最好的语文书》。这套语文书首印两万册，网上销售三天即脱销，后多次加印，销售总量达到六万之多。

叶开没有料到，这套书居然受到很多教师和家长的点赞。有业内人士表示，这套语文书替代当前的语文教材显然不合适，但如果拿来当作语文读本，则是非常恰当的，因为"它以高水准的文学眼光，为语文老师提供了专业的素材库"。

当下的语文教材缺什么？有人说，国学经典太少，缺乏精神含金量，难登大雅之堂，长期使用"缺钙"的语文教材后果是很严重的。也有人说，教学内容过于单薄造成了学生精神营养严重缺乏。

目前发达国家的语文教科书，内容远比我们的语文课本丰富。有人介绍过，美国一个州的9年级至12年级（相当于中国的初三到高三），语文是必修的，可选修《基础写作》《英文文学》《莎士比亚戏剧》和《俄国文学》等。而作为语文课本的《英文文学》有2800多页！包括各种体裁的文学作品节选或全文。另有研究者指出，前苏联小学四年所用的语文《阅读课本》（全四册）全部翻译成汉字，印刷字数是92万字。而且所选的多是名家名篇，如列夫托尔斯泰27篇，普希金23篇，米哈尔可夫20篇，乌申斯基17篇，克雷洛夫17篇，伊萨可夫斯基15篇。此外还有契诃夫、屠格涅夫、莱蒙托夫等100多位俄罗斯古典作家和前苏联作家的部分原著。

——《当下的语文教材"缺营养"》唐晓敏

对比中国，我们小学四年级一册教材也就两三万字，孩子们领到教材，一晚上的工夫即可读完。而且大部分课文基本能读懂，名家名作比较少，原著更谈不上。难怪教育部前发言人王旭明呼吁"语文教材有一半是不需要学习的"（他个人后来又澄清"这是气话"）。当然，读完、读懂容易，但是掌握、运用是另外一回事。语文是基础学科，《课程标准》所要求的识字写字、阅读、习作等方面的硬性目标必须达到，这需要时间进行教学，何况一线老师还要面对考试。但是，我们挤出十分之一的时间（一个学期合计10课时）给孩子"加加餐"，总是可以的。

增加什么样的"营养"呢？一方面我们也在大力推行经典诵读，古诗词的背诵、《三字经》《千字文》《论语》也积累了不少。另一方面我们想到了文化名人研究系列、文学名著研究系列等。试想，每个学期用5到10课时，结合教材、考虑学生的特点，集中研究某一个文化名人，了解他的人品、文品，小学六年下来，学生们至少能够对十几位文化名人如数家珍，那也是功德一件啊！

《课程标准》早就提出："语文课程应该是开放而富有创新活力的。要尽可能满足不同地区、不同学校、不同学生的需求，确立适应时代需要的课程目标，开发与之相适应的课程资源，形成相对稳定而又灵活的实施机制，不断地自我调节、更新发展。"于是，我们借用"微课程"这个名称，意在补充教材资源，适应时代需求，给孩子加点"营养餐"，开发为学生所需、为教师所用的系列"微课程。"

二、基于教师的成长需要

著名特级教师孙双金两度撰文呼吁：《教师，你可以拥有自己的课程》《教师课程：名师成长的第三条路径》。对于课程的理解，相当一部分老师的关注点在"就教材教教材上"，稍微前卫些的老师会向前迈一步——适当地拓展。有思想的好老师，理应理性地看待教材，不仅能教好国家课程、地方课程和校本课程，还能建构自己的课程。也就是基于学生的需求，为了学生的发展，老师根据自己的知识背景、文化底蕴、特长爱好等开发出来的独特的具有鲜明个性色彩的课程。

孙双金老师以自己的探索为例，说明教师课程并不遥远。

其一是我开发的"李白课程"。前几年，我上了一组"李白课"。第一课为"李白是仙"，第二课为"李白是人"，第三课为"李白是侠"……

"李白是仙"这一课，我引用杜甫《饮中八仙》导入，然后讲述李白饮酒作诗赞美杨贵妃的故事，在绘声绘色的故事中走近诗仙李白。接下去我让学生对比学习李白的

《望庐山瀑布》和徐凝的《庐山瀑布》，在比较中领略李白的奇妙想象和神来之笔。为了让学生更充分感受李白诗的神韵，我又补充了他的《秋浦歌》和《夜宿山寺》。补充《秋浦歌》意在感受李白诗的极度夸张；补充引用《夜宿山寺》意在体会李白诗的浪漫想象。课的结尾，我讲了李白在酒楼醉酒即兴应答湖州司马的诗："青莲居士谪仙人，酒肆逃名三十春。湖州司马何须问，金粟如来是后生。"太白为什么被人称作诗仙？那是因为，太白的诗不是苦思冥想出来的，而是从心中流淌出来的，这就是诗仙最大的才情。对诗仙李白，仅仅靠以上几节课还远远不够。去年开始，我又在陆续研制"李白与月亮""李白与美酒""李白与名山""李白与大川""李白与朋友""李白与送别"等系列课程。我试图通过"李白课程"的开发，让孩子们走近李白、了解李白、欣赏李白，进而感受中华文化的神奇和瑰丽。

——孙双金《教师，你可以拥有自己的课程》

其实，对于一线的老师来说，做到这一点并不难，关键要用心去钻研、去琢磨、去探索。

语文老师，首先是在上课中成长的。不要说把每一节课都当作公开课来上（尽管很多人在批判"公开课"，但实践告诉我们，这的确是磨炼教师、提升能力的好路径），每个学期只要有那么一两课琢磨透了，玩得转了，成为"作品"了，那么假以时日，一夜成名并不难。

但是，在这个"外表控"的时代，形象好，综合素质高，再加上勤奋有悟性，才会让凤毛麟角的人有这个机遇。大多数语文老师是无缘于公开课舞台的，毕竟机遇有限。

也有的老师擅长写作，妙笔生花，神采飞扬，他们勤于思考，在教育媒体上不时可以看到他们有深度的文章，也有很高的知名度。

对于沉默的、奋斗在一线的大多数老师，课程开发更接地气一些，毕竟只要有人，人人都能做，且有自己的实验场地——课堂，有自己的实验对象——学生，也许还有可能结出硕果——不管外界是否认可，至少我的学生得益了！

三、基于学生语文素养的需要

我想起曾经教过的一个叫思思的学生，在她读六年级的时候，我调到她的学校，办起了文学社，她第一个报名。这孩子平时爱读书，成绩很优异。每天，我领着他们读《红楼梦》，讨论故事情节，品评人物形象，想象封建贵族生活，研究红楼建筑，点评红楼饮食……十几本红学专著读下来，他们对《红楼梦》的认识可不是小学水平了。

后来，我又与他们一起研究大型纪录片《再说长江》。每看一集，提前都要做"功课"。比如看《道化武当》，首先要查找相关资料进行了解，有的孩子亲身去游览过，自认为很有发言权，但是再对照看纪录片的时候傻眼了：这些故事我怎么不了解呢？那个紫霄宫我怎么错过了啊？原来"太子坡"是这么来的呀！"南岩"的建筑如此不易！一部《再说长江》看下来，孩子们几乎"走"遍了大半个中国，对风景名胜、文化历史、风土人情的了解比得上"行万里路"了。

思思上了中学，每次一见到我就说："老师，感谢你教我那么多知识，我上初中基本不用学语文，我把学语文的时间都用在别的科目上了呢，所以我的成绩总是杠杠的！"中考时，她以802分的优异成绩考进深圳外国语学校，高一就直接作为交换生去了加拿大留学，现在已经在哥伦比亚大学读研了。

2005年秋，为了熟悉新课程，我接了一个三年级的班，后来一直教到六年级。这帮孩子聪明，但是淘气，爱说话，坐不住。为了把他们的注意力吸引在课堂上，我每天都得绞尽脑汁给他们讲一些课本上没有的东西，比如读一读《吹小号的天鹅》，讲一讲毛泽东的故事，说一说当下的时事，如此等等。而且，要求他们每个月读一本书，根据自己的喜好，可以粗略地读，也可以精细地读，但一定要讨论，一定要思考，定期写在读书笔记本上，每月还进行一次读书分享会。几年下来，这帮孩子不得了，初中他们去了几所学校，基本都成了"学霸"，包揽年级前几名。

这些孩子们何以"后劲十足"，他们异口同声地说在中学"几乎可以不学语文"了，关键或许在于语文兴趣的培养和语文素养的积淀了。

当时仅仅是无心插柳，现在想起来，也许就是最初的"课程开发"了，还比较原生态，比较粗犷。当"教师课程"的春风吹来之时，把这些最初的做法、想法梳理清楚，形成体系，"必须抓住一点，深入开掘，掘成一口深井，在聚焦式研究中成长"。孙老师如是说。

也许，教师个人的力量是微薄的，但是如果人人都在做，就会形成一股大力量。我们期待有更多的同路人加入进来！

我们眼中的"微课程"

深圳市龙华新区民顺小学　张德芝

一看到"微课程",你一定立刻联想到可汗学院、想到翻转课堂、想到当下流行的MOOC,想到"一分钟教授"戴维·彭罗斯,想到云计算、移动互联网环境下的微视频学习……的确,近几年"微课"所掀起的浪潮席卷全世界,大有替代传统教育之势。

公认的"微课程",是"微型网络课程"的简称,是一线教师自行开发、时间在五分钟左右的微小课程,它的核心内容是课堂教学视频(课例片段),同时还包含与该教学主题相关的教学设计、素材课件、教学反思、练习测试及学生反馈等辅助性教学资源。微课程目标明确、内容精简,力图在短时间内传递教学活动中的某个知识点。

然而,我们眼中的"微课程"内涵却大不相同,它源自于我们对教材理性思考后的"断舍离"。我们所谓的"微课程",其实是我们自行开发的、补充现行教材缺失的"微型课程"的简称。

一、"微课程"之"微"

"微,隐行也。"东汉许慎的《说文》如此释义。可见,"微"的本义是隐秘地行走。发展到现代,"微"的义项很多,《汉语大字典》中就有25项之多。但究其核心意义无外乎几条:一是细小、轻微,如微小、微弱;二是某些计量单位的一百万分之一,如微米、微分;三是衰落,如寒微、低微;四是精深奥妙,如微观、微言大义;五是隐匿,如微服私访等。"微课程"之"微"主要取小、少、精之意。

1. 小

"小"应该是"微"的最核心、最基本的涵义了。所谓"微课程",其实是相较于语文课程而言的,特别是在"大语文"的语境之下,处于母语环境中的语文课程无处不在,我们开发的课程不可谓不"微"。当然相比于一般意义上的"微课程"(围绕一个知识点进行的五分钟教学)而言,我们的课程其实还是比较"大"的。

比如,我们正在研究的文化名人系列"微课程",就是选取与教材相关联的、为社会所公认的、适于学生年龄特点的、孩子们比较感兴趣的文化名人(每个学期选择一个)作为研究对象,从人物的作品入手,探寻人物的生平、了解人物的故事、体悟人物的内心,从而比较全面地认识文化名人。每一个课程少则五课时完成,多则十余课时,也算是"大"了。

2. 少

小学六年，孩子们能接触到的文化名人何其多，教材选文所涉及的作者不下上百，课外阅读中也能接触到更多的名人。而我们从时间上考虑，从一年级到六年级选取的文化名人不过十几、二十几位而已，可谓沧海一粟，仅仅可以算是抛砖引玉，把孩子们的思维引向这里，帮他们拉起这根关注文化名人的"弦"而已。有了这种意识，孩子们会自觉不自觉地关注名人，更多地了解他们所带来的"文化"。

3. 精

既然是正餐之外的"加餐"，我们的着眼点在于"少而精"。要想让孩子们吃得少、吃得好、吃上瘾，关键在于教师课程设计的"精"。我们提倡自由发挥、百花齐放，在设计上可以重人，也可以重文，还可以人文并重。比如对于毛泽东这个历史风云人物，岂是一个小课程能全面了解的，仅是《毛泽东思想概论》大学生就得学上一年！于是，我们依据小学生的特点，精选他最有代表性的几个点——以生平为起点，追寻伟人的风采；以故事为载体，感受凡人的情怀；以鉴赏为媒介，涵咏诗人的气质；以书法为足迹，领略大家的气势。

二、"微课程"之"课"

"课"是"言"与"果"的合体，是言必信行必果的意思吗？许慎的《说文》这样释义："课，试也。""试"的今义有两个：一是按照预定的想法非正式地做，二是考试。看来，"课"与"考试"密切相关。

百度搜索"课"，可得如下资料：

形声。从言，从果，果亦声。"果"本指"瓜果""果实"，转义指动物身上类似于瓜果的肉体组织，如母猪、母狗的两排乳房，于鸟类则指鸟蛋。"言"与"果"联合起来表示"计量收获物（瓜果的数量、马牛等动物的产乳量、禽蛋数量）"。本义：计量劳动果实。引申义：（根据账本记载，对实收果实数量进行）考核、核验。再引申义：赋税，征税。说明："课"也是古代专门负责考核工作成果的办事机构，或负责征税的税务机关。"课"也是专门讲授考核业务知识或税务知识的学习班。

"课"之本义：计量劳动果实。引申义是考核、核验。再引申义是赋税、征税。查阅《现代汉语词典》，"课"有三大方面的含义：一作名词，表示有计划地分段教学（如上课、下课），教学的科目（如语文课、数学课），教学的时间单位（如一节课），教材的段落（第一课、第二课）和某些机关、学校、工厂等的行政单位（秘书课、会计课）；二作动词，征收赋税（如课税）；三作名词，占卜的一种（起课）。

真想不到，"课"居然有如此之广义。"微课程"之"课"，有两层含义：一是教学的科目，是包含在语文课之中、补充教材之不足、提升学生语文素养之课；二是教材的段落，每个文化名人算是一个大的"课"，具体到某一个人，再以各种逻辑关系细分为若干小的"课"，来进行较为系统的、全面的学习。

三、"微课程"之"程"

"程"为多义词，主要有三个义项：一是作为汉语汉字，二是程姓，三是度量单位。后两者与我们关系不大，且让我们聚焦作为汉字的"程"。

《荀子·致仕》说："程者，物之准也。"意即"程"有"标准"的意思。"程"为形声字，从禾，从呈。"呈"本指"治所""都邑"。"禾"指"谷物"。"禾"与"呈"联合起来表示"运送谷物到治所""在国都粮仓门口称量谷物"。故而"程"的本义是远距离运送谷物到都邑王仓，并称量登记造册入仓。

《现代汉语词典》中，"程"有规矩、法则之义，也有程序之义。词义的变迁比较大。

关于"课程"，百度的解释比较明晰：

"课程"一词在我国始见于唐宋期间。唐朝孔颖达为《诗经·小雅·巧言》中"奕奕寝庙，君子作之"句作疏："维护课程，必君子监之，乃依法制。"但这里课程的含义与我们今天所用之意相去甚远。宋代朱熹在《朱子全书·论学》中多次提及课程，如"宽着期限，紧着课程""小立课程，大作工夫"等。虽然他对这里的"课程"没有明确界定，但含义是很清楚的，即指功课及其进程。这里的"课程"仅仅指学习内容的安排次序和规定，没有涉及教学方面的要求，因此称为"学程"更为准确。到了近代，由于班级授课制的施行，赫尔巴特学派"五段教学法"的引入，人们开始关注教学的程序及设计，于是课程的含义从"学程"变成了"教程"。解放以后，由于凯洛夫教育学的影响，到80年代中期以前，"课程"一词很少出现。

朱熹是中国封建社会后期有重要影响的儒学教育大师。为了实现"王道"社会之理想，他一生耕耘于课程领域并展现出耀目的智慧。朱熹提出的"宽着期限，紧着课程"，意思是从长远看，学业进步是一个长期的过程，但是却要安排紧凑和严谨的学习计划。在他的课程学中，治学不仅是思考，更是修身；而他的课程实践，不只是"告知"，还是心灵的对话，是用自身行为对道德、人格、人性的诠释。

在西方英语世界里，课程（Curriculum）一词最早见于英国教育家斯宾塞（H.Spencer）《什么知识最有价值？》（1859）一文中。它是从拉丁语"Currere"一词派生出来的，意为"跑道"（Raceco urse），由此课程就是为不同学生设计的不同轨道。根据这个词源，最常见的课程定义是"学习的进程"（Course of study），简称学程。

课程是一个发展的概念，国内外学者对课程概念的理解不同。《现代汉语词典》对"课程"的解释为：学校教学的科目和进程。《中国大百科全书（教育卷）》中对"课程"的解释为：课程有广义和狭义之分，广义的课程是指为了实现学校培养目标而规定的所有学科的总和，或指学生在教师指导下各种活动的总和；狭义的课程是指一门学科。

由此，我们的"微课程"可以理解为：专为学生成长而设计的"跑道"，基于语文又高于语文的具有综合性学习特征的、独立于教材之外的独特的小型课程。

小立课程，大作功夫

深圳市龙华新区民顺小学　张德芝

"小立课程，大作功夫"是宋代理学家、儒学宗师朱熹提出的，距今约千年。也许他当时并没有想到，他的这一课程观对后世影响极大，尤其与今天的现代新课程理念不谋而合。

《基础教育课程改革纲要（试行）》在课程的实施方面提出了具体的要求："改变课程实施过于强调接受学习、死记硬背、机械训练的现象，倡导学生主动参与、乐于探究、勤于动手，注重培养学生搜集和处理信息的能力、获取新知识的能力、分析和解决问题的能力以及交流合作的能力。"新课程与朱熹一样，都强调了学生的主体地位，都对学生自主学习给予了高度的重视。

所谓"小立课程"，指教给学生的基础知识要尽可能地精简，而腾出时间和精力让学生大量地进行活动，也就是"大作功夫"。也有人理解为，要依据学生的特点，阶段性地设置小目标，花大功夫去实现和充实它，核心在于"教少学多"。

联系到我们的"微课程"，正切合了"小立课程，大作功夫"的立意。因此，我们把它借来当作开发语文微课程的核心理念。

一、小立课程

为什么要提倡"小立课程"，"生本教育"的创始人郭思乐教授在《教育走向生本》中有这样精彩的阐释：

我们在教学实践中经常看到与小立课程、大作功夫有关的现象。比如，有的学生认字到了一定的时候，进度忽然加快了，有不少老师还没有教的字他们自己就认识了。在一所小学的二年级，我们指着读物上的一个词语"玄乎"问小学生，这是什么意思，他答道："瞎编的呗。"我们想，这个词在课本上无论如何也是找不到的，这显示了学生的自悟。在语言学习中，比如学普通话，学生学习了若干词语之后，忽然对整个普通话都能说了。牛顿看到了苹果，却悟到了万有引力。这就是所谓的"知七得十""举一反三"，或者"四舍五入"。

——郭思乐《教育走向生本》

的确是这样的。记得我儿子从小跟随我到了深圳，基本不会说家乡话了。可是六年级暑假，他随大姨回了趟老家，住了二十多天，回来竟说一口标准、流利的"郧西话"。而且从此要求我们在家里也要说家乡话，还一本正经地教育我们"不能忘记自己的根"。再比如我们经常接到从外地来的插班生，刚来时不敢开口，因为不会说普通话。但是不到两个星期，普通话交流就不成问题了。这是什么原因呢？据说是系统功能在起作用。

一个人学习某种语言，实际上是在建构自己的语言系统。在中文里，每一个汉字都是一个最小完全系。比如"笑"这个字，在"笑容""笑声"中是露出愉快的表情，发出欢喜的声音。可是在"讥笑"中意思就不同了，在"见笑""笑话"中意思就更不一样了。更何况，还有人姓"笑"呢！随着这个最小完全系的不断增加，人的整个语言系统就建立起来了。

我突然想起自己当初学打字的事情。1999年我刚到深圳，办公室里有一台公用电脑，我如获至宝，从"开机"开始学习。那时还没有拼音输入法，五笔输入法正在流行，非常难学。我想到培训机构去学，一问价钱太贵了，于是去书店买了几本书开始自学。当我弄明白输入原理、学会字根的拆分以后，我把当时正在教的五年级上册课本从第一课到最后一课，从头到尾地打了一遍。几乎是突然之间，我便学会了打字，而且速度特别快。

惊讶于这神奇的"五笔输入法"，我在网上查找它的发明人。原来，在电脑刚刚兴起的七十年代中后期，国外兴起一种舆论说"计算机是汉字的掘墓人"，中国要么不用电脑，要么废除汉字！因为电脑及其操作系统是西方人发明的，要在仅仅25个字母键的基础上输入上万个形体不同的汉字，几乎成了世界难题。王永民教授就是在这种背景之下，研究汉字输入技术，历时五年发明了五笔字型，仅仅使用25个字母键，在世界上首次突破每分钟输入100个汉字大关，曾被新华社誉为中国文化史上"其意义不亚于活字印刷术"的重大发明，王永民教授也被称为"挽救了汉字"和"把中国带入信息时代的人"。

25个字母键能敲出上万个汉字，真是奇迹。细究起来，关键在于抓住了字根——这个最小完全系统，借助于汉字造字的规律（大部分汉字都是在字根的基础上衍生而来），而成功驾驭千变万化的汉字。这就叫作"抓住了根本"，这就是"小立课程"的原因所在。

所以，在我们看来，开发语文微课程，宜从小处着眼。这一个个的文化名人，就好比一个个最小系统。当一个个小系统在慢慢建立起来的时候，大的文化系统也就在悄悄地建立了，这才是我们的目的所在。

有这样一个有趣的故事：

一个孙子好奇地问银须飘飘的爷爷："爷爷，你的胡子那么长，晚上睡觉的时候，你是把它放在被子外面呢，还是放在被子里面？"

爷爷活了几十岁，胡子也留了N多年，从来没有想过这个问题，他也没法回答孙子。只是到了晚上，爷爷躺在床上，反复想着这个问题。他把胡子放进被子里，觉得不对劲，又拿出来。过了一会儿又觉得不对，似乎以前是把胡子放进被子里睡的。就这样，一会儿放进去，一会儿拿出来，折腾一个晚上也没有睡着。

睡觉时胡子放在哪儿，原本是件很自然的事情，但是当你要一个确定答案的时候，反而变成了一种负担。语文学习是母语学习，要承载的东西太多，难怪不少人说学习语文很累。

语文教学承载的内容太多，语文教学质量的达标线没有清晰的界定，语文考题的错综复杂，使得语文教师累不堪言。语文，除阅读教学、作文教学、写字教学这些扳着手指、排进课表的事情必须要做之外，还有不少没有排进的却也必须要做的事情。比如课外阅读，谁都知道，阅读教学光凭那几十篇课文是不可能提高学生的语文素养的，前辈们谆谆教诲我们，语文这东西"三分课内、七分课外"，语文教师必须要组织学生进行大量的课外阅读，这可不是一件简单的事，要做好它，那绝对是花心花思的……作文也是如此啊，光靠课堂上那几篇破作文能让学生提高什么作文能力呢？稍微负责一点的语文老师都会要求学生写日记、写周记。这又是件费心费力的事，不仅要想办法调动学生写的积极性，还得经常阅读和批改学生如山的周记、日记，你不读，不欣赏不激励，哪有几个学生会好好写的……说完了这些，顺便道一句数学，数学吧，课本上的要求做好了，行；试题太难，一看，超标了，都成奥林匹克数学题了。语文呢？什么样的阅读题是五年级做的，什么样的阅读题是六年级做的，什么样的作文题是五年级做的，什么样的作文题是六年级做的，什么样的阅读能力算是够格了，什么样的作文能力算是好的了，再上去，就是奥林匹克作文了，你得找家教找辅导去。语文，没法定，模模糊糊的，不痛不痒的，没个底，让你拼死拼活地干，也不知道哪里是出头之日！

——管建刚《语文教师的"三累"》

语文教师的"累"，还真不是一句空话。为什么感觉这么累？究其原因也是没有抓住"根"，没有"删繁就简三秋树，领异标新二月花"。郑板桥画竹似乎能给我们以启示：四十年来画竹枝，日间挥写夜间思。冗繁削尽留清瘦，画到生时是熟时。

人人都知道板桥先生"胸有成竹"的故事，却不知这背后"冗繁削尽"的苦痛。

二、大作功夫

提起"功夫"，一般人首先想到的是武术，但我们这里更应该理解为本领，做事花费的时间、精力。大作功夫，就是在"小立课程"（文化名人研究）的基础之上，要花费大量的时间和精力去做研究，让学生充分地了解人物、阅读作品、品味文化，从而提高学生的文化素养，这便是"大作功夫"。其实，这里的"功夫"也可以理解为学习力（即学习、研究的本领）。

朱熹在总结前人教育经验和自己教育实践的基础上，基于对人的生理和心理特征的初步认识，把一个人的教育分成"小学"和"大学"两个既有区别又有联系的阶段，并提出了两者不同的教育任务、内容和方法。且看来自"百度百科"的资料：

朱熹认为8—15岁为小学教育阶段，其任务是培养"圣贤坯璞"。鉴于小学儿童"智识未开"，思维能力薄弱，因此他提出小学教育的内容是"学其事"，主张儿童在日常生活中，通过具体行事，懂得基本的伦理道德规范，养成一定的行为习惯，学习初步的文化知识技能。在教育方法上，朱熹强调先入为主，及早施教；要力求形象、生动，能激发兴趣；以《须知》《学规》的形式培养儿童道德行为习惯。朱熹认为15岁以后大学教育，其任务是在"坯璞"的基础上再"加光饰"，把他们培养成为国家所需要的人才。朱熹认为，与重在"教事"的小学教育不同，大学教育内容的重点是"教理"，即重在探究"事物之所以然"。对于大学教育方法，朱熹一是重视自学，二是提倡不同学术观点之间的相互交流。

"小学学其事，大学穷其理"，意思是孩子小的时候要学习的东西是一些常规性的知识，到长大才探究其中的道理。朱熹关于"小学"和"大学"教育的见解，为中国古代教育思想增添了新鲜的内容，即使在今天，这种见解也不过时。

朱熹认为，八至十五岁是小学阶段，是打基础的阶段，教学内容是"学其事"。必须从洒扫应对进退开始，按伦常礼教教给儿童，进而教他们诗、书、礼、乐之文，使儿童在日常生活上、在具体行事上，熟悉伦理纲常，达到存养已熟、根基已深的程度。且看《朱子语类》的记载：

问："大学与小学，不是截然为二。小学是学其事，大学是穷其理，以尽其事否？"曰："只是一个事。小学是学事亲，学事长，且直理会那事。大学是就上面委曲详究那理，其所以事亲是如何，所以事长是如何。古人於小学存养已熟，根基已深厚，到大学，只就上面点化出些精彩。古人自能食能言，便已教了，一岁有一岁工夫。至二十时。圣人资质已自有十分。寓作"三分"。大学只出治光彩。

——《朱子语类·卷七》（学一）

朱熹的思想到现在仍具有现实意义，小学"学其事"，其目的是为了"存养已熟""根基已深厚"，就是存学养、打根基，也就是我们现在所强调的语文素养。语文素养是一种以语文能力为核心的综合素养，是语文能力和语文知识、思想情感、语言积累、语感、思维品质、品德修养、审美情趣、个性品格、学习方向、学习习惯和人文素养的有机整合。

语文素养是《全日制义务教育语文课程标准（实验稿）》中的一个核心概念，是指学生在语文方面表现出的"比较稳定的、最基本的、适应时代发展要求的学识、能力、技艺和情感态度价值观"，具有工具性和人文性统一的丰富内涵。语文的核心素养至少有两个方面：一是语言能力，二是人文情怀。这两者不是靠每学期几十篇课文培养出来的，也不是靠一篇篇文章分析出来的，而是靠大量的阅读、背诵逐步涵养成的。

语文讲究"涵养"，换句话说，语文素养是"熏"出来的。中国几千年来的语文教育，最成功也最有效的方法便是背诵、阅读。正因为如此，学"语文"不是学"语文课本"，有这样一个例证：

　　前几年有一位叫李路珂的女孩一度被人们关注。她两次跳级，15岁就考上了清华，20岁攻读清华大学建筑学博士。当人们都用看待天才的目光看她时，她父亲却说，女儿并非智力超常，她与别人的区别只是在于：当别人的孩子正在拼命去读去背一些无关紧要的、最多只能供翻翻而已的文字（主要指语文课本）时，我在让孩子读《论语》《孟子》《古文观止》等经典作品。

　　李路珂的父亲坚持让女儿有大量的课外阅读，认为最好的少年时光应该去读经典作品。他对现在的学校语文教育很不满，认为"在无关紧要的文字上喋喋不休、浪费过多光阴只会毁掉人的一生"。由于他的这种想法与学校教育有矛盾，他让孩子休学三次，以便女儿能无拘无束地自由阅读。大量的课外阅读给李路珂带来了智力和学习上的飞跃，带来生命的早慧和成长的轻松。

——《学"语文"不是学"语文课本"》

　　李路珂父亲的做法可谓"离经叛道"，与当下很多教师和家长把语文课本奉为语文学习的圣经形成对比。虽然这是个案，但在佩服他的勇气的同时，也引发了我们的思考——学"语文"不是学"语文课本"。

　　在一次教师读书演讲比赛上，有位选手演讲的内容是关于"绘本"的，专家提了这样一个有趣的问题：近代大学问者，如王阳明、梁启超、王国维、陈寅恪等人，他们没有读过"绘本"，为什么也能成为学界泰斗呢？且不说这问题有些刁钻，也不管选手如何回答，但让我们明白了一个道理：学界泰斗们当年的语文学习内容，基本上都是中华文化千百年来流传下来的经典名章，他们从小练就了过硬的"背诵童子功"，整本整本地不知背过多少本书！他们几乎都遇到过一个或者几个学养丰厚的语文老师，从最初的语文学习中获得了完善的语言和思想的滋养。早年的语文学习为他们一生的事业及做人奠定了良好的基础。有人问中国科学院院士杨叔子先生：为什么您能成为院士，有什么个人因素？他回答说："重要的因素之一是人文文化，中华民族的优秀传统文化、中国语文起了重要的、直接或间接的作用。"

　　还有一个例子说明了老师的学养对学生的影响。在一次报告会上，著名特级教师于永正曾经这样深情地谈起他的老师：

　　于永正的家乡本就是"京剧之乡"胶东，故乡的父老乡亲都懂京剧，几乎人人都能哼上几句，这样的环境和氛围极大地影响了他。他爱听戏、爱唱戏，几乎到了痴迷的程度。小学三年级的时候，学校来了一位新老师，是一个"右派"，下放到这里来的。这老师写得一手好字，还是京剧的行家。他不记得老师怎么上语文课了，但记得老师怎么教他们认认真真地练字，教他们拉京胡、唱京戏。十几个穷孩子，一人一把京胡，张敬斋老师逐个指点。于永正天资聪颖，悟性好，嗓音清亮甜美，张老师特别喜欢他，便耐心地、一字一句地教他，在张老师的栽培下，于永正学会了唱戏拉胡琴，小小年纪，居然在村里唱出了小名堂，村里人都称他是"小梅兰芳"。

于永正说他在语文教学上表现出来的创造力很大程度上得益于艺术教育："每学一段京剧唱腔，每唱一遍哪怕是很熟悉的唱段，都是一次感情上的洗礼，都会增加一次感情上的积淀，京剧使我懂得了爱，懂得了恨。京剧教会了我喜，教会了我怒，教会了我悲，教会了我乐。总之，京剧使我懂得了人世间最重要的一个字——情。感谢张老师教会我唱戏拉胡琴，引我走进艺术殿堂。正如爱因斯坦所说，知识和能力是有限的，而艺术给人带来的想象是无限的……"

　　遇到一个好老师是多么地幸运！如今，七十高龄的于老师仍然活跃在讲台上，还时常忍不住唱一段京剧。他不但把学语文的温情回忆带给了他的学生们，还影响了中国一大批优秀的青年教师。

　　是的，学"语文"不是学"语文课本"，当然也不是不学"语文课本"，而是在课本（正餐）之外，适时、适量地增添一些成长所必需的精神营养，以期孩子们能"存养已熟、根基已深厚"。老子说"道生一，一生二，二生三，三生万物"，俗话说"积小善而成溪流"，都说明了万物归一、一生万物的关系，这也算是为我们"小立课程，大作功夫"提供了理论的支撑吧！

让语文学习像寻宝一样有趣
——从新浪博文看加拿大的语文教学

深圳市龙华新区民顺小学　张德芝

早听说加拿大是一个移民国家，多元文化是它最基本的社会特色。中小学是加拿大社会的一个缩影，教学和生活的各个方面都弥漫着多元文化的气息。我怀着强烈的好奇心期待了解：对于一个有着70多种语言的国家，如何能做到"强调你成为加拿大人的同时，保留自身的身份认同"？以英语和法语为官方语言的"语文"课会是怎样的？

感谢万能的网络，我居然从一篇篇博文上得到了答案。原来在加拿大，语文学习是这样的——

镜头一：老师的作业很有趣（移民加拿大的中国妈妈）

加拿大的语文课，没有国内听写、造句、分段落、概括中心思想这些乏味的内容。比如法语课，顾名思义孩子们要学法语，老师每次留的作业很有趣。比如老师会让孩子们画一个十几层高的超级大汉堡，再自己设计一个精美菜单，写上广告语，这样孩子们就把很多和食物有关的、和吃有关的单词和句子记住了。还有一次老师让孩子们设计一个厨房，把厨房里的各种用具、柜子、灶台等都画上，写上名称，儿子一回家就闷头做他的法语作业，乐在其中。

在儿子的学习过程中，大部分的课程需要孩子自己去动手制作，查阅资料，归纳整理、展示等。从小题目"说说你的家庭成员"、制作family tree，到大题目"美洲的黑人历史"和"联邦制度"等，深深浅浅，范围广泛，每次儿子都表现出极大的耐心和兴趣，学会了利用互联网和图书馆搜集资料，学会了制作文档和PPT，丰富了知识和词汇量，提高了写作水平。

启示：学"有用"的语文

加拿大的小学没有语文课本，每个老师有一本厚厚的教学大纲，详细地说明了各年级的教学内容和学生要达到的A、B、C、D标准。对于教材的选定，老师有很大的自由空间。据了解，在加拿大能进入高等学府深造的学生比例并没有中国高，基础教育的发展方向，主要是为社会提供具有一定知识和实际工作技能的劳动大军，为学生毕业以后进入社会就业，提供尽可能多的技能和机会，而不是将高等教育作为自己的终极目标，只是培养社会精英人才，这一点与中国的教育体制有着本质的区别。因此，从老师的作业上能看得出，学以致用、学为所用的思想得到了淋漓尽致的体现。

"生活即课程,"在加拿大老师的心中,"生活中处处都是语文学习的内容"。例如,刚刚结束的世界杯足球赛就是他们的教材。在世界杯开始前的半个月,老师就宣布这一阶段的学习内容是每个同学制作一个关于世界杯参赛国的大看板,内容必须包括这个国家的地图、国旗、历史大事、世界杯参赛历史、队员的队服、导游手册、地理特点等,并和加拿大比较有何异同,其他内容可以根据自己的调查兴趣适当添加,要求每人只能选择一个参赛国家。内容有图有文,也可以搜集整理材料后打印,装饰风格各异,最后粘贴在长1.2米、宽1米的厚纸板上,时间为两个星期。课上,孩子们就到网络或图书馆搜集资料,完不成的回家继续。最后展览时,孩子们带着喜欢的零食欢天喜地地站在自己的看板前,向前来参观的其他年级的孩子介绍自己的创作特点,或设计一些趣味有奖问答等。这样有趣的作业,孩子们想没有兴趣都难!

课程即活动!加拿大的教育深深地烙上了美国的印记。杜威的课程思想在这里得到充分体现:"课程最大流弊是与儿童生活不相沟通,学科科目相互联系的中心点不是科学,而是儿童本身的社会活动。"通过研究成人的活动,识别各种社会需要,把它们转化成课程目标,再进一步把这些目标转化成学生的学习活动。这种取向的重点是放在学生要做些什么上,而不是放在教材体现的学科体系上。以活动为取向,注意课程与社会生活的联系,激发了学生在学习中的主动性。

镜头二:我们的课堂很疯狂(移民加拿大的五年级男孩)

我三年级移民到加拿大,度过了两年无忧无虑、快乐自由、随性又处处充满惊喜的小学生活。语文课的课本就是一本本有趣的小说,所有的阅读资料和小说都是循环使用的,我们用完了,下一届五年级学生继续用。英语课不是讲课,而是聊天,不时地从课堂里传出爽朗的笑声,像我们学"食物"这个单元,老师把每种食物的外貌、来历和做法都告诉你一遍,讲得同学们口水直流。喜剧课上我们自编自导,无论是古典剧还是现代剧,都能把人笑翻在地。还有音乐课,老师不会讲五线谱让你唱歌,而是让你看视频、听歌、吹竖笛、敲鼓,从听和实践当中让你感受音乐的魅力。只能给这些丰富而富有激情的课堂两个字:有趣!

我们学校都是包班制,每个老师都是身兼数职,数学老师又教语文,还教社会课、科学课和美术课。就像我们五年级的老师Mrs. Griffith,语文、数学、法语、科学、社会,都是他教。六年级的老师Mrs. Szechynski既是语文、数学、科学、社会的老师,还是一、二、三年级的体育老师,又是排球教练,神吧?可我最崇拜的是我们的音乐老师,学校所有年级的音乐都是他教,所有的音乐会、所有的伴奏、所有关于音乐的事情,都是他一手操办的。只能给这些老师一个字:牛!

我不得不说的,语文课居然搞出各种各样的"主题日",有的真是太搞笑,太让人疯狂了。比如"绿帽子日",按咱们中国的说法,戴上绿帽子是件很丢脸的事,代表老婆喜欢上别人了。不过在这边可没有这个理儿,所以一上学,到处都是各式各样、大小不一的绿帽子。哇,这么多人的老婆都喜欢上别人了!还有"睡衣日",无论老师同学，都身穿一身个性的睡衣，像隔壁班的老师，穿一件睡衣，抱着一只硕大的泰迪熊就来讲课了！还有"电影日"，同学们在学校体育馆里横七竖八地躺下、坐下、趴下，一人拿一包零食，一边看一边吃……只能给这些主题日一个字：疯！

启示：创意无限的课堂

在加拿大，因为实行的是包班制，老师基本上都是"全科老师"，因此，学科之间的界限不是那么分明，对于课程的安排老师们也可以随心所欲。因此，语文学习不再是单纯地学语文，而是与社会、科学、美术等学科联系起来，各种课程相互融合、渗透。对于孩子们来说，每一节课都是创意无限，充满着诱人的"未知"，想让他不感兴趣都不行。

例如老师把语文学习与社会研究结合起来，内容是"Aboriginal People"，学习加拿大原著民族知识，这个题目大约持续了一个多月。老师先是在课堂上给同学讲解相关知识并看录像，然后发给孩子们每人一本参考书，同时还列出可参考的书目供学生到图书馆查询，之后再给同学们出题目留作业，题目涉及原著民的种类、生活区域、居住条件、服饰、狩猎、艺术成就等各个方面，像一个小百科知识库。接下来是实践和体会，老师把孩子们分成几个小组，每个小组选择自己感兴趣的题目给大家做演示，比如服装、面具、舞蹈等。最后老师又带领孩子们参观原著民的一个保护区，至此这个题目全部完成，再进入下一个新课题。

在我们中国，特别是深圳，学科之间的鸿沟还是比较深的。老师们几乎都是各种专业的本科生，学语文的教不了数学，学体育的更是教不了音乐，尽管一个班可以有N多个老师来上课，但知识都有碎片化的倾向，这值得我们深思。

值得欣慰的是，现在有一些学校开始了"全科教学"的尝试。"全科教学"实际上就是一名或两名老师负责一个班全部科目的教学，在课堂上不仅仅教授某一个学科的知识，还打破学科之间的壁垒。深圳有几所学校也开始在低年级谨慎推进，存在不少的挑战。比如从师资方面，目前教师培养体系更多是专业培养，仅有哈尔滨师范大学、天津师范大学等少数师范大学培养全科教学、跨学科教学的新型老师，这使得引进适合的全科教师出现困难。而在教材方面，目前仍是空白，没有现成的教材可供参考。此外，在学校的组织方式和教学方式上，都需要调整并与全科教学相匹配。全科教学虽然面临着不少困难，但有利于孩子的身心发展，将是教育教学未来的发展趋势。

镜头三：课堂就像法庭？（移民加拿大的中国爸爸）

女儿K上学去了。不，应该说她上法庭去了。作为一名"诉讼律师"，她要上法庭去打一场擅入和谋杀的刑事案件的官司。

女儿的客户是猪小三，被起诉的一方是大灰狼。案件的基本情况大致是这样的：猪小一用稻草建了一座房子，猪小二用树枝搭了一座房子，猪小三用砖块盖了一座房子。

一天，大灰狼跑到猪小一的家，把茅草房吹破，吃掉了猪小一。第二天又跑到猪小二的家，把木头房吹破，吃掉了猪小二。最后大灰狼跑到猪小三的家，却怎么也吹不破他的砖瓦房。大灰狼爬上房顶，想从烟囱里进去，不料聪明的猪小三在下面烧了一锅开水，叫来警察抓住了大灰狼。

今天K就是要代理猪小三上法庭，起诉大灰狼"擅入"和"谋杀"。事先她研究了案情报告，预计和安排证人提问和对方证人的讯问，准备开场陈述、提问和辩论要点以及最后陈述，信心十足地去为她的客户打官司。

这是K在卡尔加里七年级语文课里的一节课。三个猪仔和大灰狼的故事是众所周知的童话故事，就像孙悟空三打白骨精一样出名。当然，大灰狼绝不甘心束手就擒，也聘请了辩护律师。双方律师以及证人必然有一场唇枪舌剑的争锋，并试图让法官和陪审团接受自己的证据和辩论，从而赢得这场官司。

庭审下来，女儿成功地让大灰狼被判"擅入"罪，但却让大灰狼逃脱了"谋杀"的指控，因为大灰狼的律师居然说狼吃猪是弱肉强食的生存法则，存在的就是合理的，大灰狼无罪。通过这次模拟的法庭诉讼，K和她的同学学到了很多书本上学不到的东西，同时也引起了她们对语文课的重视，提高了她们对语文课的兴趣，获益良多。

启示：突破"语文"的禁锢

为什么我们的语文课不可以也搞得这么形式多样、生动活泼、趣味横生呢？如果套用（当然没必要一定要套用）这样的法庭诉讼模式，白骨精告孙悟空故意伤人致死罪，是不是可以吸引学生阅读《西游记》？如果秦琼告关公随便什么罪，这从侯宝林大师《关公战秦琼》中衍生出来的"新关公法庭战秦琼"一定会让学生领略不同朝代人对决的可笑，从而学习许多历史知识。

这个故事也让我想起了陶行知先生早在1927年提出的"教学做合一"的思想："教学做是一件事，不是三件事。我们要在做上教，在做上学。在做上教的是先生，在做上学的是学生。"其实，学语文更是需要"教学做合一"。"女儿K"要"学"的不局限于这个家喻户晓的童话故事，更多的是法律条文的现实应用。老师"教"得巧妙、"教"得轻松——通过"法庭"辩论，让孩子自己去查找资料、寻找证据、准备诉讼词，从而在这些实实在在的"做"中真正领悟了法律的精髓，也明白了这个童话故事的精髓。

在不同国家，语文课也各不相同。在美国，语文课更像是"阅读分享课"，刚上初中的13岁孩子，一个学期下来可能必须读6~7种风格的英文作品。与中国学生多少能吟诵几首唐诗宋词不同，美国老师经常抱怨美国学生已不懂诗。而在德国，语文课则被上成了公民教育，教材选取还专门加入了更多展现社会"阴暗面"（如种族歧视、违法犯法）的内容，以引导学生主动思考和解释社会现象。在中国台湾，最重视古文的语文课，课本内容的65%是文言文，中学生就读《古文观止》。文言文超过白话文比例，一直是台湾语文课本（台称"国文课本"）的一大特色。

让语文学习像寻宝一样有趣，我们是不是也可以试试呢？

关于语文"微课程"的几点思考

深圳市龙华新区民顺小学　张德芝

在"微时代"的今天，在中国文化走向世界的今天，作为文化素养核心的语文素养显得尤其重要。"微课程"正是基于此而开发出来的。严格来说，"微课程"应该属于语文综合性学习的范畴，因此它也具备了综合性学习所具有的一些特征。

一、明确课程目标

十多年前，《语文课程标准》第一次把"语文综合性学习"列为第五类课程，与识字写字、阅读、习作和口语交际相提并论，在语文教育史上无疑是一个创举。十多年的课改，我们深深地明白：语文素养不是在课堂"言说"和课外"做题"中形成的，不是单纯在学习语文课本中形成的，而是在充分的"践行"和广泛的"习得"中形成的。课本不再是唯一的信息源，教师不再是唯一的信息传递者，教室也不再是唯一的信息交流场所。我们都有了一个共识，学"语文"不是学"语文课本"，因为"教材无非是个例子"。

小学生学习语文主要通过两个渠道：一个是语文课堂教学，以教材为载体，学习系统的语文知识和进行语文能力的培养；一个是课外语文实践活动，它以体验学习和自主活动为主要形式，以取得直接经验和获取综合性信息为主要内容，以促进学生认识、情感、能力、习惯和语文综合素养统一协调发展为目的。有人说，这是语文学习的"双翼"，两者相辅相成，既有紧密的联系，又有相对的独立性，是不可替代的。

课内学习自不必说，这是"正餐"，自然要细嚼慢咽好好吃，只有"举一"才能"反三"。但因教材的局限，孩子们"吃得饱"而"吃不好"，或者干脆"吃不饱"。"微课程"的目标在于把学生的视野引向课外，"得法于课内，得益于课外"，努力建构"课内外联系、校内外沟通、学科间融合"的语文教育体系。

人教版五年级上册最后一个单元，以"走近毛泽东"为主题，安排了一组课文。《七律·长征》《开国大典》《青山处处埋忠骨》和《毛主席在花山》四篇课文，从不同角度反映毛泽东伟人的风采和凡人的情怀，让孩子们感受到，毛泽东是伟大的领袖，是卓越的诗人，也是慈祥的父亲，他和普通的群众在一起。可是对学生而言，理解起来有诸多困难：一是毛泽东的时代离现在的孩子们太远，平时的学习生活中接触得少之又少。二是毛泽东生活的时代与现在有较大差距，幼小的孩子们难以理解他"一心为国、

"一心为民"的高远政治情怀。单靠这几篇课文远远不能让孩子们真正了解毛泽东，而这位划时代的人物又的确有了解的必要，所以，开发一个以毛泽东为主题的"微课程"显得尤其必要。

在研究文化名人的过程中，要大量阅读名家名作，丰富人文知识，打好精神的底子。主动参与、乐于探究、勤于动手，提高语文能力，这是语文综合性学习的价值所在，也是"微课程"的价值所在。

二、把准课程性质

（1）突出综合性。"综合"的范围很广，一是学习目标的综合性，既包括阅读、写作方面的综合，又包括人文精神和语文学科的综合；二是要关注人物命运和文学作品，联系文化名人生活的时代背景，把人品与文品综合起来；三是要注意学习方法的综合，把自主阅读和合作探索、独立思考与互动交流综合起来。

我们继续以"走近毛泽东"为例。在这个"微课程"学习中，一方面要通过阅读来了解毛泽东一生走过的坎坷艰难路。对于毛泽东传记，我推荐孩子们读美国著名学者、记者罗斯·特里尔于1980年出版的《毛泽东传》。该书是西方数百种毛泽东传记中最被推崇、最为畅销的作品，从思想、政治角度记叙毛泽东一生，更多地关注其个人生活、个性性格和心理分析，引导读者体味"故事"背后的时代困惑，可谓"毛泽东的真实的画像"。另一方面要观看影视作品，《长征》《毛泽东》《毛泽东和他的儿子》等都能直观地感受那个艰苦卓绝的动荡年代，直接体会枪林弹雨中新中国建立的艰难，直接感受斗智斗勇的战争博弈。同时，还要诵读毛泽东诗词，感受蕴藏于诗歌之中残酷的战争故事与乐观豪迈的革命情怀；欣赏毛泽东书法作品，感受"字如其人"——只有如此的胸襟和气概，才能写出这样的狂草！

在阅读的过程中，重要的是思考，是自己动手搜索更多的资料，选择更多的内容，以期有更全面的认识和思考。

既有学习目标的综合性，又有学习方法的综合性；既有学习内容的综合性，又有学习途径的综合性。但无论如何"综合"，"微课程"始终姓"语"，其着眼点仍然在提高学生的语文素养上，是人文精神与学科精神的相互融合。

（2）加强实践性。"微课程"的学习，主要体现为语文知识的综合运用、语文能力的整体发展、课本学习与课外学习的紧密结合，因此实践是第一位的。我们强调老师的作用在于激起孩子们的兴趣，点燃求知的火苗，在此烛照耀之下，引领他们走进丰富的人文领域，涵养精神的底子。

北宋文豪苏轼，一生坎坷，颠沛流离。不是被贬官，就是奔波在被贬官的路上；一生有三位深爱他的妻子，却都死在了他的前头……然而他所到之处，皆有鲜花为他盛开，皆有清风为他送来。他的"粉丝"上至皇上太后，下至市井百姓，直至一千年后的今天，依然有成千上万人爱他的诗词。学语文，免不了要与这位北宋文学第一大V神交。二年级教材里便有他的"一年好景君须记，正是橙黄橘绿时"，《必背古诗75首》更有他一连串的诗词，在优美的诗词中能感受到他豪放、豁达的气度。

也许是编者出于弘扬"正能量"的考虑，也许是怕孩子们不能理解人生的坎坷，仅从教材的角度看，孩子们对于苏轼的认知是不全面的。于是，在某一年的《我们的节日·经典诗文诵读》活动中，我们编排了一个小短剧《人生看得几清明》，以清明为背景，选择了清新绝俗的小诗《东栏梨花》、哀婉深情的悼亡妻《江城子·乙卯正月二十日夜记梦》、苦不堪言的《黄州寒食二首》，以及豪情万丈的《念奴娇·赤壁怀古》，在梨花白、柳絮飞的唯美背景下，把他的诗词与他的人生融合起来，透过诗词看到他跌宕起伏的人生，透过他不幸的人生反衬他豁达的胸怀，在尽情演绎中立起一个有着"诗和远方"梦想的、"打不死"的苏东坡。

朗诵也好，课本剧也罢，核心在于"实践"，在表演和学习表演的过程中，在揣摩人物和表现人物的轮回里，孩子们得到的不仅仅是知识。重探究、重应用、重过程、重参与、重方法、重体验，无不意在培养学生的实践综合运用能力。

在实践的过程中，要注意培养学生的合作意识。卡耐基以他自身的成功经验告诉我们：一个人的成功，15%靠专业知识，85%靠人际关系和处世技巧。这种"人际关系和处世技巧"说到底是与人合作的意识和技巧，因为在21世纪，竞争与合作并存。

（3）强调自主性。基础教育的一个重要目标是培养学生自主、独立的学习习惯和能力。语文教育是讲究"润物无声"的，学生带着浓厚的兴趣自主地参与到"微课程"的学习之中，将大大增强语文教育的育人功能。一方面，研究文化名人需要建立在大量主动阅读的基础之上，而这个阅读主要在课外完成。另一方面，"微课程"主要以感受人文教育为主，对来自不同民族的文化和不同时期的作品有更加广泛的接触，而语言文字的学习降到了其次。

教材对于鲁迅先生的态度，近几年起了一些微妙的变化。2013年曾因教材删减鲁迅先生的文章再起争议，有人说学生中流传"一怕周树人，二怕文言文，三怕写作文"，著名作家叶开也在报刊撰文评说："鲁迅的作品是一流的，虽然过去支持减少他的作品数量，但如果要全面退出却让人'惊诧'"。

时代变迁，今天应该怎样看待平民作家鲁迅先生？怎样阅读他的作品？人教版六年级上册第五单元，以"初识鲁迅"为专题，安排了四篇文章。只有一篇《少年闰土》是鲁迅先生的作品，其余三篇都是不同的人写鲁迅的。"教材为什么不以鲁迅先生的作品为主来编排？"这些精灵鬼们还真独具慧眼，问题问得极妙！

既然问题是孩子们提出的，说明他们有这方面的研究兴趣，这是"自主"的第一步。如何引导孩子广泛地阅读、深入地研究、持久地保持兴趣，是考验老师的时候了。

带着浓厚的兴趣自愿参与，在爱与憎、乐与悲、好与恶的反复体验、辨识中，关心和热爱民族文化传统、珍惜人类优秀文人化遗产，潜移默化地陶冶学生的性情、涵养学生的情趣、积淀学生的情怀，逐步提高学生的审美情趣，使每一个孩子身上都凝聚着中华民族的传统美德，洋溢着浩然正气，充满着万民称道的人间真性。

学生才是学习的主人，但这不等于教师要放任自流。恰恰相反，教师作为指导者、参与者、合作者的角色更需要充分发挥。"微课程"学习，没有教材，没有样板，一切要靠老师自己的判断与选择，把学生带向何方，老师责无旁贷。从这个意义上说，"微课程"的学习更需要教师的自主性。

三、重视活动评价

对于"微课程"的学习，教师不仅要在组织、指导上狠下功夫，还应构建一种有利于促进学生主动学习、实践的评价机制，这是"微课程"学习开展的有力保证。

（1）注重过程评价。"微课程"的学习，没有考试的压力，没有测评的标准，其出发点在于师生自觉自愿地"补充营养"。正因如此，有可能半途而废，也有可能天马行空不知所往。我们强调的是学习的过程，而非仅仅看重结果。提倡采取形成性评价，每学习一个专题，引导孩子们建立专门的文件夹，把阅读过的书籍、了解过的资料、收集到的影视等分门别类地进行整理。定期进行展示，表扬先进，鼓励进步，让每个孩子都能体验到不同程度的成就感。

（2）鼓励多形式评级。"微课程"实行过程中，除了老师的评价外，来自学生、家长以及外界的评价更能激发学生的兴趣与潜能。比如学生的自我评价和相互评价，能让孩子在与同学的对比中，找出差距，学习好的，摒弃差的。再比如来自家长的评价，特别是当家长把自己孩子的学习成果向外人展示（有时是炫耀）时，对于孩子的鼓励作用更加明显。老师组织的评价活动也必不可少，引导学生回看自己在学习活动中的表现，谈体会、谈收获、谈不足，在交流、互动中更能找到差距，激励自己有更好的行动。

写到这里，我突然想起了郭思乐教授的《"毛估估"的智慧》："农民买小猪的时候，不是论斤称的，而是目测的。"这就是所谓的"毛估估"，它的智慧在于始终坚持整体地、动势地、实在地把小猪当作生命体。因为"小猪买回去是养的，农民不需要有一张设计图纸，不需要有许多指标和数字的网"，因为农民知道小猪是生命，生命自己长大。

生命自己长大！我们何不借鉴"毛估估的智慧"，不刻意去评价，就像农民让小猪自然地长大，不会天天秤它。我们让生命自己自然地长大吧！

总之，"微课程"突破教材的樊篱，突破课堂的中心，在更广阔的人文领域中，引导孩子们主动获取、亲身实践，感受"大语文"的开阔和研究性学习的美妙，从而全面地提高学生的语文素养。

不能忘却的长征
——以《七律·长征》为例谈语文课的历史庄严感

深圳市龙华新区民顺小学　张德芝

❧ 缘起：为了忘却的记念 ❧

"狼牙山五壮士跳崖是必然还是偶然？"我们在研讨《狼牙山五壮士》时，一位老师的发言引起了大家的思考。

"风萧萧兮易水寒，壮士一去兮不复返！"两千多年前荆轲刺秦的悲壮就发生在狼牙山区易水河边，"自古燕赵多慷慨悲歌之士"，诸如廉颇、乐毅、荆轲、高渐离等历史名人比比皆是。中华民族之所以能屹立在东方而不消亡，正是因为有了这些民族的脊梁，有了这种"捐躯赴国难，视死忽如归"的精神。这是一种精神，其实更是一种文化。这种文化流淌在我们中华民族每一个人的血液中。

回头看看我们的时代氛围：有人为老子穿西装打领带，美其名曰"卖中国的精神和文化"！孩子们也常在课本上"再创作"：给五壮士戴眼镜，给邱少云画胡子，甚至居然把周恩来的头像变成日本的富士山发髻……这些用生命中最宝贵的年华撑起了中华民族脊梁的英雄，却得不到学生应有的尊重；这些历史感厚重的课文却得不到应有的庄严，不能不说是语文教学的失败！如何让英雄人物形象鲜明生动地走进孩子的心中，甚至活在孩子的心中呢？——而不是仅仅让孩子记住一个名字、一种符号。

"太阳最红，毛主席最亲！"近百年来，毛泽东何以成为中国人心中的太阳？他离开我们已经几十年了，为什么依然有那么多人怀念他、敬仰他？我们天天使用的百元大钞上也总有他的身影？

新课标教材五年级上册，在第七单元"不忘国耻"的基础上，安排了"走近毛泽东"的专题，把伟人的风采、凡人的情怀印到学生心上。解读《七律·长征》，我们的目光也由红军转移到毛泽东，引领学生体会艰苦卓绝的长征，领会毛泽东伟人的风采，感受他凡人的情怀，让长征、让红军、让毛泽东鲜活的形象立在孩子们的心中！

❧ 课堂回眸：伟人的风采凡人的情怀 ❧

毛泽东，中国人民的伟大领袖、中华人民共和国的主要缔造者、共和国的主席（我们尊称他为"毛主席"）。作为一个政治家、思想家、军事家，在戎马倥偬的同时，写下了大量的诗歌，成为一位诗人、书法家。

　　备课的时候，我一直在思考一个问题——"伟人"与"凡人"的区别在哪里？今天，我们透过伟人的诗句，认识那位身经百战、叱咤风云的人物，感受他伟人的风采。

一、凡人眼中的"长征"——难

　　在熟读课文、了解长征概况的基础上，从三方面引导学生感受长征的艰难：

　　（1）红军长征途中经历的"万水千山"：补充五岭、乌蒙、金沙江、大渡河、岷山的资料，感受其"天险"；了解红军"行路难"：没有汽车、火车，没有飞机、轮船，红军开动的是两条腿。走过这万水千山多么不易！把这"万水千山"连起来，就成了"地球的红飘带"（出示"长征路线图"）。

　　（2）感受长征途中的"枪林弹雨"。结合地图感受：十二个月的光阴里，天上每日有几十架飞机在侦察轰炸，地上有几十万大军在围追堵截。二万五千里路，打了300多次仗：血战湘江（仅此一战，红军由八万人锐减到三万）——四渡赤水——巧渡金沙江——强渡大渡河——飞夺泸定桥——激战腊子口……（红军到达陕北，只剩下一万多人）

　　（3）感受长征途中的"饥饿寒冷"。漫漫长征路上，不仅有急流险滩、雪山草地，还有枪林弹雨，更有饥饿、寒冷、疾病。衣衫单薄、空腹赤脚的红军一步一步地丈量出人类历史的奇迹。看看这样一个画面吧（阅读补充资料：过草地——生死野茫茫）。

　　（4）这就是真实的"长征"！千山万水、枪林弹雨、饥饿寒冷……真是"远征难"啊！（千辛万苦、艰苦卓绝……）长征的经历是悲惨的，长征的精神是悲壮的！

二、伟人眼中的"长征"——只等闲

　　（1）长征在伟人毛泽东眼里是怎样的？通过朗读感受毛主席豪情万丈、乐观向上、英雄浪漫的精神。

　　（2）你从哪里读出了"只等闲"？引导默读诗歌后三联：

　　①颔联："细浪"在翻腾，"泥丸"在滚动，这是红军对山的征服！

　　②颈联：了解巧渡金沙江、强渡大渡河的故事，体会：这是对水的征服！

　　为什么暖？巧渡金沙江不费一枪一弹，不伤一兵一卒，那是长征中最有智慧、最成功的一次战斗！这"暖"是战胜困难的欢快！

　　为什么寒？强渡大渡河是红军最勇敢、最顽强的一战！电影《飞夺泸定桥》片断再现场景，体会长征精神：君子之勇、进取精神——为人民谋幸福、为穷苦人得解放。这"寒"是九死一生的回味！是对烈士的深切怀念！

　　③尾联：红军过五岭、越乌蒙、渡金沙、抢大渡，从敌人的重围中杀出一条血路，自然令人欣喜！而现在，红军又翻岷山、进陕北，胜利大会师已为时不远，从江西到陕西的战略大转移已经实现，走过长征的同志千锤百炼，走过雪山的红军前景辉煌！

　　（3）"红军不怕远征难，万水千山只等闲"，只是毛主席一个人这样看吗？毛泽东是红军的领头人，是灵魂、军魂！他说不难，就是红军说不难；他等闲视之，红军也会藐视困难！这"伟人"只是毛泽东吗？——是全体红军！

三、凡人的情怀——伟人泪

（1）在人们的眼里，毛泽东是一条硬汉！是一个不向困难低头、不向敌人折节的硬汉！连蒋介石都说他"意志如钢"！但是，你可知道，在他坚强的外表下，也有一颗细腻的内心，也有一触即发、泪雨滂沱的时刻！请仔细默读《长征路上伟人泪》，画出让你感动、哽咽、流泪的句子。

（2）默读、圈画、交流。

① 关于贺子珍受伤：面对生死未卜的妻子，毛泽东不仅流下了伤心的泪水，他还坚持抬担架。就在这时，弟弟毛泽民走上前来，递给他一份电报——小弟毛泽覃被敌人杀害了！观看电视剧《长征》的时候，这一个镜头让人泪如雨下！

② 关于胡班长殉职：主席站在雪山的悬崖边上，哽咽地说："青山处处埋忠骨，何须马革裹尸还！可是红军现在艰难啊，连一片马革也没有……"主席亲手为他垒了一个圆圆的土堆，插上一支红红的辣椒……

③ 关于痛哭子弟兵："目睹眼前这些衣衫褴褛、憔悴疲惫、面黄肌瘦的红军干部，他又一次情不自禁地流出了悲喜交加的泪水。"

（3）男儿有泪不轻弹，只因未到伤心处！伟人的泪也不一般！不为敌人流、不为困难流、不为疾病流，却是为穷苦老百姓流、为至爱的亲人流、为捐躯的烈士流！

这就是伟人毛泽东！既有指点江山、挥兵百万的风采，也有柔肠寸断、潸然泪下的情怀。正是他，引领中国革命走出困境，完成了震撼世界的二万五千里长征；正是他，在黄土高原的窑洞里，创造了一个令当时全中国热血男女向往的延安时代；也正是他，在西柏坡的小山村里，运筹帷幄，挥师百万，取得了三大战役的伟大胜利，摧毁了蒋家王朝。

毛泽东——新中国开天辟地第一人！

思考：还语文课应有的历史庄严感

把长征刻进孩子们的心里，让毛主席活在孩子们的心中，还语文课应有的历史庄严感，是设计这课教学的初衷。如何让我们的课堂变得有意义？如何做到工具性与人文性的交融统一，这节课做了许多尝试。

一、知识的点缀

语文课应该是知识的课堂。理解"逶迤、磅礴、只等闲"，认识"七律、长征"等，了解长征的路线，知道长征经过了哪几个省，这些都是相关的语言和地理知识，我们要让学生了解，因为知识目标是我们三维目标的第一维目标，我们在课堂中首先要让学生学到知识。

二、情感的点燃

在课堂上运用歌曲导入（课前观赏聆听了宋祖英《十送红军》MTV），先调动了学生的情感，刺激了学生在视觉上的感知，很快将学生带入了本课的学习。情绪被调动起来了，还要进一步点燃学生情感的火花。要有历史的点入，培养历史的庄严感、肃穆感。事件的点击，长征这个事件如何带领学生去点击。人物的点评，毛泽东这个人物和红军战士我们应该怎样评价。这些构成了学生对历史、对事件、对历史事件当中的人物的情感态度，所以才会有情感的点燃，才会有眼前的泪花闪闪。不然只能是生硬地、概念化地要求学生。

三、文化的点存

一节课上完，学生的认识停留在原点，我们的课堂就没有体现为学生的发展服务。也就是说学生在学完了这一课后，思想认识一定要有点化。对人物的认识、对事件的认识、对文本的认识、对历史的认识等，在这节课都有所提高。一个人有了比较高的认识水平，说话、写文章都会得心应手，眼高手也高。

在课堂教学中我们要激活学生的语言存量，语言存量包括文化的存量、知识的存量、情感的存量等。点存就是随时注重学生的课堂积累。课堂积累包括知识的积累、情感的积累、思想认识的积累、语言的积累、文化的积累、学习方法的积累等，我们的学习靠一点点基奠形成。文化的点存需要我们课堂的落实。

四、思维的点通

语文课堂如何与思维沟通，符合人们认识事物的规律，符合学路、教路、文路、编路，这就需要思维的点通。我们关注学生思维的培养，着力点便在语言上。《长征》一课中"毛泽东是怎样写'只等闲'的？"这一个问题，便体现了语言与思维的统一，从而可达到与作者、读者的思路相统一。

当今，语文教师最缺什么

深圳市龙华新区教育科学研究管理中心　路成书

作为教研员，下校听课是常态，在这样经常性的观课议课中，才有了对一线课堂教学最深切的体验和感受。课改十余年，小学语文课堂发生了许多质的变化，从教学理念到教学方式，从知识的建构到师生角色转变，语文课堂都在进行着全方位的变革，也在发生着更多的喜人变化。

但是，当今的语文课堂依然存在诸多问题，如教材定位不准、教学目标不明、教学方法失当、评价标准混乱等。问题归结起来，我个人觉得，最重要的原因是教师缺乏课程意识。

什么是课程意识？指对课程的敏感程度，它蕴涵着对课程理论的自我建构意识、课程资源的开发意识等几方面。语文学科与其他学科有个重要的不同之处，那就是其他学科的教学目标清晰可感，而语文的教学目标必须由教师通过教材解读自己设定。当下，最重要的问题就是教师往往误以为教材就是我们的教学内容，教学沉溺于教材内容不能自拔，过多的内容分析、过滥的深度挖掘，让语文课变得晦涩不堪、深陷泥潭而失去自我。

语文课，应该具有怎样的课程观？首先要从语文学科的培养目标来看，语文学科是要培养学生的语文素养。语文素养无外乎听、说、读、写等基本能力。那么，我们可以说，语文课程指的是通过教材解读萃取的对学生听说读写的训练和提升具有重要意义的教学内容。基于这样的认识，我觉得我们一线教师应该从以下几个方面把握语文课程：

一、从宏观上把握文章表现形式，为写作提供支撑

（1）文体把握。语文教材以各种文体形式存在，是我们带领学生学习各种表达方法的主要载体。说明文的说明方法、说明顺序；记叙文的写作顺序、六大要素；应用文的基本结构、写作技巧；散文的语言形式、形散神聚——让学生在教材学习中初步领略各种文体特点，利于学生更好地树立大语文观，为今后各种文体写作提供可能。

（2）结构把握。语文之所以充满魅力，就在于作者采用各种不同的结构形式，如游记散文的游览顺序，散文描写的总分总结构，常见的首尾照应，偶尔的设置悬疑，等等。它是教材独有的呈现形式，也是教材永葆青春的秘诀所在。让学生通过教材载体掌握这些结构方式，必将成为一生受用的语文能力。

（3）直观把握。语言文字是感性的悦动音符。读者印象最深的，往往也是这篇文章的精华所在。通过教师对教材的品读，一定会对文章的某一方面留下深刻的印象，也许是一个细节，也许是一个场景，亦或者是一个出人意料的结局。这些都可能是我们教学中的亮点所在，也是我们语文学科重要的课程资源。

二、从微观上找准遣词造句技巧，为语用提供可能

学习语文，语言文字是其中的要义，学习语言文字，无非是感悟、积累和运用。教材，承担着标准的中国语言文字语用功能，因此在课堂教学中，我们要善于捕捉典型而有用的语用方式，给予学生充分的感悟、积累和运用空间。如各种句式的变换、各种修辞的运用、各种词语的品析、各种标点的含义，以这些重点语用为主要抓手品读文本，让语文教学深深立足于典型语用。这既是语文学习的有效通道，也是实效语文的主要元素。

三、从训练上巧设听说读写平台，为终身发展奠基

语文学习除了明其形、得其言外，还有一个基本能力训练的功能，也就是在了解写法、品味积累运用语言之外，还要在课堂教学中尽可能地创造更多听、说、读、写的机会，这也是语文课程的重要组成部分。说，就要清楚凝练文雅有序；听，就要得其义明其理；读，既要作为学习语文的方法，又要成为展示学习的成果，朗读的指导要润物无声，要不着痕迹。抛弃简单的朗读技巧的指导，更多地从文本内容、情感入手，让学生身临其境，读出独特体验，读出个人感悟。让纯粹的技巧性朗读逐渐淡化，让更多的体验式朗读成为主流。写的练习要更多立足于当堂语用点，做到内外连接、分层设计，让不同学生都能学有所得，习有所获。

当今的语文课堂，百花齐放各惊艳，满园开放俱是春。无论是师生互动还是合作学习，无论是朗读指导还是学法迁移，都已显示出令人赞叹的成果。只希望老师们更多地从学生角度思考课堂所得、能力所长、素养所升。在带领孩子们把握内容的同时，能够更进一步——在明白"是什么"的基础上，进一步研究"是怎么表达出来的"，这是关乎语文课堂属性的关键。

咬"文"嚼"化"，探寻语文教学规律

深圳市坪山新区坪山实验学校　庄泳程

"文化"二字，从字义上来说，揭示了语文教育的教学内容和教学方法，"文"为内容，"化"为方法。咀嚼"文""化"二字，能窥见语文教学的内在规律，利于更好地展开教学。

"文"的本义即指各色交错的纹理，在此基础上可引申出若干寓意。其一，它包括语言文字内（如汉字即由线条交错的纹理所构成）的各种象征符号，进而具体化为文物典籍，礼乐制度。其二，据《尚书》："经纬天地曰文"，天之经纬，即天体日月运行的天道自然规律为天文；地之经纬，即地上人间社会的文明礼仪、人伦秩序及历史的发展规律即人文。其三，在前两层意义之上，导出真、善、美的统一。三个寓意分别对应汉字的造字规律、汉语言的表达规律、汉文化的精神内涵，恰是语文课程最重要的教学内容。立足于"文"，能较为轻盈地打开汉语言密码的一道道门。

一、探寻汉字密码，让孩子亲近汉字

"文"之第一要义，揭示了汉字是由线条交错的纹理构成的重要特性。这提醒我们，探寻汉字密码要从内部线条着手。仓颉造字，虽是神话传说，其故事原型必然也是惊天地泣鬼神。"一横长河坦荡，一竖大漠孤烟。左撇淋漓酣畅，右捺源远流长。口里含一点就升起了红日，大字落一行就托起了天下。"（《中国字》歌词）汉字，多么神奇，多么瑰丽。汉字教学，作为孩子走入汉文化的第一道窗口，犹如母乳之于出生的婴儿一般，是那样的纯正而富有营养。

首先，要有保育意识。汉字教学，必须珍视汉字作为汉文化母体之源的重要特征。枯燥与生硬的认、读、写显然是不够的，只有顺应汉字的内部造字规律，尊重一横一竖、撇捺之间的和谐意境，方能让孩子窥视汉字之美、探知汉字之奥妙，最终亲近汉字。

其次，重视字形的教学。汉字教学重在音形义，字形无疑是核心。要让孩子像拆零件一样探究汉字，才有可能激发孩子学习汉字的兴趣。如果字形不能进入儿童的视野，那么识字教学必然会失败。一位老师在上《瀑布》一课时，为了让孩子们感悟瀑布的形声美，紧紧抓住"叠叠的浪"中的"叠"这个生字，借助课件把"叠"上的三个"又"分三次一个一个出现，涌来一个浪出现一个"又"，每一次配以海浪的声音，"哗——哗——"，老师加以语言渲染情境"一层赶着一层，一层赶着一层，连续不断，这就是叠叠的浪"，不仅形象展示瀑布的声音，还生动诠释"叠"字在这个过程中的汉字构字结构图。此时再用"叠"字组词，孩子们组了许多——叠被子、叠罗汉、重重叠叠、叠纸鹤……这样，孩子们对字形和字义就有了深刻的体会和感知。

最后，要有儿童意识。对于汉字教学，无论是何种流派，无论思考的是多是少，最终必然要化成儿童的学习，用儿童的方式去实践。或许，教学中文化自觉的缺失最初的源头就是儿童文化自觉的缺失吧。"传递、讲解、巩固"的常态教学或可稍微让步，"出发、交流、分享"的教学或许更能做到心中有"生"吧。

二、探寻汉语言表情达意的规律，提升孩子的语言文字运用能力

"文"之第二要义是"经纬天地曰文"（《尚书》），天之经纬，即天体日月运行的天道自然规律即天文；地之经纬，即地上人间社会的文明礼仪、人伦秩序及历史的发展规律即人文。无论天文还是人文，揭示的都是最朴素的规律。这启发我们，阅读教学，作为最重要的语文课程，一定要遵循语言文字在表情达意上的规律，专注于让孩子走进字里行间，方能最终提升孩子的语言文字能力。

首先，重视思维参与。语言和思维诚然是一体的。语文思维是思维主体在运用汉语进行认识与表达、审美与创造、鉴别与吸收的思维活动中，借助于形象对语文对象展开的概括和间接的认识过程。例如：语文直觉思维是一种以"悟"为核心的多形态的直觉认识活动，其形态和特点主要有：领悟——领略事物而有所体会；顿悟——突然或立刻悟出什么来；感悟——对事物有所感触而产生的领悟；觉悟——由迷惑而明白；醒悟——在意识上由模糊而转向清楚，由错误而转向正确。悟的多元性，实质就是思维的多元性，悟的层次揭示了思维的层次，悟的结果是思维的结果……这些多元、层次、结果不仅是语文直觉思维的一种形式，同时还涵盖了思维的内容和价值，充分体现了语文的本质特征。悟是语文之道，也是思维之道，当二者有机结合，语文思维之道便得以和畅通达。由此，语文教学必须紧紧抓住语言这根弦，让语言撩拨思维、链接生活；让思维的发散和深入扎根文本、聚焦文字，借由课堂上对语言的感悟、理解和积累，内化对语言文字的运用能力，提升语文素养。一位教师教学《圆明园的毁灭》时，让孩子凝视文本中"平湖秋月、雷峰夕照、蓬莱瑶台"等关键字眼展开想象，孩子的想象更真实而灵动——月光下，湖水荡漾，湖映月、月照湖，诗意盎然；晚霞中，高耸的雷峰塔投上一抹艳红，与半江瑟瑟半江红的西湖遥相辉映，蔚为壮观……可见，语言是帆，思维是船，重视思维的参与，语言才能鲜活在学生内心绽放。

其次，要有文体意识。文体就是文章的体裁，体现文章在结构形式和语言表达上的具体样式和类别。不同的文体，其表达特征诚然不同。童话富于想象，寓于拟人、夸张、象征等手法；神话语言夸张，通俗易懂，重在褒贬人物及其精神，探索民族文化心理；儿童诗注重情趣、想象、诗意构思、天真表达；小说以塑造人物形象为中心，反映宽广的社会生活……这些都应成为教学思考的落脚点、着力点。比如古诗，韵律和谐、意象鲜明，教学当以吟诵为主，重视意象的生成；寓言则寓意于言，富于夸张和讽刺，

教学当感受形象、培养思维、揭示寓意。说明文为应用文体，自当得法于课内，用法于课外。《狼和小羊》本为寓言，若是想当然地让孩子编织一个美好的结局，无疑就成了童话，偏离了文本的价值所在。这就是无视文体特征的结果了。

最后，关注表达手法。汉语言表达的丰富性，一个重要表现就是各种手法的运用。赋、比、兴的充分运用，使得一部《诗经》以其生动的形象和强烈的感染力流传千古。教语文，始终绕不开文章之道、表达之法。比喻、拟人、夸张、排比、反问、伏笔等表达手法，需要在教学中以理性的态度审视并付诸教学实践。理性才是智慧之花，语文素养的获得需要言语智慧技能的储备，最终实现感性和理性的相得益彰。一位教师教学《跨越海峡的生命桥》时，扣住"这个刚满18岁的年轻人，患了严重的白血病，生命就像凋零的含苞花朵，骨髓移植，才能使这朵生命之花绽放"中的"凋零、花苞、绽放"三个词语，让学生说说词语原来指什么，这里又指什么，并选择其中一个词语说说自己的理解。这是对比喻手法的关注。巧妙的教学设计能让孩子们通过对比、想象充分走进文本情境，并切实理解比喻的表达效果，体现欣赏与训练双轨并行，情感与能力比翼双飞。

三、探寻汉语言的真善美境界，丰盈孩子的精神世界

"文"的第三层寓意，是真善美的统一，强调的是精神的内核。这同样是语文课堂的追求。语文之真，在于传授真知灼识、阐释科学真理、演绎真实生活、抒发真情实感、引导学做真人；语文之善，在于诠释生命意义、发掘生命潜能、拓展生命力量、提升生命境界、实现生命价值；语文之美，在于感受情趣之美、体验情意之美、体悟情绪之美、领悟情怀之美、创造灵魂之美。语文教育是基础中的基础，是为了让孩子未来能安身立命，不仅包括技能，还包括安顿好自己的灵魂。学生邂逅了那么多的作者、那么多的篇章，这些可以也应该成为学生的人生伙伴，帮助学生安放自己的灵魂，找到人生的方向。汉语言文化的精神内核，其实有源可寻。《易传》中提出的"天行健，君子以自强不息"及"地势坤，君子以厚德载物"两个命题，集中地体现了中华文化的精神实质。它以和谐境界为"至善"，从至善中去寻求"至美"，崇尚和谐统一成为中国传统文化的最高价值原则。从这个源头出发，对接历史、对接生活、对接经典，汉语言精神的丰盈就有了可能。

首先，对接历史。中华文化丰富而深邃的文化内涵是在厚重的历史累积中形成的，具有一脉相承的本质特征。这提醒我们，教材中很多文章的精神营养是可以对接历史的，这会让我们的眼界更加开阔而深刻。比如《狼牙山五壮士》，这种"捐躯赴国难，视死忽如归"的大无畏精神，其源头就在两千多年前那个荆轲的身上，这种精神流淌在每一个中华子民身上，也必将在每一个学子的身上传承。这样的对接，是否能让孩子多一些敬畏和庄重，是否能让在教本上给邱少云画胡子、给孔子戴眼镜的现象少一些呢？

其次，对接生活。教育即生活。智慧的教学，应善于将学生已"有"的生活引入课堂，与文本呈现的"无"的生活对接，达成"有无相生"，方能丰盈孩子的阅读体验，

深刻孩子的语言思维，让精神的种子刻入心中。一位老师教学《慈母情深》，引导孩子回忆奶奶皲裂的手，对比作者35岁的母亲的手，立起一个辛劳困苦的母亲形象。这样的对接，轻盈巧妙，这样的精神滋养，灵动有效。

最后，对接经典。经典本是文化之源，虽然对于孩子来说，他们稚嫩童真的双眼，尚不能抵达其肌体，但教学的渗透和介入显然是必要的。因为从经典出发的精神才是最重要的、最本质的、最具有发散性的、最能引发文化自觉的。一位老师教学《扁鹊治病》时，通过古今文对比、见缝插针地引入老子、韩非子关于"防微杜渐""千里之堤溃于蚁穴"等言论，不仅加深对文章的理解，更利于"博学于文"，更不占用正常教学实践，可谓一举三得。这样的"引经据典"，无疑使孩子对文本的认知更丰满而深刻了。

当然，所有的教学活动最终都要着眼于"化"。"化"之本义为改易、生成、造化。在此，"化"指人与事物性质或形态的改变，并引申为教行迁善之义。在对人的文明教化中，以文为形态的一切知识成果，须经感化、教化、内化、潜移默化的过程，方能在人的心理层面上积淀下来而成为一种文化素养。"化"的内核，揭示的不就是教育的基本规律吗？这提醒我们，要让汉语言文字真正走进儿童的内心，获取文化自信并最终形成文化自觉，应该遵循"化"的基本路径，感化以动情，教化以明义，内化以积淀，最终丰实孩子的文化素养，增强文化自信，从而促进文化自觉。

第二辑

微课程之"课"

　　一位叫梦蝶的诗人，据说吃饭很慢，一碗米饭常常要花一两个小时，别人问他缘由，诗人答："一粒一香啊！如果我不这样慢慢体会，怎么知道这一粒米与下一粒米的香有什么不同呢？"

　　不是"一粒香"，不是"粒粒香"，不是"每一粒都香"，是"一粒一香"！一碗米饭，米粒当以千计，若真一粒一香，细品之下，该是有千种味道、万般香气绵绵入口了！这是一种怎样的妙不可言与不可思议呀！

　　是的，美酒，可以一滴一醉；鲜花，该是一朵一美；诗词，应是一句一咏叹；而我们自主开发的"微课程"，定是"一课一智慧"了！

世界儿童文学的太阳——安徒生

（小学语文一年级上册配套使用）

深圳市龙华新区民顺小学　周锦娥

> **人物小传**
>
> 汉斯·克里斯汀·安徒生（1805-1875），丹麦19世纪著名的童话作家，既是世界文学童话的代表人物之一，也是个虔诚的基督教徒，被誉为"世界儿童文学的太阳"。他出生于欧登塞城一个贫穷的鞋匠家庭，童年生活贫苦。父亲是鞋匠，母亲是佣人。受父亲和民间口头文学影响，他从小热爱文学。1833年出版的长篇小说《即兴诗人》，为他赢得国际声誉，是他成人文学的代表作。他最著名的童话故事有《小锡兵》《海的女儿》《拇指姑娘》《卖火柴的小女孩》《丑小鸭》《皇帝的新装》等。安徒生生前曾得到皇家的致敬，并被高度赞扬：给全欧洲的一代孩子带来了欢乐。他的作品《安徒生童话》已经被译为150多种语言，成千上万册童话书在全球陆续发行和出版。

一、设计微理念

能经得起历史和时间检验并仍深受人们喜爱的作家并不多，而安徒生是为数不多的陪伴了世界各国几代人成长的作家之一。他的童话，是世界儿童文学史上的瑰宝，是安徒生留给世人尤其是儿童的最为珍贵的礼物。安徒生童话里有善与恶的较量，有宗教信仰的渗透，有对生命意义的思考，有对当时社会的批判，他的童话无疑是具有深刻的教育意义的。

但对于一年级的孩子而言，安徒生童话中让人忍俊不禁的幽默、天马行空的想象、淋漓尽致的爱与恨的抒写，是孩子们认为安徒生童话"好看"而喜爱它的更为重要的原因。快乐的童年，应该是有童话的陪伴的，安徒生童话简单、神奇、迷人，并有浓烈的生活气息，它能轻松地走进孩子的童年，孩子也能快乐地走进安徒生童话。若把安徒生童话作为打开智慧大门的钥匙，让孩子们从此爱上阅读，可以肯定地说，安徒生童话是一把绝佳的钥匙。

二、设计微说明

《安徒生童话》版本众多，中国比较权威的版本有任溶溶老师和叶君健老师翻译的《安徒生童话全集》，虽遵从原著，语言优美，但对于一年级孩子来说，他们的版本则显得故事冗长、语言晦涩难懂。选择有拼音标注的美绘版《安徒生童话》是根据一年级孩子的认知水平而定的。经过改编的安徒生童话，故事主要情节和内容不变，但语言更加浅显易懂，也更加儿童化、中国化。语言简化了，并带有拼音标注，还带有色彩艳丽的插图，大大降低了阅读的难度。对于一年级的孩子而言，适合的就是最好的。

三、课程微目标

（1）阅读童话，感受故事的喜怒哀乐。
（2）了解安徒生，体会作者跌宕起伏的人生。
（3）喜爱阅读，用童话丰满童年。

四、学习微课时

4课时。一个故事一课时。

五、课程微设计

∞ 第一课 永远的安徒生 ∞

【教学内容】
《丑小鸭》（注音美绘版）。

【教学目标】
（1）让孩子们喜爱《丑小鸭》，喜爱安徒生的故事。
（2）了解安徒生的成长历程，相信自己，做勇敢的"丑小鸭"。

【教学设计】
一、历久弥新的《安徒生童话》

1. 激趣谈话，感受安徒生童话的生命力

教师：孩子们，世界上有一只神奇的鸭子，几乎全世界的大朋友、小朋友都认识它，它是全世界寿命最长的鸭子呢，它已经有170多岁了，关键是它现在还活得好好的，而且喜欢它的人还越来越多了，你们知道它是谁吗？它的名字就叫《丑小鸭》。

2. 读《丑小鸭》，论美丑，感受故事本身的魅力

（1）教师：为什么全世界的大朋友、小朋友都喜欢《丑小鸭》这个故事呢？我们一起来读读吧。老师特别喜欢这个故事，我想读给大家听，你们可以和老师一起读，也可以只听不读。

（2）教师：丑小鸭从出生到变成白天鹅，遇到了许许多多的人和动物伙伴，发生了许许多多的事情，在这些人和伙伴当中，你不喜欢谁？为什么不喜欢他？说说你的看法。

学生1：我不喜欢它的哥哥姐姐，哥哥姐姐应该保护弟弟妹妹才对，怎么可以欺负比自己小的丑小鸭呢！我就不欺负我的弟弟，我可喜欢他了。

教师：以大欺小，这样的哥哥姐姐我也不喜欢。还有别的看法吗？

学生2：我不喜欢那些因为丑小鸭丑就嫌弃它、欺负它的鸭子，都是同类，怎么不帮帮它呢？

教师：同意，比起丑小鸭样子的丑，我觉得这些鸭子欺负丑小鸭的行为更丑，我也不喜欢它们。

学生3：我不喜欢那个老奶奶，她一定要丑小鸭下蛋，不下蛋的话就要把丑小鸭炖了吃，我觉得她没有爱心，太残忍了。

教师：强人所难，不讲道理，这老奶奶是不够可爱。

……

（3）教师：自丑小鸭出生以来的确受到了一些不是特别友好和善良的对待，但丑小鸭的生活一直都是悲惨的吗？如果不是，在这个故事里，除了丑小鸭，你还喜欢谁？

学生1：丑小鸭不是一直都悲惨的，鸭妈妈没有嫌弃丑小鸭丑，它很爱丑小鸭，有妈妈爱它，我觉得丑小鸭不是太可怜。

教师：中国不是有句老话嘛，"子不嫌母丑"，同样地，母也不嫌子丑。

学生2：我喜欢农夫，要不是农夫救了丑小鸭，它早就冻死了，所以丑小鸭还是挺幸运的。

教师：农夫小小的善举却救了丑小鸭一命，我和你一样喜欢善良的人。

……

（4）教师：刚才我们谈了许多你们对故事人物的看法，现在来说说你对丑小鸭又有什么看法呢？

学生1：在农场里丑小鸭是挺可怜的，大家都欺负它，可是鸭妈妈很爱它呀，它怎么可以离开妈妈呢，而且那么久都不回去，妈妈肯定会很着急的。它可以长大一些再离开嘛，但是也要跟妈妈打招呼，要不妈妈会担心的。

教师：你真懂事。世界上的人那么多，不可能每个人都像爸爸妈妈一样喜欢我们，我们没有必要为了一些不喜欢我们的人，而伤害爱我们的人。而且有一些行为的确会影响我们一生，所以我们不要轻易地就去做某个决定，要"三思而后行"。

学生2：我觉得丑小鸭挺幸运的，有妈妈爱，有农夫帮助，最后还变成了白天鹅。

教师：不要总去计较失去了什么，多看看自己得到的，或许会快乐很多。

学生3：我觉得丑小鸭还是挺坚强的，虽然大家都说它丑欺负它，它不开心，但是它还是坚持下来了，最后还变成了美丽的白天鹅呢！

学生4：我觉得丑小鸭它们都好傻，它们难道不知道丑小鸭根本就不是鸭子，它本来就是一只天鹅吗？它离不离开家都会变成天鹅的呀！

教师：确实，无论在哪儿，丑小鸭最终都会成为一只美丽的白天鹅。相信自己，不要小看自己，坚持做好自己，是为了将来的那个蜕变更加完美。

二、永不言败的安徒生

（1）教师：故事导入。

200多年前，在丹麦的一个叫欧登塞的小城镇上有一个小男孩，他家里贫穷，长得也不怎么好看，他的父亲是一个鞋匠，妈妈是个洗衣妇。或许因为营养不良的原因，他的小脸总是很苍白，个子又瘦又小。但这并没有让小男孩离开家，也不影响他幼年时的快乐，他的爸爸会给他读童话故事，他也会和父母一起用爸爸亲手做的木偶来演读过的童话故事。虽然邻居家和学校里也有欺负他的淘气鬼，但这不影响他去结交其他好朋友。只是好景不长，他的爸爸为了保护家园自愿参军作战，在11岁那年，他的爸爸因为战场受伤，回到家不久就离开了人世。

（2）故事分享到这里，你们觉得这个小男孩怎么样？

学生1：我觉得这个小男孩有些可怜，家里穷，还有人欺负他，而且那么小爸爸就死了。

学生2：我觉得这个小孩子挺坚强的，我很喜欢他。由于家里很穷，长得也不好看，还有人欺负他，可是他还是很快乐。

（3）教师：每个人都有不同的看法，我们接着来分享这个故事，看看这个小男孩的命运发生了什么改变？

原本就贫困的家，因为爸爸的去世而更加贫困了，他只能辍学回家，为了帮补家计，他去工厂打过工，在店铺当过学徒。14岁那年，他独自一人离开家乡来到首都哥本哈根追寻他的艺术梦想。他先是在哥本哈根皇家剧院当了一名小配角，几个月后因为嗓子坏了而被解雇。从此他就潜心写作，他创作了许多剧本、诗歌和故事，可是被采用的很少很少。这个时候的他一边写作，一边刻苦学习，生活很艰苦，可他没有放弃。直到八年后的一天，他发表的《阿尔芙索尔》受到人们的赏识，两年后他又进入了哥尔本根大学学习，并继续写作。

慢慢地，他越来越多的故事、剧本和诗歌相继被发表，认识他的人也越来越多了。5年后，那年他30岁，他出版了他人生中的第一本童话集，直到他70岁去世的40年里，他一共写了168个童话故事，成为了家喻户晓的童话大王！知道他是谁吗？没错，他就是《丑小鸭》这个故事的作者——安徒生。

三、做一只勇敢的"丑小鸭"

（1）教师：或许我们每个人都是一只"丑小鸭"，那我们怎样做才能成为一只美丽的"白天鹅"呢？

学生1：要坚强，遇到困难的时候不要随便放弃。

学生2：好好学习，不是说坚持就是胜利嘛。

学生3：要快乐，不要太臭美，太在意样子长得好不好看，心灵美才是真的美。

（2）教师：人长什么样子是与生俱来的，在成长的过程中，外表的美丑只是很小的一部分。人的一生总是会遇到这样那样的困难，逃避没有用，如果我们能像安徒生那样勇敢地迎接困难，挑战困难、我相信我们也能成为一只美丽的"白天鹅"。

第二课　善良的安徒生

【教学内容】
《她是个废物》（注音美绘版）。

【教学目标】
（1）辨善恶，感受人生百态。
（2）对弱小，常怀恻隐之心。

【教学预设】
一、她是个废物
（1）教师：什么叫"废物"？
（2）教师：如果用这个词语来称呼人，你觉得好不好？为什么？
（3）教师：被称作"废物"的是一个男孩的妈妈，人们常用手指着他妈妈，然后对他说："你的妈妈，她是一个废物。"如果你是那个男孩，你会怎样？

学生1：如果我是那个男孩，有人这样骂我妈妈的话，我会非常生气，简直想把那人暴打一顿！

学生2：我会非常伤心，可能会哭，他们怎么可以这样骂我妈妈呢？难道我妈妈真的是个废物？

学生3：我会很气愤，我可能会回骂他们，因为我知道我妈妈不是废物。

……

二、《她是个废物》
（1）教师：为什么故事里的那个妈妈会被人称为"废物"？我们一起来读安徒生的童话故事《她是一个废物》吧。（有些译本题为《洗衣妇》）
（2）师生一起阅读《她是一个废物》。

三、给"废物"正名
（1）教师：读完这个故事，我们一起来讨论一下，故事里的妈妈真是一个废物吗？把你的想法说出来和大家一起分享吧。

学生1：我认为故事里的那个妈妈不是废物，因为她非常勤劳，她很努力地给别人洗衣服挣钱。

学生2：我也认为故事里的妈妈不是废物，她喝酒只是因为她太冷了，她不是酒鬼，而且把孩子照顾得很好，他们的衣服都是干干净净的。

学生3：我也觉得她不是废物，她很穷，但是她很善良，也很坚强，她一直在努力地工作，没有放弃。

……

（2）教师：这个题目实在是太让人气愤和难过了，如果让你给故事换一个题目，你觉得什么题目比较合适？

学生1：我认为《勤劳的洗衣妇》比较好。

学生2：《穷苦的妈妈》。

学生3：《她不是废物》。

学生4：《好妈妈》。

……

四、她不是废物

教师：《她是一个废物》这个故事，源自安徒生小时候他妈妈对他说过的几句话。安徒生小时候住在丹麦一个叫欧登塞的城镇，有一天，一个男孩子到河边去给专门为别人洗衣服的妈妈送酒，他的妈妈正站在河里洗着衣服。这时一个非常尖酸刻薄的寡妇看见了，她对着那个男孩大声喊道："你又给你妈妈送酒来啦？你妈妈真是个烂酒鬼，真是讨厌！你呀，可千万不要学她，她是个废物。"

几乎所有的街坊邻里都认为那个男孩的妈妈是个废物，唯有安徒生的妈妈不赞同。她说："给别人下结论时，别太苛刻。那个洗衣妇很辛苦，无论春夏秋冬，她都要站在冰冷的河水里给别人洗衣服挣钱，河水把她的衣服都泡湿了，她肯定冷极了。她要给别人洗衣服，没有办法吃到可口的热饭热菜，她得吃点东西来暖暖身子。喝太多酒肯定是不对的，但是她也没有更好的办法，她需要取暖。而且，你看，她多忠厚勤劳啊，把孩子照顾得多好呀，孩子们的衣服都是干干净净的。"

善良的妈妈说过的几句话，就像一颗种子埋在了小安徒生的心里，让他从小就懂得善待身边的每一个人，安徒生的妈妈本身也是一个洗衣妇，懂事的安徒生比其他人更能体会作为一个洗衣妇的辛苦。尤其在他11岁时，父亲去世，他母亲独自抚养未成年的安徒生更是万分艰苦。因而我想《她是个废物》这个故事不仅包含了对男孩妈妈的同情，也包含了安徒生对他母亲的体谅，还有就是对其他穷苦劳动人民能过上幸福美好生活的祝愿。

五、都不是废物

教师：一个贫穷、爱喝酒，除了给别人洗衣服不会干别的事情，被邻居称作"废物"的女人，在安徒生妈妈的眼里她仍有许多优点。每个人的能力不同，有的可以当总经理，有的可以当设计师，有的只能当清洁工。但我想，只要他们是善良正直的，都在为生活辛勤劳动，哪怕再穷，也没有人可以说他们是废物，我相信他们的心都是美的，都应该得到别人的尊重！

第三课 虔诚的安徒生

【教学内容】

《母亲的故事》（注音美绘版）。

【教学目标】

（1）了解安徒生的宗教信仰对他一生的影响。

（2）通过故事了解上帝在人们心里的位置。

【教学预设】

一、无所不能的神

（1）教师：你们见过家人烧香拜佛吗？他们一般都拜谁？为什么拜他们呢？

学生1：我奶奶就在家里拜菩萨，求菩萨保佑我们全家人都平平安安、健健康康的。

学生2：我们在寺庙烧过香，妈妈求佛祖保佑家人平安健康，保佑我学习进步，还有爸爸的公司赚大钱。

……

（2）教师：在安徒生的心里也有一个无所不能的神。安徒生小时候家里很穷，有一次，他看见富人家收完麦子后麦地里还掉有一些麦穗，他便去拾麦穗了。谁知被当成了小偷，被一个脾气暴躁的管家拿着棒子追打，当棒子即将要落到身上的时候，安徒生梗着脖子喊道："你敢当着上帝的面打我吗？"结果那个和安徒生一样都信仰上帝的管家真的没有打他，还给了他一些麦穗和糖果作为补偿。在小安徒生的心里，上帝就像一个慈祥而伟大的父亲，爱着每一个人，并在每一个人的心里都种下了善良的种子。在你的心里，上帝又是怎样的？

学生1：我认为上帝就是神仙，会很厉害的法术，还会飞。

学生2：上帝应该就是最厉害的神仙吧，会帮助有困难的人，惩罚坏人。

学生3：我爸爸说这个世界上根本就没有神仙，也没有上帝，上帝是人们编出来的。

……

二、最好的安排

（1）教师：世上的人那么多，并不是每一个人的一生都是平平安安、健健康康、快快乐乐的。有的人生下来就要遭受许多的磨难，受病痛的折磨，受贫穷的困扰，承受亲人的生离死别。就如《母亲的故事》中的这对母子。

（2）师生一起阅读《母亲的故事》。

（3）教师：听完这个故事，你有什么想说的？

学生1：故事里的小孩很可怜，那么小就死了。

学生2：我觉得故事里的妈妈最可怜，她的孩子死了，她那么辛苦就是想救活她的孩子，可最后还是救不了，看了好难过啊。

学生3：上帝要是救了这个孩子就好了，那么这个妈妈就不用那么伤心了。

学生4：我看了这个故事有点难过，上帝虽然很厉害，但也不能随便救这个小孩，因为救了他也是让他继续生病受苦。可是我还是不想他离开妈妈，太可怜了。

……

（4）教师：故事中的母亲刚开始甘愿刺穿胸脯流出鲜血，甘愿失去自己的眼睛和头发，也要从死神的手中追回自己的孩子。后来怎么突然就愿意放手，让死神把孩子从她眼前带走呢？

（5）教师：在死神的启发下，这位母亲知道了上帝才是世间一切生命的主宰，母亲则是孩子的看管人。上帝爱每一个孩子，对每一个孩子都有最好的安排，让死神把孩子带走也是为了免除孩子在人世的痛苦。除了上帝，还有谁比母亲更爱自己的孩子呢？

三、虔诚的教徒

（1）教师：当你遇到困难的时候，你会和谁说或者请谁帮助？为什么会选择他呢？

学生1：我会和妈妈说，因为妈妈是最爱我的人。

学生2：爸爸，因为爸爸最厉害，没有什么可以难倒我爸爸的。

学生3：我哥哥，哥哥比我大，也比我强，而且他会保护我。

……

教师：当你们遇到困难时，你们都选择和最信任、最强大也最爱你的人诉说，并请他们帮助。你们猜安徒生遇到困难时跟谁说？找谁帮忙？

学生1：他爸爸，哦，不对，他爸爸在他11岁时就去世了。

学生2：他妈妈，他妈妈虽然是洗衣妇，但是也很聪明能干的。

学生3：上帝，他最信任上帝了，而且他觉得没有人比上帝厉害。

教师：不错，安徒生遇到困难时他会找上帝。安徒生一生未婚，在父母相继离世后，虽然有自己的朋友，但没有家人。当他孤独无助的时候，他向上帝倾诉；当他遇到困难的时候，他向上帝祈祷；当他得到帮助的时候，他向上帝祷告感恩。

（2）教师：作为一个虔诚的基督教徒，安徒生相信人有永生不灭的灵魂。安徒生坚定地认为，人的一生无论多么悲惨，都不要怀疑上帝的意志，上帝会善待他的每一个子民，即使现在受苦，将来或死后都会幸福。这就导致了安徒生很多作品的结局看上去并不怎么圆满，圆满的结局往往隐晦地写入了对来世天国的盼望。故事里的小孩被死神带到了上帝身边，你想象一下后来怎样了呢？

学生1：小孩变成了可爱的小天使在天堂快乐地生活，永远也不会生病。

学生2：小孩变成天使也会想他的妈妈，还会祝福他的妈妈像她一样健康快乐的。

学生3：来到上帝身边后，上帝像妈妈一样爱他，上帝也把幸福送给了妈妈，她后来又有了一个健健康康的小宝宝。

……

教师：我和你们都不是基督教徒，不知道灵魂是否真的永恒，但无论如何，心存善意、常怀感恩之心总是好的。

在安徒生自己看来，没有上帝，肯定就没有安徒生，也不会有世界童话大王。感谢上帝带给我们世人一个多才多艺、坚强勇敢、善良虔诚的安徒生！

小学语文"微课程"——基于文化名人研究

"童话大王"郑渊洁

（小学语文一年级下册配套使用）

深圳市龙华新区民顺小学　崔月

人物小传

　　郑渊洁，1955年6月15日生于河北石家庄，现代作家、慈善家。1977年开始文学创作。皮皮鲁、鲁西西、大灰狼罗克、舒克和贝塔是他笔下的文学形象。《皮皮鲁总动员》（由105本书构成）是郑渊洁在图书市场销售的系列丛书。2006年创作的《皮皮鲁总动员》名列全球第四名。2008年郑渊洁成为中国作家获国际版权创意金奖第一人。2011年开发出中国第一普法网络游戏《皮皮鲁和419宗罪》。

一、设计微理念

　　童话作为一种儿童喜闻乐见的儿童文学体裁，深受小学生的喜爱。可以说没有童话的童年是不完整的，因此童话走进小学语文教学成为了必然。而我们语文教育的人文性本质特征决定了它承担着让学生感悟语言之美、母语之魅，促进学生身心健康发展的任务，这与儿童文学的意义是不谋而合的。小学生既是儿童，那么语文教学必是儿童文学才能引起他们的兴趣，使他们乐于阅读，从而发展他们多方面的智慧。

　　为了使学生更清楚地了解童话，爱上阅读，我将本次微课程的主人公设定为童话大王郑渊洁。从了解郑渊洁开始，进而去感受他的写作风格与文学底蕴。

二、学习微目标

　　（1）与童话交流，领略文本之美。
　　（2）走进郑渊洁，感受名人之奇。
　　（3）了解郑渊洁，体会名人之善。

三、学习微准备

　　采用多种方法了解童话大王郑渊洁。

四、学习微课时

3课时。每个专题为一课时。

五、教学微设计

第一课 郑渊洁之"文"

设计意图：低年级孩子对"童话"的概念并不知晓，本课时设计通过对童话故事《舒克和贝塔》的解读，使学生更深入地了解文本内容，激发学生对童话故事的阅读兴趣，以及为下文做奠基。

【教学目标】

与童话交流，领略文本之美。

【教学准备】

课前阅读童话故事《舒克和贝塔》。

【教学设计】

一、引子

孩子们，《舒克与贝塔》的童话故事大家都读了吗？哇，听着大家这么自信、认真的回答，相信孩子们一定被童话中的情节所吸引啦！那接下来就让我们一起来走进郑渊洁爷爷的童话故事《舒克和贝塔》吧。（板书课题）

二、走进文本，熟知内容

（1）提问：既然大家都读了这个童话故事，那谁来说说故事中主要讲了几个人物？分别是谁呢？主要讲了一件什么事情（生回答，师补充）。

预设：

主要人物：舒克、贝塔、咪丽、皮皮鲁……

主要内容：小老鼠舒克出生在一个名声非常不好的老鼠家庭，一生下来就注定背上了"小偷"的罪名。舒克不愿意当小偷，于是，他决定离开家，开着直升飞机到外面去闯闯，用自己的劳动来换取食物……贝塔也是一只小老鼠。从他降生的那天开始，就有一个可怕的影子始终跟踪着他。那影子就是小花猫咪丽。贝塔不愿饿死，他得想办法活下去。后来，贝塔当上了坦克兵，击败了咪丽。他决心去寻找属于自己的生活，到一个没有猫的地方去……机缘巧合，舒克认识了贝塔，两只小老鼠不打不相识，很快成为了好朋友！他们又认识了一个小男孩——皮皮鲁。在皮皮鲁的帮助下，舒克和贝塔创立了舒克贝塔航空公司，为更多的小动物们服务。航空公司的运行也不是一帆风顺，海盗总是三番五次地来给他们捣乱，机智勇敢的舒克和贝塔最终战胜了海盗，让小动物们都过上了快乐平静的生活……

（2）交流分享：童话故事中发生了许多有趣的事情，说说你印象最深刻的地方，并说说为什么让你记忆那么深刻。（教师根据学生的回答适当补充、表扬、鼓励）

（3）师：根据你对这个童话故事的理解，你能分别评价舒克和贝塔吗？

预设：舒克：成熟稳重、做事情聪明有步骤，懂别人的心理。

贝塔：冒失意气但心地善良，豪爽洒脱，乐于助人。

（4）两个人物，你更喜欢谁呢？为什么？（学生举手回答）

预设：我喜欢舒克，因为他很聪明，遇到事情总是能够想出好办法来解决……

我喜欢贝塔，我觉得虽然贝塔有时做事有些冲动，但是他的心地却非常地善良呢！而且呀，还总是帮助别人……

（5）师小结：对呀，你看，每个人对他们的印象都有所不同，就好像我们，每个人从生下来所处的环境就不同，有的富贵安逸，有的贫穷悲苦，甚至有的生来连个健全的人都不是，但是我们的命运格局不是一成不变的。只要我们自强不息，勇于与自己的命运抗争，我们完全有能力像舒克和贝塔那样，开创出美好的未来！

三、解析文本，了解童话

（1）认识童话：孩子们，在这个故事当中，两个小主人公是两只小老鼠，他们会讲话、会做事、有自己独特的性格，可是在现实生活当中，我们见过的老鼠可不是这样的哦，你们说郑爷爷为什么要写两个小老鼠，而且还把他们当成人来写呢？

预设：我想，是因为郑爷爷喜欢小老鼠，觉得小老鼠很可爱，所以才把他们当成人来写的吧！

我觉得，这样写可能会让更多的小朋友喜欢读他的童话故事……

（3）小结：大家说的呀，都有道理，但其实，这就是童话故事的写作风格。童话是一种美妙、神奇、带有幻想的虚构故事，它借助奇特的想象摆脱时空束缚，将平凡的真实世界幻化为美丽的、超现实的境界。

四、尾声

（1）激趣：孩子们，这节课我们一起对郑渊洁爷爷所著的《舒克和贝塔》这个童话故事有了更深一步的了解。而郑爷爷写的童话故事还有很多很多呢，你们想去读吗？

（2）阅读推荐：《童话大王》《皮皮鲁总动员系列》

∽ 第二课　郑渊洁之"奇" ∽

设计意图：低年级学生阅读量与识字量都很有限，本节课主要采用讲故事的形式呈现，使孩子在听故事的同时走进郑渊洁的生活，了解他的生活及写作背景，以为下文做铺垫。

【教学目标】

走进郑渊洁，感受名人之"奇"。

【教学准备】

课前对郑渊洁稍做了解。

【教学设计】

一、引子

（1）视频导入（《舒克和贝塔》动画片片段）：孩子们，动画片中的两个人物你们熟悉吗？对呀，《舒克和贝塔》不仅被写进了书里，而且呀，后来还被拍成了电影呢，有兴趣的小朋友放学后看看吧！

（2）直入主题：郑爷爷可真厉害，用一支笔就可以写出这么有趣的故事。其实呀，郑爷爷可是个很奇怪的人哦！接下来，就让我们一起走近郑渊洁爷爷，感受他的"奇"吧。

（3）交流（郑渊洁简介）：

郑渊洁，现代作家、慈善家。1977年开始文学创作。2006年创作的《皮皮鲁总动员》名列全球第四名。

著名的儿童文学作家郑渊洁22岁开始写作，现在已经60岁了！近40年的文学创作，30年来坚持一个人写一本期刊，他笔下的皮皮鲁、鲁西西、舒克、贝塔等经典童话形象伴随着70后、80后、90后、00后四代读者度过了快乐的童年时期。（边介绍边出示相应图片）

（4）是呀，你看过《童话大王》杂志吗？为何60岁的郑渊洁仍童心未泯，下面就来通过几件事走近真实的"童话大王"。（板书课题：郑渊洁之奇）

二、儿时理想：要当掏粪工人

（1）（出示图片）故事导入：郑渊洁爷爷出生于河北一个军官家庭，曾就读于北京马甸小学。二年级的时候呀，老师出了一篇命题作文，叫《我长大了干什么》。老师引导同学们要有远大的理想，比如当科学家、艺术家等。郑渊洁却故意要跟同学们不一样。你们猜，郑渊洁爷爷的理想是什么呀？

（2）学生发挥想象，举手发言。

（3）哈哈，你们一定想不到，郑爷爷当时想：嗯，你们都写科学家，我就要与众不同。想来想去，他找到一个最极端的例子，题目就叫作《我要当掏粪工人》。

学生预设：

① 哈哈，他的理想怎么这么奇怪呀？

② 他这样写老师会不会责备他呀？

（4）其实郑爷爷也是跟你们一样的想法呢，可是作文写好后，他万万没想到，老师不仅没有责备他瞎胡闹，反而把这篇文章推荐到校刊发表了。也是因为这个荣耀让郑渊洁爷爷从此以后越发自信。他曾开玩笑说过这样一句话："从那天开始，我就产生一个错觉，这个世界上写文章就我写得最好，谁也写不过我，这个错觉一直保持到今天。"

三、爱狗成痴：狗粮我要尝一尝

（1）谈话入题：孩子们，你们喜欢小动物吗？（以此引出郑渊洁爱狗成痴）

（2）郑渊洁爷爷爱狗可是出了名的，他的童话作品《大灰狼罗克》便是以他的第一条爱犬为原型创作的。

（3）讲述爱狗故事：（资料）

　　为了养大狗，郑渊洁把家从城里搬到了远郊。郑爷爷说，有一次他被朋友邀请客串电视剧，他说："导演让我哭，我是无论如何也哭不出来，导演说再不哭就要给我点辣椒水了，情急之下我想起了我死去的一条爱犬，一想到它我就难过得不行，失声痛哭，等镜头拍完了我都停不住。"谈及养犬经验，郑渊洁爷爷介绍说，"我们家狗吃的狗粮我都要亲自尝一尝，咸味食品对狗的健康特别不好，但是狗都喜欢吃带咸味儿的食物，有的黑心狗粮厂家就往狗粮里掺盐，所以我喂狗之前自己必须要确定这狗粮不咸。我们家狗还特喜欢吃苹果，吃完以后狗毛特亮。"

　　四、写作纪录：一个人的期刊

　　（1）提问：你读过《童话大王》这本杂志吗？

　　（2）学生回答，教师补充。（该杂志是只刊登郑渊洁一个人作品的半月刊，是皮皮鲁、鲁西西、舒克、贝塔以及罗克的"家"）

　　（3）质疑：曾有人问郑渊洁："你是不是最忙的人？"对此，郑渊洁的回答却让人出乎意料，他说："我真的是最闲的人。"一个人写一本杂志，坚持30年，如果是你，你能做到吗？（以此引出郑渊洁的写作习惯）

　　（4）解疑：为了维持《童话大王》杂志的正常运转，郑渊洁每天至少要写6000字。从1986年起，他就坚持每天早上四点半起床开始写作，写到六点半，就可以完成当天六千字的写作任务。他曾自豪地说："早晨把一天的事情干完以后，非常轻松，我就是全世界最闲的人。"

　　（5）根据学生的反应，师作出相应的回答，引导学生学会合理安排自己的时间。

　　（6）孩子们，郑爷爷除了会合理安排好自己的时间，其实呀，能够让他坚持写作30年还有一个原因。（出示资料）

　　资料：郑渊洁在演讲中说，父亲郑洪升曾是军校的教师，在他儿时的印象中，父亲每天都要不停地看书、写字或备课，这让他从小对读书和写作就产生了崇拜心理。父亲后来没了工作，变得很沮丧。但他惊奇地发现，《童话大王》创刊后，父亲竟变得开心起来。当时写东西只能用钢笔写，一般一天就要灌墨水，很麻烦。但有一次他写了一周，钢笔里的墨水仍然不需补充。结果一次晚上他起夜去洗手间，才发现原来是父亲在默默地帮忙。

　　正是父母的爱和支持，才让郑渊洁有了创造童话世界的不竭动力。小学没有毕业的他后来总是告诉家长，最好的教育，就是对孩子的鼓励。所以，当英国首相卡梅伦问他为什么能一个人写30年时，他回答说："为了让我爸妈开心。"

　　五、尾声

　　看呀，这就是我们身边的童话故事大王——郑渊洁爷爷，他用自身的经历告诉我们，有梦想就要去实现，即使是平庸的人，也可能成为一颗耀眼的星星，而他的"奇"，正是这种不甘平庸的勇气呀。

第三课　郑渊洁之"善"

设计意图：从每个小故事当中，引导学生更深入地了解郑渊洁，感受他对父母的孝，以及对他人的善。并升华情感，引导学生要有一颗善良的心，乐于助人。

【教学目标】

了解郑渊洁，体会名人之"善"。

【教学设计】

一、引子

（1）谈话导入：孩子们，上节课我们了解了郑渊洁爷爷的生活以及他的写作习惯，那么除此以外，你还了解郑爷爷多少呢？

（2）学生交流反馈。

（3）师：其实呀，关于郑爷爷的故事不仅于此，接下来就让我们继续了解这位文学家吧！

二、孝道

（1）激趣导入：60岁生日，郑渊洁爷爷为自己准备了一份特殊的生日礼物，这份礼物有些与众不同，你们猜猜会是什么呢？（学生大胆猜测）

（2）解答：这个礼物很独特哦。因为他决定从2014年1月1日到2015年12月31日，要亲手为父母做两年的饭，而奇怪的是每天的食物都是相同的——中午是"郑氏炒饭"，晚上是"郑氏面条"。

预设学生回答：

两年每天都吃同样的炒饭和面条吗？那能吃得下去吗？

我想郑爷爷做的饭一定与众不同吧？

（3）顺势激发想象：我想也是，郑爷爷做炒饭用的材料一定与我们平时用的有所不同。唉，老师突然很好奇，平时你们有没有炒过饭给父母吃呀？你是怎么做的呢？能和大家分享吗？（根据学生回答表扬、鼓励、补充）

（4）哇，小朋友们可真厉害，只是听你们说老师呀都流口水了呢！其实呀，我们平时吃米饭，要炒很多菜挺麻烦的，而郑爷爷自创的炒饭里加了9种蔬菜，米饭只占1/10，用高温橄榄油炒在一起。而且呀，他的母亲有糖尿病，吃了3个月他做的炒饭，血糖还降下来了呢。

（5）再次激发想象：看来郑爷爷的炒饭不仅好吃，而且还利于身体健康哦！那么郑氏面条又是怎么做的呢？（学生自由交流、汇报）

（6）告知方法：其实很简单，烧一锅水，里面放西红柿、青菜，点一点儿香油，再放一些深海鱼……煮出来的汤很好喝哦。有机会你也可以和爸爸妈妈一起试着做一做呢。

（7）升华情感：现在的郑爷爷已经60岁啦，他有自己的工作要做，却依然坚持每周一到周四都为80岁的父母做饭。

（8）小结：陪伴，也是一种孝顺的表现。

三、爱心

（1）郑渊洁爷爷不仅孝顺，而且还很有爱心哦。（出示图片）

（2）根据图片——做出说明。

① 2008年5月12日下午两点28分四川发生了8.0级大地震，郑渊洁为灾区捐款30余万元。在2007年"中国作家富豪榜"中，郑渊洁排名第四。然而，在2008年中国作家捐赠地震款项排行榜中，郑渊洁却排第一，共捐款38万元。

② 2008年5至8月，郑渊洁率领11位来自贫困地区的孩子通过东方卫视《加油！2008》直播节目，为希望工程募得5亿元善款。

③ 2010年4月，郑渊洁向青海玉树地震灾区捐款100万元人民币，用于灾后重建小学新校园。除郑渊洁之外的中国所有作家捐款总额是8万元。

④ 2008年12月5日，国家主席向郑渊洁颁发"中华慈善楷模奖"。2008年7月26日，中国青少年发展基金会希望工程向郑渊洁颁发"特别贡献奖"。2009年12月28日，向郑渊洁颁发"爱心贡献奖"。

（3）孩子们，听了郑爷爷这么多的爱心故事，你们有没有什么想法或者思考呢？

预设：郑爷爷帮助了那么多的人，真是个有爱心的爷爷。

我要向郑爷爷学习，尽自己的一份力量去帮助别人。

四、尾声

小结：从你们的回答中，老师看得出你们都是善良、有爱心的孩子。老师希望，在今后的学习生活中，我们都能够像郑爷爷一样，伸出援助之手去帮助那些需要帮助的人，哪怕只是一本课外书、一件衣服、一个礼物。

"不老"的金波

（小学语文二年级上册配套使用）

深圳市龙华新区民顺小学　周婵

人物小传

金波，原名王金波，北京人，生于1935年。著名儿童文学作家，1961年毕业于北京师范学院中文系。历任北京师范学院教授，中国作家协会儿童文学委员会委员，北京市作家协会理事，儿童文学创作委员会主任。近四十年来，结集出版的有诗歌、童话、散文、幼儿文学、文学评论以及诗词歌曲集四十余种，选集有《金波儿童诗选》《金波儿童诗集》《金波童话》《金波儿歌》《金波作品精选》等。作品获中国作家协会第一、二、三届全国优秀儿童文学奖，全国第一、二届幼儿图书奖，第二届冰心儿童图书新作奖大奖，第四届宋庆龄儿童文学奖等。1992年被推荐为国际安徒生奖候选人。

一、设计微理念

金波，著名儿童文学作家，虽然已是81岁高龄，但依然诗情不竭，童心未泯。他说："儿童文学作家只有成长，没有衰老。"也许这就是金波的创作跨越半个多世纪，却依旧那么鲜活、灵动，备受孩子们喜爱的原因。金波先生总是以诗人的心灵和笔触来写作，他创作的童话、散文等文学作品，无不展现着诗的品质，洋溢着诗的激情，渲染着诗的意境，被誉为"美的向导，爱的使者"。本课程主要从金波的三类作品（散文、儿童诗、童话）入手，引导孩子带着好奇的天性，展开想象，发现美，品味爱。

二、课程微目标

（1）品读散文，打开纯净的心灵，体会挚爱。

（2）朗读儿童诗，睁开诗意的眼睛，发现美丽。

（3）赏读童话，插上想象的翅膀，激发兴趣。

三、学习微课时

3课时，每个专题为一课时。

四、教学微设计

∽ 第一课　散文——打开纯净的心灵 ∾

设计意图：金波的散文，是给孩子播撒爱心的，他的散文不会让孩子们产生敬畏感，而是亲和感。散文所选取的素材都是很小的细节，文中的一滴雨点儿，一朵花，一只小虫，都是孩子们能够感知到的生活细节，或者是熟悉的生活小事。所以，引导孩子读金波的散文，其实是在帮助孩子打开纯净的心灵，学会品味语言，体会金波对大自然、对生活的挚爱。

【教学内容】

《和树谈心》节选（《尖尖的草帽》《蝴蝶》《小虫》）。

【教学目标】

（1）品读散文，感悟金波作品的语言特点。

（2）感知文意，体会散文中浓浓的挚爱。

【教学过程】

一、情境导入，简介金波

（1）写"雨"字，"雨"的四点分别用红色、绿色点上，并生动描述："雨点儿去了有花有草的地方，花更红了，草更绿了。"

（2）师：孩子们，还记得《雨点儿》是谁写的吗？

用孩子能理解的语言来介绍作者。金波，1935年7月生于北京。当代著名儿童文学作家、诗人。他是一个"把心交给孩子的人"。金波爷爷已经八十多岁了，但依然如一个孩子一样，童心灿烂。他像你们一样，对自然界充满了好奇，他能"和树谈心"，而且还能听懂昆虫们的语言呢！今天我们就来认识一下金波爷爷的散文集《和树谈心》中的昆虫们。

二、动情朗读，感受童真

尖尖的草帽

下过一阵雨以后，太阳又出来了。

我看见一只蜻蜓在阳光里飞翔。它的翅膀亮得像镀上了一层金子。

我眯着眼睛看着它飞来飞去。

它一点儿也不怕我。它追着我飞。我好像还听到了它扇动翅膀的声音。

我猜想：它一定是要落在我的草帽上；它一定是把我的草帽当成了一间小草房尖尖的屋顶吧！

我停住。我在草帽下微笑着。我等待着它落在我尖尖的草帽上。

唉，可惜它飞走了。

我又想：它一定是没有看见我的微笑，要不然，它准会又飞回来，落在我尖尖的小草帽上。

（1）谈话：你喜欢这只蜻蜓吗？如果蜻蜓看见了"我"的微笑，落在"我"尖尖的小草帽上，会对"我"怎么样呢？

（2）猜一猜，这篇散文的作者是一个怎样的人？

预设：充满童趣，善于观察，热爱生活……

（3）表演朗读：比一比谁读得最可爱。

三、尝试诵读，想象画面

蝴 蝶

啊，蝴蝶！

它是一本翻开的小小的画册，它是一本花孩子都喜欢阅览的美丽的画册。

它一会儿飞到这朵花上，一会儿又飞到那朵花上。

蒲公英、郁金香、矢车菊，都在这本小小的美丽的画册里，发现了自己的色彩。

翠绿的芭蕉叶子说：我也发现了我的色彩呀！它是属于我们整个春天的。

当刮风的时候，一朵花儿说：到我这儿来避避风吧！

当下雨的时候，一朵花儿说：到我这儿来躲躲雨吧！

芭蕉也说：到我这儿来吧，我保护你。大风吹不着你，雨也淋不着你。

于是，它飞到那阔大的叶子下面。

在那儿，它合上了它小小的、美丽的画册。

（1）多读几遍，读通顺，读出味道，熟读成诵。

重点引导朗读：

①"啊，蝴蝶！"——是怎样的蝴蝶？这样的蝴蝶突然来到你的身边，给你惊喜，你会怎样读？

②"一朵花儿""另一朵花儿"还有"芭蕉"会用什么样的语气跟蝴蝶说话？试着用这样的语气来朗读。

③"在那儿，它合上了画册"——轻轻地合上画册，应该怎样读？

提示孩子：读出味道，津津有味地读，把自己当成里面的人物去读，这样读书才是享受。

（2）思考：《蝴蝶》这首散文诗歌给我们描绘了一个怎样的世界？

预设：美丽、快乐、温馨、和谐……

四、自由朗读，欣赏语言

小 虫

如果不是我偶尔低了一下头，我就不会发现这只小虫。

我叫不上它的名字。它有坚硬的翅膀，闪着光；在阳光照射下，变换着色彩。

它想跨过这条沥青小道。小道很窄，但对它来说，已够遥远了；况且正值夏天，骄阳似火，晒得路面滚烫。

我停下脚步。我的身影印在它行走的路面上。它也停下脚步，正好躲在阴凉里小憩片刻，随后又在凉爽中跨过小道。

忽然，身后驶来一辆汽车，我闪开，躲在路边。

但我一直凝视着小道，我几乎是屏住呼吸，担心着汽车会碾碎那只小虫。

汽车开过去了，小虫安然无恙。

但它一动不动，它被吓瘫在小道上。

我一步跨过去，把它拾在手上。此刻，我才看清，这只油黑锃亮的小虫，浑身落满了灰尘。我轻轻地给它拂去，它的翅膀又像金属一样闪着光亮。

我把它送到路那边的草地上。

（1）思考：文中的"我"是怎样的一个人？

预设："我"有爱心，"我"真细心，小虫真幸福……

（2）联系刚刚读到的三篇散文，小结金波散文的语言特点。

画面温馨动人，语言清新自然，能抓住生活中的点点滴滴并将其细致地写出来……

五、延伸阅读，点燃兴趣

推荐孩子们细细地读一读金波的《和树谈心》这本散文集。

推荐理由（1）：这本书里写的人、事、物都挺有意思。比如说，《和树谈心》这篇文章里，人可以和树谈心，那是一件多么美妙的事情呀。再比如说，培育花草的园丁老人有无数的子女，那就是茉莉草、太阳花、月季，还有开着小白花的薄荷等，这些都是他们的子女。你想，一个人有无数的孩子，孩子都在争芳吐艳，那是怎样的令人陶醉！再比如，在《花》这一组文章中，外祖父的小庭院里有令人神往的花的宴会，有花钟会报时，有六月雪，有一个花的海洋。

推荐理由（2）：文章写得很美。文章用清新自然的语言描绘出一幅幅精美的画，谱写出一曲曲动听的歌。比如：阳光像金子，洒遍田野、高山和小河；阳光像金子，阳光比金子更宝贵……再比如：爱，就能让一片普通的叶子变成一棵参天大树；爱，就会倾心地去创造……再如：你看那天上的太阳，虽然是无声的，但是，它给了花微笑，给了鸟歌声，给了你我丰富多彩的生活……真美！

当然，推荐的理由还有第3点、第4点、第5点，请自己去发现。读这本书，你真的可以和树谈心，和花儿谈心，和大自然谈心，和世界上一切美好的事物谈心。

第二课 儿童诗——睁开诗意的眼睛

设计意图：低年级的儿童充满好奇心，他们接触周围世界时，头脑中会产生许多新鲜、奇异的想法，如"天空中的云是不是天堂里的鱼""月亮是不是海里弯弯的小船"……可以说，儿童是天生的诗人！儿童诗就是表达儿童好奇心、抒发儿童真情实感的一种恰到好处的习作表达形式。所以，引导儿童朗读并学写儿童诗，是语文实践活动与儿童天性的和谐统一。

【教学内容】

《春的消息》《树叶小耳朵》《风筝》。

【教学目标】

（1）朗读、感悟儿童诗，了解儿童诗的创作特点。

（2）激发好奇心，尝试用诗歌表达情感。

【教学过程】

一、歌曲导入，感知诗意

（1）播放歌曲《春天在哪里》，孩子们伴随着音乐感受春天。

师：孩子们，听完歌曲，你找到春天了吗？（学生交流汇报）

（2）引入新课：是呀！春姑娘往往会通过小朋友的眼睛传递消息。接下来，我们一起读金波爷爷的诗歌《春的消息》，找找春天还藏在哪里。

春的消息

风，摇绿了树的枝条，
水，漂白了鸭的羽毛，
盼望了整整一个冬天，
你看，春天已经来到！

让我们换上春装，
像小鸟换上新的羽毛，
飞过树林，飞上山岗，
到处有春天的欢笑。

看到第一只蝴蝶飞，
它牵引着我的双脚；
我高兴地捕捉住它，
又爱怜地把它放掉。

看到第一朵雏菊开放，
我会禁不住欣喜地雀跃，
小花朵，你还认得我吗？
你看我又长高了多少！

来到去年叶落的枝头，
等待它吐出新的绿苞；
再去唤醒沉睡的溪流，
听它唱歌，和它一起奔跑。

走累了，我就躺在田野上，
头顶有明丽的太阳照耀。
是谁搔痒了我的面颊？
啊，身边又钻出嫩绿的小草……

（3）反复朗读。自由朗读三遍以上，把自己喜欢的部分表演读。

（4）谈话激情：我们发现诗就是大自然每一次美丽的换装，是生活中每一个动人的瞬间，而儿童诗作为诗歌王国中最为自由的一种体裁，是诗歌王国里的小精灵。这节课就让我们走进金波儿童诗的世界，去了解一下这个小精灵，学写儿童诗。

二、诵读引路，捕捉诗意

（1）自由朗读《树叶小耳朵》，感悟儿童诗的特点。

树叶小耳朵

有一片小树林。冬天来了，树叶都落光了。

树林里飞来好多好多小鸟，整天站在枝头叽叽喳喳地叫。可是，树上光秃秃的，树下冷清清的，谁也不来听小鸟唱歌。

有一天，小鸟又在唱歌，它们忽然发现，树枝上突然钻出了许多嫩芽芽。不久，嫩芽芽张开了，变成了小树叶。每一片，就像绿色的小耳朵。

小树叶说："小鸟，唱吧，唱吧，我们来听你唱歌。"

没有几天，满树长出了小树叶，开出了小红花，还引来了小蜜蜂。树上热闹起来了，树下也热闹起来了，大家都来听小鸟唱歌。

小鸟在唱："春天来了真快乐，我们小鸟爱唱歌。"

小树叶也唱起来了："树叶变成小耳朵，爱听小鸟来唱歌。"

（2）师生交流分享，小结儿童诗的创作特点。

孩子们，你们都很会欣赏诗歌！就像你们说的，春天小草发芽，树叶长出新的绿叶，这些自然现象，我们也都见过。针对这些普普通通的现象，展开丰富的想象，相信你也能写出一首首充满童趣的小诗来。（充满想象，富有童趣）

（3）其实，除了关注大自然，我们还可以多捕捉生活中的美丽。生活中动人的瞬间也是一首首小诗，不信，请看《风筝》这首小诗。

风　筝

春天。
在我敞开的窗子上，
挂着一只断线的风筝。
那根闪光的尼龙丝，
在春风里飘动、飘动。
（风筝，风筝，谁是你的小主人？）
我猜想那放风筝的孩子，
一定又欢喜又扫兴；
他的风筝曾飞上这十二层楼，
却又倒挂在这儿随风飘零。
（风筝，风筝，我要找到你的小主人。）
我摘下这只风筝，
意外地发现了小主人的姓名；
风筝是用一张考试卷糊成的，
我还发现了那不及格的考分！
（你别问，你别问，我不想说出他的姓名。）
他是我的一位小邻居，
就住在对面楼的第三层。
明天，我要约他去春游，
顺便送还他这只风筝。
（当然，还要谈谈别的事情……）

你看，诗歌创作就是这么有趣，生活中放风筝的小事都能被金波爷爷写成一首诗歌。你们也试着把你看到的自然美景或者你的生活用诗歌表达出来吧！

三、尝试创作，营造诗意

（1）读了金波爷爷的儿童诗，想不想自己也动笔创作一首，当一回真正的小诗人？

（2）四人小组内交流，可以想象我们生活中的趣事，说说自然界的变化，也可以天马行空，自由想象。

（3）（播放旋律优美的音乐）学生自由选择创作，教师巡回指导。

（4）展示诗作，交流评价。

小结：你们真是一个个小诗人，儿童诗这个小精灵，也出现在你们笔下，留在你们心里了！

第三课　童话——插上想象的翅膀

设计意图：童话，符合儿童的天性，符合儿童的思维特点，因此，儿童对童话有着特殊的爱好。可以说，儿童读童话是一种心理需要。孩子们在感悟儿童诗的基础上，通过赏读童话，感受金波童话作品中诗一般的语言表达，可以培养想象力，进一步激发学生课外阅读的兴趣，拓宽语文积累的渠道。

【教学内容】

《乌丢丢的奇遇》（课前推荐班级共读）。

【教学目标】

（1）通过赏读、讨论、交流，让学生学会读懂童话中的人物。

（2）培养想象力，激发阅读童话的兴趣。

【教学过程】

一、复习导入，直奔主题

孩子们，我们已经读过金波爷爷的散文，体会了他充满童趣、充满诗意的语言特点；我们还读了几首儿童诗，并且试着自己做了一回小诗人，初步感受到了金波爷爷的童心未泯。带着这颗不老的童心，金波爷爷还创作出了一批经典的童话，《乌丢丢的奇遇》就是其中的一本。今天就让我们一起走进乌丢丢的世界，走进"童话世界"！

二、作品初探，解析人物

1. 人物猜猜猜

（课件依次出示。师问，生猜。交流答案）

他是一位诗人，是一位老爷爷，曾陪同乌丢丢寻找珍儿和布袋爷爷。（　　　　）

她相信鸡蛋能开花，曾因种下鸡蛋等待开花受到别人的嘲笑，吟老很理解他。（　　　　）

它与蔷薇花相约，为赴约会，逆风飞行，为了坚定的信念，与狂风搏斗。（　　　　）

他们只有一条腿，因为没有心而烦恼，但是在为小蚂蚁、瓢虫、吟老、乌丢丢遮雨的过程中，它们失去了自己，但又获得了生命，在获得生命的同时，又获得了一颗心。（　　　　）

2. 人物评一评

（1）聊喜欢的人物。

师：大家都能快速、准确地说出作品中的形象，看来同学们对作品中的人物十分熟悉。在这么多的人物形象中，你最喜欢谁？请谈谈你喜欢的理由。

（学生交流汇报，言之有理皆可肯定）

（2）重点聊主人公。

师：下面让我们重点来说说你眼中的乌丢丢。（学生自由发言）

人物简介：主人公乌丢丢是布袋老人的小木偶丢失的一只小脚丫，为了寻找布袋老人，他去了珍儿的家，得到了一个身体，接着他闯进了吟老的家中，在这里，他认识了一群可爱的朋友——"诗篓子"、木头娃娃、小泥猴、鬃人、不倒翁……在他们为吟老举行的"重返童年"的晚会中，乌丢丢才真正体会到了快乐，是因为爱的滋养而产生的快乐。于是，他开始了寻找布袋爷爷和珍儿的旅程。在远行途中，他碰到了逆风的蝴蝶，他让乌丢丢懂得，对自己所爱的人，应该靠自己的力量来到她身边，不管前面有多少艰难险阻，只要你对他有个承诺；种鸡蛋的芸儿，让他相信，只要心存信念，理想的种子一定会发芽、开花的……为了让自己更完美，他最后将自己变成了珍儿的一只健康的脚。虽然他"永远地走了"，但他的精神永在，他用自己的生命谱写了一曲生命的壮歌！

小结：这样一个有思想、有感情、有爱心的乌丢丢在我们每个人的心中留下了深刻的印象。在这部童话中，每一个人物都是美的化身，爱的代言人，课后你还可以向你的朋友或家人介绍其他几个人物。

（3）创编故事，培养想象力。

如果你来编故事，除了书中的经历，你还能想到乌丢丢有怎样的奇遇？他还会遇到哪些人呢？会发生怎样的故事呢？（学生小组之间讨论交流，交流汇报，说说自己的故事。培养学生的想象力，激发阅读兴趣）

三、交流感受，拓展延伸

（1）在乌丢丢的这次奇遇中，有许多人、许多事感动着乌丢丢，乌丢丢也做出了许多感动人的事。读了这个童话，最感动你的是什么呢？让我们一起来交流一下你的读书体验吧。（师根据学生的回答相应出示提炼的主题，引导大家讨论，发表各自的见解）

（2）这是一个优美的童话故事。乌丢丢因给孩子们带来快乐而获得了生命，所以，他珍惜生命的可贵，并懂得用爱滋养生命，用爱回报生命……爱，让乌丢丢的生命变得更加有趣；爱，也让乌丢丢和老诗人的友情变得神圣。

（3）金波爷爷还创作了很多有意思的童话呢！老师推荐你们读一读他的"小绿人"系列童话（《追踪小绿人》《又见小绿人》《我们都是小绿人》），读完我们可以召开一次读书分享会，说说你认识了一个怎样的"小绿人"。

孩子的天使——泰戈尔

（小学语文二年级上册配套使用）

深圳市龙华新区民顺小学　牛书霞

> **人物小传**
>
> 　　拉宾德拉纳特·泰戈尔（1861—1941），印度作家、诗人、社会活动家。1861年5月7日出生于印度加尔各答一个富有的贵族家庭。1913年，他凭借《吉檀迦利》成为第一位获得诺贝尔文学奖的亚洲人。泰戈尔的诗在印度享有史诗的地位，代表作有《吉檀迦利》《飞鸟集》《新月集》等。其中的《新月集》是献给儿童的诗，诗中描述了一个天真无邪的世界和绚丽多姿的梦境。他一生热爱孩子，被公认为"孩子的天使"。

一、设计微理念

好奇是儿童的特点，想象是儿童的天性。在儿童眼里，世间的一切事物都是奇特的，都充满童趣。泰戈尔的诗歌充满着奇思妙想，用诗意为儿童营造了温馨的文学天地，本课程通过对泰戈尔的认识和《新月集》选篇诗歌的学习，认识到诗歌的美，培养儿童对生活的爱与想象。

二、学习微目标

（1）以诗人为起点，追寻诗人的足迹。
（2）以作品为载体，感受诗歌的特色。
（3）以朗读为方式，感知童心的活力。
（4）以浅析为线索，领略想象的力量。
（5）以经典为指导，体会创作的乐趣。

三、学习微课时

3课时。每个专题为一课时。

四、课前微准备

（1）通过书籍、网络等途径了解泰戈尔。

（2）阅读泰戈尔作品《新月集》。

五、教学微设计

∞ 第一课　草芽尖尖冒出来 ∞

【教学目标】

了解诗人成长印记。

一、游戏导入，猜一猜

1. 看图猜人物

（1）在上课之前，我们先玩个小游戏：看图猜人物。（分别出示大白、功夫熊猫、奥特曼、白雪公主、郑渊洁、泰戈尔）

（2）猜一猜，并说说你是根据什么猜出来的。预设：

生1：我看过这部电影。

生2：我读过郑渊洁的童话。

生3：……

师：最后一位可能大家还不太熟悉，他是印度的一位著名诗人，他的名字叫泰戈尔。（齐读，板书）

二、童年故事，听一听

（1）师生合作，配乐朗读。

师：每个孩子的童年都有着或有趣或难忘的故事，小泰戈尔的童年也不例外，接下来请你竖起耳朵，用心听一听泰戈尔的童年故事吧。

要求：在听故事的过程中，把你印象深刻的地方，用波浪线标出来，一会儿我们来交流交流。（出示PPT）

故事一：那棵窗外的大榕树

泰戈尔出生在一个家教森严的大家庭，整个童年里，泰戈尔像被关在笼子里的鸟儿一样，在家里接受各种教育。窗外的一棵浓密的大榕树成了泰戈尔日常生活中最大的乐趣，他常常会坐在窗前，看每个走过树下去恒河沐浴的人，看到各种各样的鸟在树上歌唱，看金色的太阳照耀着广阔的天空。虽然被严禁出门，但小小的泰戈尔看到了这个世界里的很多人，很多景，还有很多事。

故事二：第一串手链

这是一个很平常的日子，哥哥突然让泰戈尔帮忙写首诗。怀着忐忑的心情，泰戈尔写出了人生第一首小诗，就像亲手做出的第一串手工项链，虽然不那么完美，但哥哥看完后，哈哈一笑，说道："我的弟弟一定会写出印度最伟大的诗歌。"他深深记住了哥哥的话。手头这个蓝色的本不久就爬满了"蜘蛛网"，渐渐地，他的名声在同学之间传开了，大家都叫他诗人。他的名声传到了校长的耳朵里，后来他还帮校长写了一首关于道德的诗呢。

故事三：两行脚印

喜马拉雅山之旅让泰戈尔热爱起读书来。坐在窗前，他不再向往着门外的飞鸟，还总想起雪山上父亲的身影。"我一定要成为父亲那样的人。"小泰戈尔喃喃地说。但很快看书就成了他十分头疼的问题，不是因为不想看书或是书太多，相反，是因为书太少了。虽然泰戈尔家里每位成员都有自己的小图书馆，但孟加拉文学的数量实在是很少，很快泰戈尔就把它们读完了。我该读读什么好？还有什么没看呢？

他经常一个人坐在门槛上发呆。一面盘算，一面等哥哥出门后跑进屋里偷偷找书，这样"偷偷摸摸"的游击战难免会被逮到，三哥总会故作严肃，瞪他两眼。小泰戈尔则不以为意，左脚刚出三哥的门，右脚又溜进了大哥的图书馆。

（2）同伴交流：我印象最深的是……

三、成长足迹，寻一寻

1. 从故事中寻找泰戈尔的成长足迹

师：听完这几个小故事，结合你的印象，选择你最喜欢的说一说。你觉得这是一个怎样的泰戈尔？为什么？（出示）

这是一个（　　）的泰戈尔，因为（　　）。

生1：这是一个爱观察的泰戈尔，因为他在窗口看到了金色的太阳，看到了树上的鸟儿，还看到了广阔的天空……

生2：这是一个会写诗的泰戈尔，因为他能在很小的时候，写出很美的诗句……

生3：这是一个很令人佩服的泰戈尔，因为他能帮校长写诗……

生4：这是一个爱读书的泰戈尔，因为他经常偷偷地跑到他哥哥的图书馆看书……

师小结：看来每个人心目中的泰戈尔都是不一样的呢，不过，我从你们的眼中读出了对泰戈尔的佩服和羡慕。那么接下来，让我们继续走进泰戈尔的生活，去了解一下这位天才诗人吧。

2. 继续对话交流，了解泰戈尔的成长足迹

师：关于泰戈尔，你还有哪些了解？（学生自由汇报）

生1：泰戈尔获得过诺贝尔文学奖。

生2：泰戈尔来过中国做访问。

生3：……

3. 补充介绍泰戈尔的生平，形成总体感知

师：同学们的知识真丰富，泰戈尔出生在加尔各答市一个富有哲学和文学艺术修养的大家庭，13岁就能创作长诗。所以老师给我们这节课起了一个形象的名字——草芽儿尖尖冒出来，泰戈尔就像是春天的草芽儿，早早地冒出了头，经过春雨的滋润和自己的勤奋努力，成为了一棵参天大树。

出示PPT，自由读一读。

（1）作为著名的诗人和作家，他的很多诗集都被翻译成英文，比如《吉檀迦利》《新月集》《园丁集》《飞鸟集》等，其中《吉檀迦利》让他获得了诺贝尔文学奖，而《新月集》则成了印度大中小学必读的教材。

（2）除了诗歌，他还创作了很多小说和剧本，撰写了很多文学、哲学等方面的论著。在他的一生中，他共写了50多部诗集，被称为印度的"诗圣"。

四、人物名片，做一做

师：咱们已经掌握了很多关于泰戈尔的资料，如果我让你们介绍他，会不会感到困难？

生：不会！

师：为了让更多的人知道泰戈尔，我们要举行一个"超级泰戈尔秀"，每个人要做一张泰戈尔名片，看谁厉害。

1. 了解名片的内容

师：你的爸爸妈妈有名片吗？名片上有哪些信息？

生：名片上有妈妈的工作，还有电话、邮箱等内容。

生：我爸爸的名片是长方形的，名片上有他们公司的标志。

2. 观察图中的名片，说说你的发现

生：可以画上他的头像，写上他的特长和爱好。

生：可以制作成书的样子，写上他出版的作品。

生：可以做一个荣誉证书，评他为最棒的儿童诗人。

生：可以制作成树的形状，树枝上写上他的朋友。

3. 制作人物名片

（1）参考课文资料：泰戈尔生平年表。

（2）可以从作者的爱好、朋友、作品等角度入手，做成兴趣名片、朋友名片、作品名片、名言名片……也可以自选角度。

4. 展示汇报

人人都是小老师。学生代表做小老师，展示汇报本组作品。

师：老师发现了很多有意思的作品，看来我们班的学生都是未来的设计师呢。谁愿意把自己的名片跟大家分享一下？

生：我做的是泰戈尔的自我介绍名片，名片做成花的形状，花蕊是泰戈尔，围绕他的五朵花瓣是他的称呼，分别是诗人、文学家、社会活动家、哲学家、民族主义者。

生：我做的是泰戈尔作品名片，做成了大树的形状，树干是泰戈尔，树上的果实有《吉檀迦利》《飞鸟集》《眼中沙》《园丁集》《新月集》等，其中《吉檀迦利》这个果实比较大一些，因为这部作品获得了诺贝尔文学奖。

师小结：通过本节课的学习，大家都成了研究泰戈尔的行家啦，本场的"超级泰戈尔秀"到此为止。今天学的内容，回家后可以给爸爸妈妈讲一讲，还可以做一期班级板报。

❀ 第二课　漫步童年的海滩 ❀

【诗歌品赏】

《十二点钟》《小大人》《做哥哥》。

【教学目标】

（1）引导朗读，读出节奏和韵律；

（2）感受诗歌中的童趣童真。

【教学重点】

有感情地朗读课文，感受诗人笔下充满童趣的童真世界。

【教学用具】

课件。

【教学思路】

一、感知读，说说诗中"画"

师：孩子们，童年的生活五彩缤纷，如果让你写一写童年的生活，你会怎样写呢？今天的这堂课，我们要读三首诗，这三首诗歌都是泰戈尔写的和童年有关的散文诗，让我们在诗的陪伴下去漫步童年的沙滩吧。

（出示课件）

十二点钟

妈妈，我真想现在不做功课了。我整个早晨都在念书呢。

你说，现在还不过是十二点钟。假定不会晚过十二点罢；难道你不能把不过是十二点钟想象成下午么？

我能够容容易易地想象：现在太阳已经到了那片稻田的边缘上了，老态龙钟的渔婆正在池边采撷香草作她的晚餐。

我闭上了眼就能够想到，马塔尔树下的阴影是更深黑了，池塘里的水看来黑得发亮。

假如十二点钟能够在黑夜里来到，为什么黑夜不能在十二点钟的时候来到呢？

小大人

我人很小，因为我是一个小孩子，到了我像爸爸一样年纪时，便要变大了。

我的先生要是走来说道:"时候晚了,把你的石板,你的书拿来。"

我便要告诉他道:"你不知道我已经同爸爸一样大了么?

我决不再学什么功课了。"

我的老师便将惊异地说道:"他读书不读书可以随便,因为他是大人了。"

我将自己穿了衣裳,走到人群拥挤的市场里去。

我的叔叔要是跑过来说道:"你要迷路了,我的孩子,让我领着你罢。"

我便要回答道:"你没有看见么,叔叔,我已经同爸爸一样大了?我决定要独自一个人到市场里去。"

叔叔便将说道:"是的,他随便到哪里去都可以,因为他是大人了。"

当我正拿钱给我保姆时,妈妈便要从浴室中出来,因为我是知道怎样用我的钥匙去开银箱的。

妈妈要是说道:"你在做什么呀,顽皮的孩子?"

我便要告诉她道:"妈妈,你不知道我已经同爸爸一样大了么?我必须拿钱给保姆。"

妈妈便将自言自语道:"他可以随便把钱给他所喜欢的人,因为他是大人了。"

当十月里放假的时候,爸爸将要回家,他会以为我还是一个小孩子,为我从城里带了小鞋子和小绸衫来。

我便要说道:"爸爸,把这些东西给哥哥罢,因为我已经同你一样大了。"

爸爸便将想了一想,说道:"他可以随便去买他自己穿的衣裳,因为他是大人了。"

做哥哥(节选)

妈妈,你的孩子真傻!她是那么可笑地不懂事!她不知道路灯和星星的分别。

当我们玩着把小石子当食物的游戏时,她便以为它们真是吃的东西,竟想放进嘴里去。

当我翻开一本书,放在她面前,在她读 a,b,c 时,她却用手把书页撕了,无端快活叫起来,你的孩子就是这样做功课的。当我生气地对她摇头,骂她,说她顽皮时,她却哈哈大笑,以为很有趣。

谁都知道爸爸不在家,但是,如果我在游戏时高声叫一声"爸爸",她便要高兴地四面张望,以为爸爸真是近在身边。

当我把洗衣人带来载衣服回去的驴子当作学生,并且警告她说,我是老师,她却无缘无故地乱叫起我哥哥来。

1. 根据内容猜画面

师:你印象最深刻的是哪里呢?闭上眼睛,你仿佛看到了怎样的画面?

生:我仿佛看到了一个嘟着嘴、不愿意写作业的小男孩。

生:我仿佛看到了一个装成大人样子的小孩,他应该是背着手、大摇大摆地走在大街上。

生:小男孩做了很多功课,还没有做完,他想象着太阳已经落山,中午的十二点钟变成了晚上的十二点钟,他可以开开心心地睡大觉啦。

生：我仿佛看到了一个活泼可爱的小妹妹在和她的哥哥玩。

2. 根据标题创画面

师：（出示标题）这是三首散文诗中的标题，如果是你，可能会写哪些内容？试着说一说你想到的画面。

生：《十二点钟》——十二点钟啦，要吃饭啦，我的肚子都咕咕叫啦。

生：《小大人》——趁着妈妈不在家，我穿上妈妈的高跟鞋，擦上那支粉色的口红，呀，镜子里怎么出现了一个小怪物，脚上踩着两只船，嘴巴上还在流着血。

生：《做哥哥》——做哥哥真是奇妙，抱着的妹妹一会儿哭，一会儿笑，我都不知道怎么办才好。

二、交流读，品品诗中"情"

1. 自由读第一首诗，交流感受

（出示《十二点钟》）

师：诗中的十二点钟指的是什么时候？

生：中午十二点。

师：但"我"希望的是几点钟？

生：晚上十二点钟。

师：说说"我"这么想的理由。

生：可以不做功课。

师：你读了之后，有什么感受？

生：这个小孩很可爱。

2. 齐读第二首诗，交流感受

（出示《小大人》）

师：成为小大人后，可以做哪些事情？请你用自己的语言描述一下。

生：自己可以不用读书，还可以一个人去逛街。

生：可以做管家，直接给保姆钱。

生：还可以不用穿小孩子穿的衣服。

师：你读了之后有什么感觉？

生：很有趣。

生：很好玩。

师：哪些地方让你感觉有趣、好玩呢？（板书：有趣、好玩）

生：当老师让他读书时，他就说，你不知道我已经和爸爸一样大，不用读书了吗。

生：他想象自己长大了，穿不上小衫和小鞋子，所以要给哥哥穿。

3. 默读第三首诗，交流感受

（出示《做哥哥》）

师：这首诗也很有意思，写了哥哥和妹妹之间的事情，谁来分享一下做哥哥的感受？

生：我感觉我妹妹很可爱。

生：我感觉我妹妹不懂事，总是爱哭爱闹。

师：在泰戈尔的诗中，每个哥哥眼里都有不一样的妹妹。请你试着用几个词语来概括一下，填在下面的《学习报告单》里。

行为表现	哥　哥	妹　妹
行为1		
行为2		
行为3		
行为4		
你的印象		

三、比较读，评评诗中"我"

师：我们刚刚学了三首诗，你觉得诗中的"我"有什么特点？（生读）

生：很调皮。

生：想快快长大。

生：和妹妹一样可爱。

师：三首不同的诗，其中的"我"有共同的特点，那就是调皮、可爱。

师小结：同样是表达我的调皮和可爱，诗人泰戈尔选择了从不同的角度出发去描述，我们在平时的习作练习中也可以抓住主要特征，从不同的角度去进行观察、描述。

四、拓展读，介绍《新月集》

（1）重点介绍《新月集》。

（2）了解内容及特点。

师：在泰戈尔的经典诗选中，《新月集》是一部以儿童生活和情趣为主旨的散文诗集，共收入诗歌四十首，诗集中天真的孩子与慈爱的母亲是诗人的主要表达对象。你从哪里可以看出来？

生：诗集里描写了一个个可爱的儿童。

生：诗中的小主人公在云端里做梦，在大海边奔跑。

生：诗中的小孩子把自己想象成大人，可以一个人去上街买东西。

师小结：泰戈尔的《新月集》里，经常出现"母亲"的字眼。在母爱的培育下，孩童天真烂漫、善良可爱。

❀ 第三课　写出一弯新月 ❀

【教学目标】

（1）学习《金色花》，体会诗歌的语言特点。

（2）学会运用想象表达感情。

（3）指导学生仿写《金色花》一诗。

【教学重点】

体会诗人的奇思妙想。

【教学难点】

指导学生创作一首想象诗。

【教学过程】

一、汉字导入，引题

今天老师想成为魔术师，把大家都变成小诗人，你们愿意吗？怎么变成小诗人呢？我们先来看看别的诗人是怎么写诗的。

（1）读诗说发现，引导出"想象"。（出示小诗《出》）

出

（台湾吴政雄）

你看，你看，
山上还有一座山，
是不是山妈妈背着她的儿子，
想摘天上的星星呢？

师：说说你的发现。

生：我发现作者把两个山字分别比作了山妈妈和山宝宝。

师：你觉得这首诗好在哪里？

生：我觉得很有趣，也很形象。

师：如果想写出很有趣的诗，有什么秘诀吗？

生：需要发挥想象，还要善于观察。

师：是啊，想象是诗歌的重要特点，我们学习的汉字也藏着想象的奥秘，根据它们的音、形、义想象加工，就形成了活泼、形象的汉字诗。

（2）仿说"泪"字，让学生发挥想象，说一说。

生：水流啊流，不小心流进了眼睛里，就变成了亮晶晶的泪珠了。

二、反复读诗，寻找"童趣"

（1）出示《金色花》，听师范读。

师：想象是写诗的法宝，泰戈尔经过自己的想象，把孩子变成了一朵金色花，你一定觉得很有趣吧，我们一起来学习。（出示课题）

（2）解决生字词的音和义，熟练朗读课文。

匿（nì）笑：暗暗地偷笑。

祷（dǎo）告：向神求保佑。

（3）齐读，画出你认为有趣的诗句，再读一读，想象一下画面。

三、引导交流，感受"童趣"

以小组为单位合作交流，教师根据出现的问题进行点拨。

（1）诗中写了一个怎样的孩子？你能用几个词语概括吗？

生：可爱、调皮的孩子。

生：爱和妈妈捉迷藏的孩子。

（2）诗中描述了哪些景物？

生：金色花、风、牛棚、灯……

（3）表演对话部分，感受小孩子的淘气和可爱。

四、想象朗读，深化"童趣"

（1）按自己的理解，有感情地朗读。

（2）师生共读，评价朗读情况，举例指导。

师：诗中的孩子活泼可爱，很依恋妈妈，还会和妈妈玩捉迷藏，找一找相关的诗句和大家分享一下吧。

生：这一句表达出了孩子的天真。

"是为了好玩，长在那棵树的高枝上，笑哈哈地在风中摇摆。"（天真）

生：这一句表达出了孩子的可爱。

"我要悄悄地开放花瓣儿，看着你工作。"（可爱）

生：这一句表达出了孩子的调皮。

"我不告诉你，妈妈。"（调皮、撒娇）

五、总结写话，实践"童趣"

（1）学习了《金色花》以后，你们觉得这首诗有什么特点？引导归纳出共同点：童真童趣、想象力、儿童为主，读起来很有韵味。

师：同学们看看这首诗，写得妙的地方在哪里？

生：用了排比，当你……当你……

师：来点掌声，他的眼睛很睿智，再找一找。

生：这首诗用了比喻修辞手法，把自己比作了金色花。

（2）发挥你的想象，模仿创作。

师：诗中的小孩子把自己想象成了一朵金色花，在树上和妈妈捉迷藏，我们也来做回小诗人，来一个星级挑战。假如是你和妈妈捉迷藏，你会把自己想象成什么？藏在哪里？

一星级：

假如我是（　　），我会（　　）。

二星级：

假如我是（　　），只是为了好玩，（　　）在（　　）上，妈妈你会认识我吗？

你要是叫道："孩子，你在哪里呀？"

我（　　）。

三星级：

假如我是（　　），只是为了好玩，（　　）在（　　）上，妈妈你会认识我吗？

你要是叫道："孩子，你在哪里呀？"

我（　　），却一声儿不响。我要（　　）。

当你（　　），我（　　）。

师：你可以根据自己的意愿，选择其中的星级进行创作，看看谁的想象最神奇。

师：我们来欣赏一下各位小诗人的作品。

生：假如我是一个小风扇/我会藏在厨房里/为正在做饭的妈妈带去凉爽

生：假如我是一颗葡萄/只是为了好玩/藏在妈妈的手中/妈妈你会认识我吗/你要是叫道："孩子，你在哪里呀？"/我会对着妈妈眨眼睛/她不知道/最亮的那一颗就是她的宝贝女儿

生：假如我是一只蝴蝶/只是为了好玩/落在阳台的玫瑰花上/妈妈你会认识我吗/你要是叫道："孩子，你在哪里呀？"/我飞舞着翅膀/却一声儿不响/我要轻轻地飞/和你捉迷藏/当你梳着你长长的头发时/我要悄悄地吻一下/像你每晚吻我的额头一样

六、开放阅读，拓展"童趣"

（1）推荐《飞鸟集》。

（2）做成精美书签。

师：除了泰戈尔的《新月集》，老师还要给大家推荐一本书——《飞鸟集》。在这本书里，泰戈尔写了很多经典的话，（出示PPT）说一说你最喜欢哪一句。

生：我喜欢第三句，它告诉我们不能因为自己不想吃东西，就说不好吃，这样是不礼貌的。

生：我喜欢第一句，因为根很谦虚，埋在地下，让大树长得更茂盛。

师：在《飞鸟集》里，这样的诗句还有很多，请同学们选出自己喜欢的一句，画上适合的图画，把它做成书签来保存吧。

备选诗句：

地下的根使枝头果实累累，却不要求回报。

小草哦，你步履虽小，却拥有你脚下的土地。

不要因为你没有胃口而怪罪食物。

鸟儿希望自己是一片云，云希望自己是一只鸟。

生如夏花之绚烂，死如秋叶之静美。

鸟以为把鱼举在空中是一种慈善的举动。

教师小结：这节课充满诗情画意，同学们的想象力真是很奇妙。在我们的生活中只要仔细观察，多读好诗，多去练习，你们还可以写出更多优秀的诗歌来。

"诗仙"李白

（小学语文二年级下册配套使用）

深圳市龙华新区书香小学　陈琳

人物小传

> 李白（701—762），字太白，号青莲居士，又号"谪仙人"，汉族，绵州昌隆县人，是唐代伟大的浪漫主义诗人，被后人誉为"诗仙"。其人爽朗大方，爱饮酒作诗，喜交友，诗作多为醉时所写，有《李太白集》传世，代表作有《望庐山瀑布》《行路难》《蜀道难》《将进酒》《梁甫吟》《早发白帝城》等多首，多被选为古诗词必背篇目。杜甫对李白推崇备至，他在《春日忆李白》中说："白也诗无敌，飘然思不群。清新庾开府，俊逸鲍参军。"在《饮中八仙歌》中说："李白一斗诗百篇，长安市上酒家眠。天子呼来不上船，自称臣是酒中仙。"对李白的纵恣天才赞叹不已。

一、设计微理念

李白是盛唐文化孕育出来的天才诗人，一出现就震惊了诗坛。他气挟风雷的诗歌创作，及其天才大手笔，当时就征服了众多的读者，朝野上下，许为奇才，享有崇高的声誉和地位。他那"天生我材必有用"的非凡自信，那"安能摧眉折腰事权贵"的独立人格，对后来的诗人有很大的吸引力，苏轼、陆游等大家都曾受到他的影响。在中国诗歌史上，李白有着不可替代的不朽地位。

小学阶段学生对李白的诗是接触最多也最为熟悉的，本课程以李白为载体，带领孩子走进李白的诗，感受李白的语言魅力及作品风格，从而感受到一个不一样的李白。

二、课程微目标

（1）李白的景——读李白的写景诗，感受李白的诗作风格。

（2）李白的情——读李白的友情诗，体会李白的情。

（3）李白的综合性学习，进一步了解李白的生平、趣事。

三、学习微课时

3课时，每个专题一课时。

第一课 李白的景

【教学内容】

《望庐山瀑布》。

【教学目标】

（1）熟读成诵，会认会写本课的生字。

（2）鉴赏书法作品，读出诗的韵味。

（3）感受大自然的魅力，尝试写诗。

【教学设计】

一、趣识李白——我辈岂是蓬蒿人

（1）我来猜诗人。出示李白图片，猜猜这位唐朝诗人是谁。简单介绍李白生平。

（2）我来说李白。除了知道李白的生平，你还知道哪些和李白有关的小故事？李白喜欢什么？

预设：李白爱游山玩水……

李白爱喝酒，一喝酒就醉，一醉就写诗……

李白铁杵磨成针的故事……

（3）我来背古诗。结合学生了解的李白爱游山玩水的特点，回顾古诗《赠汪伦》《静夜思》《古朗月行》；结合李白爱喝酒，且一喝酒就写诗的特点，回顾杜甫的《饮中八仙歌》，从不同的角度了解李白。

二、巧读古诗——横看成岭侧成峰

（1）李白一生爱游历，二十岁时已经将四川的名川大山都游历遍了，在他五十岁的时候过上了隐居的生活。当他来到江西庐山见到这样的景色后，便为此美景题了一首诗。

出示图片，学生猜，《望庐山瀑布》。

（2）出示不同字体的《望庐山瀑布》的书法作品。（指导学生朗读，读出诗味）

出示隶书书法作品，指导学生朗读：古诗要读得慢一点才能读出诗的味道。

出示行书书法作品，指导学生朗读：要读出诗的味道就要注意读时的停顿与轻重。

出示小篆的书法作品，指导学生朗读：要读出诗中的画面感，有感情地朗读。

（3）欣赏了这么多书法作品，你们也来当一回小小书法家，请在书法作品纸上写一句你最喜欢的。（交流展示）

评价交流学生的书法作品，书法作品的书写格式是从左往右，不用写标点符号。

三、妙解诗意——且饮美酒登高楼

诗中有画，画中有诗，你从李白的这首诗中读出了一条怎样的瀑布？瀑布有何特点？

预设：三千尺说明长的特点，夸张；飞流，说明速度很快；银河，想象力丰富；九天，古有九重天的说法，所以是高的一种说法。（出示"川"字的字形，讲解川字的意思）

四、乐写古诗——天生我材必有用

（1）庐山瀑布被誉为我国最具诗意的瀑布，引来无数的文人为它题诗，我们一起来读读一读。（出示）

挂流三百丈，喷壑数十里。　　　　　——李白
瀑布半天上，飞响落人间。　　　　　——李梦阳
我疑天仙织素练，素练脱轴垂青天。　——杨维

（2）大自然是一幅神奇的画卷，风景优美的地方数不胜数，瀑布也不止庐山这一处，我们一起来欣赏一下。（出示黄果树瀑布、壶口瀑布、尼亚加拉大瀑布）

（3）李白当年如果游历到这些地方，看到如此壮观的景色，他又会写下怎样的诗句呢？请你替李白完成这个心愿，写一两句诗。

预设：黄色瀑布如流沙

疑是黄河落九天

疑是白绢脱梭机

（4）李白一生爱山爱水，走过了祖国许多的地方，也留下了许多千古名篇。我们一起读读这些诗，感受诗中画面。

望天门山

天门中断楚江开，碧水东流至此回。
两岸青山相对出，孤帆一片日边来。

早发白帝城

朝辞白帝彩云间，千里江陵一日还。
两岸猿声啼不住，轻舟已过万重山。

第二课　李白的情

【教学内容】

《黄鹤楼送孟浩然之广陵》。

【教学目标】

（1）熟读成诵，体会情谊。

（2）想象画面，感受送别诗。

【教学设计】

一、因诗结缘忘年交

1. 诗句引入明真情

同学们，老师听说你们是全校读诗读得最好的班级，对吗？读一读——

（1）春眠不觉晓，处处闻啼鸟。　　　　——孟浩然《春晓》

（2）吾爱孟夫子，风流天下闻。　　　　——李白《赠孟浩然》

2. 讲述故事读新诗

"孟夫子"就是孟浩然，谁这么仰慕孟浩然呢？是的，他就是"诗仙"李白。当时的孟浩然已经是远近闻名的大诗人了，李白非常仰慕他的才华，特意去拜访他，他们因诗结缘，情意深厚。有一次他们相约黄鹤楼，分别之际，李白写下了这首千古佳作。（出示古诗原文）读！

二、李白目送孟郎情

1. "烟花"伴君下扬州

师：同学们，都说会读诗的孩子能从诗中读出画面，请翻开书本100页再读一读，诗中描绘了美丽的江南春景。你读到了吗？可以拿起笔做批注哟。（师板贴课题，简笔画山、水、鸟）

好，请停下笔，你从哪里读出了美丽的江南春景？

预设：黄鹤楼。黄鹤楼在如今的湖北武汉，与岳阳楼、滕王阁并称为江南三大名楼。

烟花三月（想象柳如烟、花如海的扬州美景）

师："烟花"在这里指什么？能换成"鲜花三月下扬州"吗？想看看烟花三月的江南是什么样的吗？（出示江南春组图，配乐古筝曲）

师旁白：三月，繁花似锦，杨柳依依，从宁静的楼阁向外望去，一片烟雨迷蒙，小船在慢慢悠悠地荡啊荡啊……诗人就把这样的三月称为烟花三月。

美吗？我们美美地读一读——故人西辞黄鹤楼，烟花三月下扬州。

2. 孤帆不孤因心孤

师：在这如诗如画般的春天，诗人本该和老朋友饮酒作诗。可他却没有心情去玩赏，那是因为——（预设生答：他们要分别了）让我们一起走进送别的画面，读！（出示送别图和诗句"孤帆远影碧空尽，唯见长江天际流"）说说你读懂了什么？（或你体会到了什么？）

（1）你知道什么是"孤帆"吗？（孤单单的一条小船）（板贴：小船）按理说，江南三月，长江上一定是千帆竞渡，可为什么说是"孤帆"呢？

（2）对，"过尽千帆皆不是，一心只想孟浩然。"除了这个"孤"字，你认为还有哪个字体现了他们之间的深情厚谊？（"尽""唯"）

3. 孤帆已尽情未尽

（1）尽：孤帆已经消失了，但李白还在那里久久凝望。从李白的目光中，你看出了什么？（依依惜别，情深意长……）是啊，真是"帆影尽而情永在"呀！（撤走孤帆，板书：情永在）

（2）配乐：此时你就是李白，站在江边，朋友的小船已经开了好一会儿了，你还在望啊望，望着望着，不禁吟诗——（孤帆远影碧空尽，唯见长江天际流）

船的影子已经消失了，只看到滚滚的长江水流向天际，可你还是在望啊望，望着望

着，你不禁再吟——（孤帆远影碧空尽，唯见长江天际流）

滚滚长江水送走的是故人，留下的是思念，读——（齐读全诗）

朋友之情，离别之意，都包含在了这首千古佳作中，再读——（齐读全诗）

4. 倾诉衷肠话心声

此时此刻，我孟浩然即将远行，而你李白的心中一定有千言万语想对我说。你想说什么呢？（有时间就写一句）

所有的言语，所有的真情，都浓缩成这句诗——

（引读）吾爱孟夫子，风流天下闻。

三、再次吟咏送故人

李白，送君千里，终须一别，这一别，也许是一年，也许是十年……请你站起来，把你对我的思念融进你的朗诵中，送送我吧……

（生起立齐读全诗）

四、再读李白诗中情

李白一生爱诗、爱酒、爱月，然而他最钟情的还是友情，我们一起来读读这些诗。

赠汪伦

李白乘舟将欲行，忽闻岸上踏歌声。

桃花潭水深千尺，不及汪伦送我情。

赠孟浩然

吾爱孟夫子，风流天下闻。

红颜弃轩冕，白首卧松云。

醉月频中圣，迷花不事君。

高山安可仰，徒此揖清芬。

第三课 李白的人

【教学内容】

走近李白——综合性学习。

【教学目标】

（1）交流搜集到的资料，了解李白的故事。

（2）用自己喜欢的方式来展示李白的作品。

【教学设计】

活动一：李白趣事分享会

（1）说起李白的诗，大家一定都不陌生，相信大家读了李白的诗，搜集了李白的相关资料，每一个人心中都有一个不一样的李白。今天，我们来聊一聊你心中的李白。

出示拓展资料：《李白一生的故事》

（2）学生交流阅读感受。

师：相信大家读了李白一生的故事，一定有些地方是你觉得有意思的，请大家谈谈。预设：

生：我读到了李白名字的由来，觉得挺有意思的，之前只是知道李白字太白，现在还知道了他名字的由来，真有意思。传说李白的母亲梦见太白金星落入怀中而生他，因此取名李白，字太白。长大后的李白也确有几分"仙气"，后来更被人们尊为"诗中之仙"。

生：我还听说李白名字的另一个由来，李白的名字是因为一首诗。有一年春天，李白的父亲对妻儿说："我想写一首春日绝句，只写了两句，你母子二人给我添一句，凑合凑合。一句是'春风送暖百花开'，一句是'迎春绽金它先来'。"母亲想了好一阵子，说："火烧杏林红霞落。"李白等母亲说罢，不假思索地向院中盛开的李树一指，脱口说道："李花怒放一树白。"

父亲一听，拍手叫好，儿子果然有诗才。他越念心里越喜欢，念着念着，忽然心想，这句诗的开头一字不正是自家的姓吗？这最后一个白字用得真好，正说出一树李花圣洁如雪。于是，他就给儿子起名叫李白。

师：原来李白的名字还有这样的故事，真是有意思。诗仙李白曾经因为好酒还曾上过一次当，谁知道这个故事啊？

生：李白曾被汪伦"骗"到桃花潭去。据说汪伦是个不想做官的知识分子，当时隐居在桃花潭边。汪伦得知李白东游至宣城，因久慕李白诗名而修书"骗"他来做客，在清人袁枚的《随园诗话》（卷六《补遗》第十一）中也曾有记载：

唐时汪伦者，泾川豪士也，闻李白将至，修书迎之。诡云："先生好游乎？此地有十里桃花。先生好饮乎？此地有万家酒店。"李欣然至，乃告云："桃花者，潭水名也，并无桃花。万家者，店主人姓万也，并无万家酒店。"李大笑。款留数日，赠名马八匹，官锦十端，而亲送之。李感其意作《桃花潭绝句》一首。这桃花潭绝句即指《赠汪伦》诗。

师小结：通过阅读李白一生的故事，我们了解到了李白的许多古诗，仿佛看到了一个爱写诗、爱山水、爱朋友的大才子，他写出的诗也是别具一格，真可谓奇才。

活动二：李白诗歌擂台赛

（1）你来说画面，大家来对诗。师生互动：

师：仰首看那空中的一轮明月，不由得低下头来沉思，愈加想念自己的故乡。

生：《静夜思》

师：高高天门被长江之水拦腰劈开，碧绿的江水东流到此回旋澎湃。

生：《望天门山》

师：桃花潭水即使有千尺之深，也比不上朋友汪伦送给我的友谊情深。

生：《赠汪伦》

师：早晨才辞别了五彩云霞映照中的白帝城，一天时间就回到了千里之遥的江陵。

生：《早发白帝城》

……

（2）我说你接，对诗达人。生生互动，随机对接：

生：朝辞白帝彩云间，

生：千里江陵一日还。

生：两岸青山相对出，

生：孤帆一片日边来。

生：小时不识月，呼作白玉盘。

生：又疑瑶台镜，飞在青云端。

……

（3）我是背诵小能手。同桌背古诗，会背一首奖励星星一颗，比比谁的星星多。

建议背诵篇目：《望庐山瀑布》《望天门山》《古朗月行》《赠汪伦》《黄鹤楼送孟浩然之广陵》《静夜思》《早发白帝城》……

活动三：李白作品展示会

（1）我是小小编辑。根据自己搜集到的李白的相关资料，各小组合作完成关于李白的手抄报，贴于墙壁展示。同学们互相评价。

（2）我是小小表演家。用自己喜欢的方式来表达对李白诗歌的理解，可以以朗诵、吟诵、情景剧的形式呈现。

（3）我是小小书法家。欣赏李白诗歌的书法作品，认真临摹一首，优秀作品在教室展示。

（4）我是绘本小作家。选一首自己喜欢的李白的诗，把诗中的内容以图画形式来呈现，编成故事，各小组根据内容画上封面，创编成不同的绘本。

"圣人"孔子

（小学语文三年级上册配套使用）

深圳市龙华新区大浪实验学校　陈晶

> **人物小传**
>
> 　　孔子（公元前551年9月28日–公元前479年4月11日），孔姓，名丘，字仲尼，生于鲁国陬邑（今山东省曲阜市）。孔子开创了私人讲学的风气，是儒家学派的创始人。他曾受业于老子，带领部分弟子周游列国十四年，晚年修订六经，即《诗》《书》《礼》《乐》《易》《春秋》。记录孔子言行语录和思想的儒家经典《论语》，对后世的影响很大。
>
> 　　孔子在古代被尊奉为"天纵之圣""天之木铎"，是当时社会上最博学的人之一，被后世统治者尊为孔圣人、至圣、至圣先师、大成至圣文宣王先师、万世师表。其儒家思想对中国和世界都有深远的影响，孔子被列为"世界十大文化名人"之首。

一、设计微理念

　　我国有一位伟大的思想家和教育家——孔子，被尊为儒教始祖。他生活在两千多年前的春秋时代，据说他有三千弟子，其中七十二人名气很大。他的弟子及再传弟子把孔子的言行记录下来，编成《论语》，共二十篇，这本书对后世产生了深远的影响。为什么孔子会受到后人广泛的尊敬？孔子的学说为什么会在世界上产生很大的影响？本课程借助短文、《论语》佳句，引领学生走近春秋圣人，感受他的伟大之处。

二、课程微目标

（1）通过背景材料和《论语》佳句，了解孔子其人及其思想。

（2）通过背景材料和《论语》佳句，了解孔子教学皆有法的特点。

（3）通过背景材料和课文《孔子拜师》，学习孔子谦虚好学的品格。

（4）通过背景材料和《论语》佳句，学习孔子修身养性的品性。

（5）通过背景材料和《论语》佳句，了解孔子流芳百世的影响。

三、学习微课时

5课时。每个专题为一课时。

四、课程微设计

第一课 孔子其人其思想

【教学内容】

孔子其人其思想。

【教学目标】

（1）通过背景材料，了解孔子的生平、性格特点。

（2）通过背景材料，了解孔子以"仁""礼"为核心的儒家思想。

【教学过程】

一、启发谈话，揭示课题

（1）两千多年前的春秋时代，有一个人对后世产生了很大的影响。他影响了人们对待学习的看法，影响了人们修身做人的准则，影响了人们对道德的理解，他是谁？——孔子。

（2）介绍孔子。

①老师让同学们借助网络了解孔子，现在请同学们汇报你们的收获。

②老师相机补充。

备用资料：见《人物小传》。

（3）概括孔子的一生。

子曰："吾十有五而志于学，三十而立，四十而不惑，五十而知天命，六十而耳顺，七十而从心所欲，不逾矩。"

①尝试译注。孔子说："我十五岁时就立志学习，三十岁能独立地做事情，四十岁时遇事不会疑惑，五十岁能知道不为人力所支配的事情，六十岁能听得进不同人提出的意见，七十岁能从心所欲地做事情，但不会超越礼法。"

②齐读，背诵。

二、了解孔子的性格特点

1. 直道而行

（1）叶公问孔子于子路，子路不对。子曰："女奚不曰，其为人也，发愤忘食，乐以忘忧，不知老之将至云尔。"（《论语·述而》）

（2）尝试译注。叶公向子路问孔子是个什么样的人，子路不答。孔子（对子路）说："你为什么不这样说，他这个人，发愤用功，连吃饭都忘了，快乐得把一切忧虑都忘了，连自己快要老了都不知道，如此而已。"

（3）阅读故事：

孔子62岁时，曾这样形容自己。当时孔子已带领弟子周游列国9个年头，历尽艰辛，不仅未得到诸侯的任用，还险些丧命，但孔子并不知难而退，仍然乐观向上，坚持自己的理想，甚至是明知其不可为而为之。

（4）思考：孔子有什么样的性格特点？

生性正直，直道而行。发愤用功、积极乐观、坚持理想、明知道不可为还要为之。

2. 安贫乐道

子曰："不义而富且贵，于我如浮云。"（《论语·述而》）

子曰："贤哉，回也！一箪食，一瓢饮，在陋巷，人不堪其忧，回也不改其乐。贤哉，回也！"（《论语·雍也》）

（1）阅读译注。

孔子说："用不义的手段得到富与贵，对于我，那些富与贵就如同天上的浮云。"

孔子说："贤德啊，颜回！吃的是一小筐饭，喝的是一瓢水，住在穷陋的小房中，别人都受不了这种贫苦，颜回却仍然不改变向道的乐趣。贤德啊，颜回！"

（2）阅读故事。

传说孔子有学生3000，其中最出名的有72人，而颜回又是孔子最得意的门生。颜回的一举一动，在孔子看来，都合乎心意。所以孔子常常以颜回的事例来教育其他学生。有一次，孔子对学生们说："贤哉，回也！一箪食，一瓢饮，在陋巷，人不堪其忧，回也不改其乐。贤哉，回也！"意指：颜回，真贤者啊！他住在荒僻的巷道里，过着极其艰苦的生活。他盛饭用的器皿是竹子做的箪，舀水用的器具是木头做的瓢。这要是落在别人头上，则是不堪忍受的了，但是颜回始终感到满足、快乐。颜回确实是个十分贤德的人啊！孔子十分赞赏颜回的这种品德。然而这究竟是一种什么样的品德呢？孔子十二世孙孔安国说，这是"安于贫而乐于道"。

（3）思考：孔子有什么样的性格特点？

在孔子心中，在贫富与道义发生矛盾时，他宁可受穷也不会放弃道义。哪怕常常"碰壁"，他仍坚定自己的人生信念，对艰苦的生活泰然处之、安贫乐道。

3. 仁者爱人

子曰："弟子入则孝，出则弟，谨而信，泛爱众，而亲仁。"（《论语·学而》）

（1）尝试译注。

孔子说："弟子进父母门就要孝顺，出自己门就要敬兄长，谨慎而有信用，博爱众人而亲近仁德。"

（2）阅读故事。

有一天，孔子家的马厩失火，管家急速地跑去向孔子报告。管家暗暗地想：孔子一定会很着急，并且会问马匹怎么样了，伤到没有。但是孔子却很焦急地问道："人伤到没有，先赶快抢救人的生命安全，再去抢救马匹。"于是，管家立即按照孔子的话去救人了，这就是孔子问人不问马的成语故事。

（3）思考：孔子有什么样的性格特点？

孔子心地非常善良，具有仁爱之心，这是孔子教导学生做人的基本准则。

三、了解孔子的儒家思想

孔子是儒家创始人,他的思想核心是"仁""礼"。"仁"的主张是"仁者爱人",前面讲过的"问人不问马"的故事便体现了这样的精神。"礼"的主张是"克己复礼",就是说要克制自己,使自己符合"礼"的要求,做事要守规矩、守礼,也就是我们现在常说的讲秩序、遵守纪律。

那该如何理解"仁"和"礼"呢?我们来学习几句《论语》佳句。

第一句:子曰:"人而不仁,如礼何?人而不仁,如乐何?"(《论语·八佾》)

(1)个别读、齐读、背诵。

(2)译注。

孔子说:"人如果不讲仁德,还讲什么礼呢?人如果不讲仁德,还讲什么乐呢?"

(3)阅读故事。

孔子的一个学生在街上看到一个小贩与一个买者算账,小贩说三七二十一,买者说三七二十,二者争论不止,学生看到后说应该是三七二十一。但买者却不相信,最后说让孔子判断谁正确,并说如果自己错了就把头割下来。孔子最后说三七是二十,学生不解,孔子说,如果你输了,只是输一个帽子罢了,而如果是买者输了,那就是输了一条命啊。

(4)小结:孔子身处乱世,面临贵族旧制的瓦解,社会阶层激烈变化。因此,他力图复兴礼乐,希望挽回礼崩乐坏的混乱局面。他也认识到,礼乐只不过是外在的形式,而内在的仁才是真正的人性核心和文化根本。

第二句:子曰:"巧言令色,鲜矣仁。"(《论语·学而》)

子曰:"刚、毅、木、讷近仁。"(《论语·子路》)

(1)男女生赛读,背诵。

(2)译注。

孔子说:"花言巧语,伪装得和颜悦色,这种人是很少有仁德的。"

孔子说:"刚强、坚毅、质朴、寡言,这四种品德接近'仁'。"

(3)阅读故事:

有一次,孔子带着学生到列国游学。在路途中遇到官兵抓人,学生说我们还是躲一躲吧,或是避一避吧。孔子说不用,结果官兵过来真把孔子抓去了。但孔子很镇定地跟官兵走,从容不迫,学生都很着急。但没过多久,官兵又把孔子放了。于是学生问孔子:"老师您刚才为什么那么镇定呀?好像什么事情都没有发生一样呢?"孔子回答说:"官兵是来抓犯人的,而我们一路规规矩矩,我们做人坦坦荡荡,不是官兵抓的对象,可能是官兵一时搞错对象而已。"结果真是如此,有一个小偷与孔子长得很像,官兵以为孔子就是那小偷,一场误会。从这则故事中,我们可以看出孔子是个仁者。他身正不怕影子斜,心中刚毅坚定,遇到危急情况,毋须多说、镇定从容。

(4)小结:孔子认为仁是内在的,是由内而外的品质,如刚、毅、木、讷,而并不是表面上的花言巧语。在他看来,"为仁由己",实践仁德要依靠自己,修炼内在的品质要依靠自己。

（5）请同学们结合生活实际谈谈对"仁"的理解，并说说自己应该怎么实践。

第三句：颜渊问仁。子曰："克己复礼为仁。"

颜渊曰："请问其目。"子曰："非礼勿视，非礼勿听，非礼勿言，非礼勿动。"（《论语·颜渊》）

（1）孔子的学生颜渊（即颜回）向孔子请教有关"仁"的问题。你能说说这两句话的意思吗？（出示词语意思。克：克制；复：实践，实行；目：要领；勿：不，不要）

（2）译注。

颜渊问怎样做才是仁。孔子说："克制自己，使言行符合礼的规范，就是仁。"

颜渊问："请问仁的要领是什么？"孔子说："不合礼的事不看、不听、不说、不做。"

（3）请同学们联系生活，谈谈应该怎样做到"克己复礼"。

（4）齐读、背诵。

四、小结

孔子作为儒家创始人，主张推行"仁""礼"的思想，倡导的治国方略也叫"德治"或"礼治"。孔子执政仅三个月，就使鲁国内政外交等各个方面均大有起色，国家实力大增，百姓安居乐业，各守礼法，社会秩序非常好（史书上称"路不拾遗，夜不闭户"）。但由于孔子坚持的政治理想与当时急功近利的"霸道"不相符合，历经十四载不得重用。孔子的政治理想在当时无法得到实施，但孔子之伟大在于"知其不可行而行之"，他将自己的政治理想寄托于后世。

❀ 第二课　教学皆有法的孔子 ❀

【教学内容】

部分《论语》佳句。

【教学目标】

（1）品读部分《论语》佳句，了解孔子的教育思想及其对待学习的态度，感受他教与学的方法。

（2）背诵部分《论语》佳句。

【教学过程】

一、了解孔子的教育思想

孔子在回到鲁国之后停止了直接的政治活动，一面继续整理文化典籍，修订六经；一面广收弟子，大规模地开展文化教育事业，相传教授弟子3000余人，其中精通六艺的弟子有72人。孔子一生中有一大半的时间是在从事传道、授业、解惑的教育工作。他创造了卓有成效的教育、教学方法；总结、倡导了一整套正确的学习原则；形成了比较完整的教学内容体系；提出了一系列有深远影响的教育思想；树立了良好的师德典范。

下面，我们根据三个小故事概括一下孔子的教育思想：

1. 有教无类，创办私学

（1）引入故事。

孔子弟子三千来自鲁、齐、晋、宋、陈、蔡、秦、楚等不同国度，这不仅打破了当时的国界，也打破了当时的夷夏之分，吸收了被中原人视为"蛮夷之邦"的楚国人公孙龙和秦商入学。孔子弟子有来自贵族阶层的，也有很多是来自平民家庭的，如颜回、子路、子夏、子贡等。

有一个叫冉雍的六岁孩子向孔子求学。他落落大方、诚恳稳重，很有将来成为大人物的气貌。于是孔子就对他的身世很好奇，询问之后才知道：冉雍的家境很贫穷，父亲以盗窃为生。孔子并没有因为冉雍家庭出身卑贱而歧视他，而是帮助他、培养他。冉雍也不辜负孔子所望，做了季氏私邑的长官。

（2）思考：这体现了孔子的什么教育思想？个别回答。

（3）子曰："有教无类。"（《论语·卫灵公》）齐读，背诵。

译注。

孔子说："不管什么人都应该受到教育。"

（4）小结：孔子在中国历史上最早提出，人的天赋素质相近，个性差异主要是因为后天教育与社会环境影响（"性相近也，习相远也"）。因而人人都可能受教育，人人都应该受教育。他提倡"有教无类"，创办私学，广招学生，打破了奴隶主贵族对学校教育的垄断，把受教育的范围扩大到平民，顺应了当时的社会发展趋势。

2. 因材施教，启发式教学

（1）引入故事。

孔子的两个弟子，一个叫子路，一个叫冉有，两个人在政治方面都颇有成就。有一次子路问孔子："闻斯行诸？"这意思是听到了好的事情就马上实行吗？孔子回答："不行，有父兄在世，怎么能听到了就马上实行呢！"意思是要考虑家庭情况，看父兄是否同意。然而，当冉有去问同一个问题时，孔子就很肯定地回答说："听说了就要实行！"

孔子截然相反的回答使得另一个弟子公西华大惑不解，于是就去问孔子。孔子说："求（冉有）也退，故进之；由（子路）也兼人，故退之。"这是说，冉有比较懦弱，所以我就鼓励他，推他走快一点；而子路个性好胜，所以我就有意抑制他，让他缓和一些。孔子就是根据学生的个性，在回答问题时有针对性地加以引导的。

（2）思考：这体现了孔子的什么教育思想？个别回答。

（3）小结：孔子是在教学实践中最早采用"因材施教"方法的教育家，孔子根据学生的不同个性特点进行了不同的教育，培养出了德行、言语、政事、文学等多方面的人才。

（4）孔子还最早提出了启发式教学的理念。

子曰："不愤不启，不悱不发。"（《论语·述而》）

译注：不到学生努力想弄明白但仍然想不透的程度时先不要去开导他；不到学生心里明白却又不能完善表达出来的程度时也不要去启发他。意谓教师应该在学生认真思

考，并已达到一定程度时恰到好处地进行启发和开导。

3. 言传身教

（1）引入故事。

有一天，孔子站在庭院，孔鲤快步经过庭院，孔子问："学诗了吗？"孔鲤说："没有。""不学《诗经》，没办法与人顺畅地交谈。"孔鲤就退下去学《诗经》了。又有一天，孔子又站在庭院，孔鲤快步经过庭院。孔子问："学礼了吗？"孔鲤说："没有。""不研习礼（不懂行为规范），难以在社会立足。"孔鲤就退下去研习礼了。

（2）思考：这体现了孔子的什么教育思想？个别回答。

（3）小结：孔子热爱教育事业，不仅言教，更重身教，对自己的儿子和学生皆如此。他重视道德教育，强调"礼"和"仁"，他提出树立志向、克己、践履躬行、内省、勇于改过等方法。他爱护学生，学生也很尊敬他，师生关系非常融洽。他是中国古代教师的光辉典型。孔子的教育活动不但培养了众多学生，而且他在实践基础上提出的教育学说，为中国古代教育奠定了理论基础。

二、了解孔子对待学习的态度

（1）引入故事。

孔子和学生驾车周游列国，到郑国地界时，一个小孩在马路上用碎石砌了一座城，挡了去路，小孩认为车应该给城让路，而非城给车让路。孔子感慨道："三人行，必有我师焉。"他认为，七岁的小孩项橐很懂礼节，年纪虽小，却可以做他的老师。

（2）请学生回答，这体现了孔子的什么学习态度？

（谦虚好学，善于向别人学习）

（3）子曰："三人行，必有我师焉。择其善者而从之，其不善者而改之。"（《论语·述而》）

① 出示词语意思，请学生尝试说说句子意思。

善：长处、优点。从：学习，跟从。

② 请学生将自己的理解与译注相对比，看哪里理解对了，哪里理解不够？

孔子说："（如果）三个人一起走，其中必定有可以作为我的老师的人。选择他的长处（优点），而跟从（学习）；有什么不好的地方，就（反省自己）加以改正。"

③ 自由读，背诵。

④ 请学生联系实际生活说说自己的理解，夸夸谁可以做自己的老师。

三、学习孔子的学习方法

孔子除了会向身边的人学习以外，还有别的学习方法，想不想学？我们来玩一个"我说你猜"的游戏，老师说一个情景，你们猜一猜下面哪句话用着合适。

出示五句《论语》佳句：

第一句：子曰："温故而知新，可以为师矣。"（《论语·为政》）

第二句：子曰："学而时习之，不亦说乎？"（《论语·学而》）

第三句：子曰："知之为知之，不知为不知，是知也。"（《论语·为政》）

第四句：子曰："学而不思则罔（wǎng），思而不学则殆（dài）。"（《论语·为政》）

第五句：子曰："学而不厌，诲人不倦。"（《论语·述而》）

（1）快要考试了，大家复习以前学过的知识，可以知道一些新的知识，可以做同学的小老师哦。（学生选第一句，出示译注。孔子说："时时温习学过的知识，（由此可以获取更多的知识），这样就可以为人师了。"）

（齐读、背诵。子曰："温故而知新，可以为师矣。"）

（2）同学们学习呀，知道就是知道，不知道就是不知道，不要不懂装懂哦。（学生选第三句，出示译注。孔子说："知道就是知道，不知道就是不知道，这样才是真正的智慧。"）

（个别读，比赛背诵。子曰："知之为知之，不知为不知，是知也。"）

（3）我们班语文科代表很喜欢语文，她上课以后会经常复习，有所收获，心情挺高兴的。（学生选第二句，出示译注。孔子说："学习了并时常温习，不也高兴吗？"）

（科代表带读，小组背诵。子曰："学而时习之，不亦说乎？"）

（4）陈老师学习总感到不满足，教导同学们时很有耐心，不会觉得厌烦。（学生选第五句，出示译注。孔子说："学习总感到不满足，教导人特别耐心，从不厌倦。"）

（陈老师带读，全班背诵。子曰："学而不厌，诲人不倦。"）

（5）我们班也有这样的同学，平时只顾埋头学习，而不去思考为什么，容易迷失方向；也有发呆、做白日梦的同学，将学习丢到一边，这样就有些麻烦了。做得不好的，都要尽快改正哦。（学生选第四句，出示译注。孔子说："学习了而不深入思考，就会迷惑；然而只去空想而不去学习，那就危险了。"）

（男生带读，同桌互背。子曰："学而不思则罔，思而不学则殆。"）

四、记忆背诵，感悟升华

（1）同学们都很厉害，每个都说对了。说得对，也要背得会，我们从第一句开始检查背诵情况吧。（个别背、小组背、全班背）

（2）请学生交流孔子对待学习的态度和方法，结合自己的想法谈谈，师生评议。

（3）小结：教和学都讲究方法，孔子教导学生很认真，学习也有方法，除了多向身边的人学习以外，还会常常温故知新，面对学习总是高兴的，既要会学习又要会思考，这样才能学有所成。希望同学们也做一个谦虚好学、学而有法、学习进步的人。

❀ 第三课　谦虚好学的孔子 ❀

【教学内容】

《孔子拜师》。

【教学目标】

（1）了解孔子拜师求学的经过，感受其品行。

（2）通过"聊聊孔子谦虚好学的那些事儿"故事分享会，学习孔子谦虚好学的特点。

【教学过程】

一、启发谈话，揭示课题

（1）孔子成为后世景仰的教育家、思想家，这是如何成就的呢？学生讨论交流。

（2）孔子以好学著称，对各种知识都表现出浓厚的兴趣，因此他多才多艺，知识渊博，在当时是出了名的，几乎被当成无所不知的圣人。但孔子认为学无常师，谁有知识，谁那里有他所不知道的东西，他就拜谁为师。

（3）今天，我们学习这篇课文（人教版三年级上册第17课）来继续了解这位圣人，感受他谦虚好学的特点。（板书课题：17、孔子拜师）

看到题目，你想问什么？带着这些问题走进课文吧。

（孔子向谁拜师？孔子为什么要拜师？孔子是怎样拜师的？）

二、初读课文，了解内容

（1）学生自由朗读课文。

（2）检查词语预习情况，指名带读。重点正音：曲阜、孔丘、仲尼、老聃、日夜兼程、风尘仆仆、纳闷、风餐露宿、毫无保留、传授、佩服。

（3）感知课文大意，说说课文主要讲了什么。

（4）老子是怎样的人？哪些语句可以体现？

三、研读感悟，解难释疑

（1）默读课文，请你用［ ］标出文中孔子行为让你感动的句子，并在旁边写一写你的感受。

（2）谈孔子：孔子是怎样的人？孔子为什么要拜师？（品读重点语句）

① 他总觉得自己的知识还不够渊博，三十岁的时候，他离开家乡曲阜，去洛阳拜大思想家老子为师。

从这句话中，你认识到孔子有什么样的品行？

（感悟人物品行：谦虚好学）

② 曲阜和洛阳相距上千里，孔子风餐露宿，日夜兼程，几个月后，终于走到了洛阳。

对比此句：曲阜到洛阳相聚很远，孔子走了几个月，才走到了洛阳。

这两句话有什么不同？对于第一句，你有什么感受？

（感悟人物品行：不辞辛劳、孜孜以求）

③ 还有哪些地方可以看出孔子的品格和对待学习的态度？个别提问。

（3）朗读以上重点语句，感受孔子的渊博学问和高尚品行。

（4）小结：孔子谦虚好学、永不满足，老子毫无保留、悉心传授，告诉了我们学无止境的道理。

四、实践活动，延伸提高

故事分享会——聊聊孔子谦虚好学的那些事儿。

1. 聊一聊

有关孔子谦虚好学的故事有很多,请同学来分享收集到的故事。(学生上台分享)

2. 讲一讲(老师相机补充)

(1)《孔子学琴》的故事:

孔子在学习方面很虚心,尤为刻苦。有一次孔子随师襄子学鼓琴。曲名是《文王操》。孔子苦苦地练了很多日子,师襄子说:"可以了。"孔子说:"我已经掌握了这个曲子的弹法,但未得其数。"又练了很多日子,师襄子又说:"可以了,你已于其数。"可是孔子仍说:"不可以,未得其志。"又过了相当长的时间,师襄子认为这回真的可以了,可是孔子仍然认为自己没有弹好这首乐曲。于是,他反复钻研,体会琴曲的内涵,直到看到文王的形象在乐曲中表现出来了,他才罢休。他的精神深深地感动了师襄子。

(2)《两小儿辩日》的故事:

孔子到东方游学,遇见两个小孩争辩,去询问原因。一个小孩子说:"我认为太阳刚升起时距离人近,而到中午的时候距离人远。"另一个小孩子则认为太阳刚升起的时候距离人远,而到中午的时候距离人近。一个小孩子说:"太阳刚升起时像一个车盖,到正午时就像一个盘盂,这不是远小近大的道理吗?"另一个小孩子说:"太阳刚升起时清清凉凉,到正午时像手伸进热水里一样热,这不是近热远凉的道理吗?"孔子不能判断谁对谁错。两个小孩笑着说:"谁说你智慧多呢?"

(3)典故"韦编三绝":

春秋时的书,主要是以竹子为材料制造的,把竹子破成一根根竹签,称为竹"简",用火烘干后在上面写字。竹简有一定的长度和宽度,一根竹简只能写一行字,多则几十个,少则八九个。一部书要用许多竹简,这些竹简必须用牢固的绳子之类的东西编连起来才能阅读。像《易》这样的书,当然是由许许多多竹简编连起来的,因此有相当的重量。

孔子花了很大的精力,把《易》全部读了一遍,基本上了解了它的内容。不久又读第二遍,掌握了它的基本要点。接着,他又读第三遍,对其中的精神、实质有了透彻的理解。在这以后,为了深入研究这部书,又为了给弟子讲解,他不知翻阅了多少遍。这样读来读去,把串连竹简的牛皮带子也给磨断了几次,不得不多次换上新的再使用。即使读到了这样的地步,孔子还谦虚地说:"假如让我多活几年,我就可以完全掌握《易》的文与质了。"

(4)《不耻下问》的故事:

孔子学问渊博,可是仍虚心向别人求教。有一次,他到太庙去祭祖。他一进太庙,就觉得新奇,向别人问这问那。有人笑道:"孔子学问出众,为什么还要问?"孔子听了说:"每事必问,有什么不好?"他的弟子问他:"孔圉死后,为什么叫他孔文子?"孔子道:"聪明好学,不耻下问,才配叫'文'。"弟子们想:"老师常向别人求教,也并不以为耻辱呀!"虚心好学,肯向一切人学习,包括向比自己地位低的人学习,叫"不耻下问"。

3. 找一找

通过课外书及网络继续了解孔子的为人和故事，以及记录他的言行的《论语》一书。

∞ 第四课　流芳百世的孔子 ∞

【教学内容】

部分《论语》佳句。

【教学目标】

（1）结合背景材料，品读部分《论语》佳句，了解孔子对后世的影响。

（2）背诵部分《论语》佳句。

【教学过程】

一、了解孔子对中国的影响

1. 对中国古代文化的影响

（1）整理"六经"。

① 虽说孔子"述而不作"，在世时却已被誉为"千古圣人"，是当时社会上最博学者之一。他晚年整理了"六经"，同学们知道分别是什么吗？提示一下，我们背过的《三字经》里面提到过的哦。

（《三字经》："诗书易，礼春秋，号六经，当讲求。""六经"指《诗》《书》《礼》《易》《乐》《春秋》。这六部古籍并非孔子所做，而是在孔子之前早已存在。孔子仅仅是对它们做了一些整理工作。由于《乐》已失传，所以通常称"五经"）

② 自春秋以来，无数的读书人读过这"六经"，那么"六经"给人们带来了什么影响呢？

孔子曰："入其国，其教可知也。其为人也，温柔敦厚，诗教也。疏通知远，书教也。广博易良，乐教也。絜静精微，易教也。恭俭庄敬，礼教也。属辞比事，春秋教也。"（《礼记·经解》）

（译注：孔子说："到了一个国家，可以看出那里教化施行的情况。如果人们的为人温柔厚道，就是施行《诗》教的结果；如果人们通达事理并了解古代历史，就是施行《书》教的结果；如果人们知识广博而平易善良，就是施行《乐》教的结果；如果人们清静而精深入微，就是施行《易》教的结果；如果人们谦恭俭朴而庄重肃穆，就是施行《礼》教的结果；如果人们善于辞令和分析问题就是施行《春秋》教化的结果。）

③ 小结：孔子及其后学在以经作为课本教育学生的时候，其目的并不仅仅是让学生记得一些死书，而是要培养学生的人格和政治智慧。孔子对"六经"的修订，影响的不只是他的学生，还有千千万万的后人。

（2）儒家思想的传播。孔子以"仁"和"礼"为核心的儒家思想，几千年来对中华民族的发展起到了深远的影响。《论语》是儒家学派的经典著作之一，其中有许多言论至今仍被世人视为至理。

（3）教育思想的流传。在教学方面，孔子强调"学"与"思"的结合，提出有教无类、因材施教、启发式教学等观点。

2. 对传统道德"孝"的影响

孝是子女仁爱父母的道德要求。《论语》中孔子讲到"孝"的地方很多，概括起来，有以下几层意思：养亲与敬亲、关怀与思念、顺从与继志、孝丧与孝祭。

（1）子游问孝。子曰："今之孝者，是谓能养，至于犬马，皆能有养，不敬，何以别乎？"（《论语·为政》）

（译注：子游问怎么做才是尽孝。孔子说："现在人们认为的孝，是能养活父母。其实连狗马等牲畜都能得到饲养。假如对父母不敬的话，供养父母与饲养狗马有什么区别呢？"）

这告诉我们孝顺父母和长辈，不仅要奉养，还要敬亲。

齐读、背诵。

（2）子曰："父母在，不远游，游必有方。"（《论语·里仁》）

（译注：父母在世，子女就不应该远离家乡；如果要出远门，也必须有正当的去处。）

这告诉我们要常陪伴父母，挂念父母，让他们放心。

齐读、背诵。

（3）《论语》中多处提到"孝"，这些孝道观念影响了世世代代的人。人们也认为，孝为根本，百善孝为先。对此，你有什么想法？联系生活，你觉得怎样做才是尽孝？

3. 辩证看儒家思想的利弊

当然，儒家思想中也有一部分是与历史潮流相背离的，如孔子在政治上的复古倾向，他对等级、秩序的过分强调等，这一切都不可否认地给中国社会的发展带来了负面影响。但孔子自有其不可磨灭的贡献，对他的思想进行研究，应注意吸取其中合理的成分，剔除不好的成分。

二、了解孔子对国外的影响

1. 孔子思想的对外传播

（1）出示图片。（世界多地孔庙图）

（2）相机补充。

公元一到二世纪，孔子思想传到朝鲜。三世纪，传播到了日本。日本、朝鲜、越南、东南亚等一些国家和地区将孔子思想作为指导思想，并相继建起了祭祀孔子的庙宇。韩国保存有孔庙二百多处，日本有孔庙百余处。孔子在日本拥有特殊的地位，被视为与释迦牟尼和耶稣齐名的"世界三圣"。十六世纪以来，孔子思想又陆续传入西方国家。据了解，在中国、朝鲜、日本、越南、印度尼西亚、新加坡、美国等国家分布着2000多座孔庙，中国国内1600多座。

2. 海外孔子学院的设立

（1）什么是孔子学院？

为了推广汉语，传播中国文化和国学教育，我国对外以"孔子"命名设立了孔子学院。孔子学院最重要的一项工作就是给世界各地的汉语学习者提供规范、权威的现代汉语教材；提供最正规、最主要的汉语教学渠道。

（2）出示孔子学院和祭孔典礼的图片，相机补充。

全球首家孔子学院于2004年在韩国首尔正式设立，后来"孔子热"在全球升温。截至2015年12月6日在上海举办的第十届孔子学院大会，中国已在134个国家和地区建立了500所孔子学院和1000个孔子课堂，学员总数达190万人。近年来，祭拜孔子的仪式和祭孔典礼也时有举行，旨在传承国学教育、传统文化中的精华，提升我们的文化修养。

三、后人的评价

（1）同学们，这几课学下来，你们对孔子有怎样的评价？

（2）我们来听听不同的评价，来自古今中外哦。

① 司马迁在《史记·孔子世家》篇后的赞语《孔子世家赞》中对孔子抒发了无限的敬仰之情。

太史公司马迁说："《诗经》有这样的话：'巍峨的高山令人仰望，宽阔的大路让人行走。'尽管我不能回到孔子的时代，然而内心非常向往。我阅读孔氏的书籍，可以想见到他的为人。去到鲁地，观看仲尼的宗庙厅堂、车辆服装、礼乐器物，儒生们按时在孔子故居演习礼仪，我流连忘返以至留在那里无法离去。天下从君王直至贤人，是很多很多了，生前都荣耀一时，死后也就结束了。孔子是个平民，传世十几代，学者尊崇他。上起天子王侯，中原凡是讲习六经的都要以孔夫子为标准来判断是非，孔子可说是至高无上的圣人了！"

② 美国诗人、哲学家爱默生认为"孔子是全世界各民族的光荣"。

③ 英国历史学家、哲学家汤恩比博士说，拯救二十一世纪人类社会的只有中国的儒家思想和大乘佛法。

四、小结

孔子不但是我国两千多年的"至圣先师"，教学皆有法、谦虚好学、修身养性，才得以流芳百世，今天依然受到世人尊敬和推崇。

儒家思想虽然产生于两千五百年前，但是直到今天，它的思想仍然是活跃的！孔子所提倡的"仁"和"礼"的思想为世界所接受。孔子的理想就是实现人与人之间充满仁爱的大同世界，如今构建和谐社会恰与孔子的理想相吻合。

我们要吸取儒家思想的精华部分，修炼自身，用人格魅力感染别人，改变我们今天的社会，使社会更加和谐，使人们的生活更加美好。

"文宗·师宗"叶圣陶

（与小学语文三年级下册配套使用）

深圳市龙华新区民顺小学　张德芝
深圳市龙华新区爱义学校　王爱华

> **人物小传**
>
> 叶圣陶（1894-1988），原名叶绍钧，江苏苏州人。现代作家、教育家、文学出版家和社会活动家，有"优秀的语言艺术家"之称。辛亥革命后从事教育工作并开始文学创作，五四运动前后投身新文学运动，参与发起组织文学研究会。1923年入商务印书馆，三十年代初改任开明书店编辑，并从事语文教学和教科书的编纂工作。新中国成立后在出版、教育部门担任领导工作，曾任全国政协副主席。主要作品有小说集《隔膜》《城中》《未厌集》《四三集》，长篇小说《倪焕之》，童话集《稻草人》《古代英雄的石像》等。1988年2月16日在北京逝世，享年94岁。

一、设计微理念

叶圣陶这位二十世纪著名的文化大师，其"文宗"兼"师宗"的历史地位和杰出贡献为有识之士所共认。在其生前，茅盾发自内心地喊出"叶圣陶万岁"；在其身后，冰心由衷地称说"叶圣陶先生是一位永垂不朽的教育家"；我们的党与政府也给予他崇高的评价，李岚清同志赞颂道："叶圣陶作为一位杰出的文学家、教育家、编辑出版家、社会活动家，在新民主主义革命时期和社会主义建设时期做出了重大贡献。""他是中国知识分子的典范，是风范永存的一代师表。"在以创新能力和实践能力为核心的素质教育的今天，我们引导孩子们阅读叶圣陶先生的作品，无疑是在向经典致敬！

二、设计微说明

叶圣陶先生的一生是力主改革、反对因循守旧、敢于创新、善于创新的一生。作为文学家兼教育家的叶圣陶，不仅有着"文学是人学"的理念，更有着"语文教育也是人学"的体会。他还强调指出，"语文教学尤其要注意创造"，要"日新又日新"。对于教育，他有着从幼儿园到小学、中学，到中师、大学的全程性的实践，更使他有必须改革旧传统、实施创新教育的真切体验。

三、设计微目标

（1）阅读童话集《稻草人》，感受"文宗"叶圣陶。
（2）阅读叶圣陶、丰子恺合编的《开明国语课本》，感受"师宗"叶圣陶。

四、学习微课时

2课时，每个专题一个课时。

五、课前微预习

阅读叶圣陶童话集《稻草人》以及与丰子恺合编的《开明国语课本》。

六、课程微设计

第一课 "文宗"叶圣陶

【教学内容】

赏读叶圣陶童话集《稻草人》。

【教学目标】

阅读童话集《稻草人》，初识"优秀的语言艺术家"叶圣陶。

【教学预设】

一、课文回顾，《荷花》之中觅作者

1. 回顾课文，感受语言的优美

师：亲爱的同学们，我们刚刚学习了《荷花》这一课，你觉得写得好吗？举例说一说。

生：课文把荷花写得很美。"荷叶挨挨挤挤的，白荷花在这些大圆盘之间冒出来。"绿的荷叶白的荷花，颜色真美！

生：荷花的姿态也很美。你看，"一朵有一朵的姿势"，每一朵都不一样呢！有的花瓣全展开了，有的只开了两三片花瓣，有的还是花骨朵。

生：我觉得想象很美。作者仿佛也是一朵荷花了，不但穿着雪白的衣裳，还跟着微风翩翩起舞呢！

生：我觉得文章的语言很美，很多词用得很好……

2. 留意作者，初识文学大家

这么美好的文字，你知道是谁写的吗？（叶圣陶）你了解他吗？

简介叶圣陶。（图配文出示：现代作家、教育家、文学出版家和社会活动家、优秀的语言艺术家）看到这么多的"家"，你有什么感觉？

学生畅谈感受，初步体会叶老先生的"厉害"。

3. 导入新课，明确学习目标

这么多"家"的称号，其实叶老贡献最大的是两个方面：一是教育家，二是文学家。这节课，我们就从他的作品中感受他作为"文学家"的形象。

二、童话品赏，《稻草人》中寻"文宗"

（一）内容欣赏

1. 引出话题

《稻草人》是叶老先生的一部童话集，是新中国第一本为儿童而写的童话集，作者叶圣陶也是中国现代童话创作的拓荒者。你们知道吗？是他第一个把安徒生的童话介绍到中国的，让中国人第一次见识到什么是"童话"。作品课前大家已经看过了，你闭上眼睛就能想起哪几篇？

2. 在互动中回忆并整理

《稻草人》《古代英雄的石像》《一粒种子》《快乐的人》《聪明的野牛》《书的夜话》《含羞草》《火车头的经历》《祥哥的胡琴》《梧桐子》……

3. 这些童话中，你最喜欢哪一篇？说说为什么。有重点地关注

（1）《稻草人》的心理描写。因为稻草人不能说话、不能移动，所以把他的心理写得很真实、很细致。引导学生赏读句子，体会稻草人的善良、尽责、无能为力甚至无可奈何。

①他想到将来田里的情形，想到主人的眼泪和干瘪的脸，又想到主人的命运，心里就像刀割一样。（尽责）

②他恨不得一下子跳过去，把那灾害的根苗扑灭了；又恨不得托风带个信，叫主人快快来铲除灾害。（无可奈何）

③他恨不得自己去作柴，给孩子煮茶喝；恨不得自己去作被褥，给孩子一些温暖；又恨不得夺下小肉虫的赃物，给渔妇煮粥吃。如果他能走，他一定立刻照着他的心愿做；但是不幸，他的身体跟树木一个样，定在泥土里，连半步也不能动。（善良）

从这么多的"恨不得"中，你体会到了什么？

（2）《古代英雄的石像》的对话描写。本文的故事情节主要靠对话展开，人物的思想性格主要通过对话来表现，作品的中心思想也主要是通过对话揭示的，双方的对话在文中占有重要的地位。引导学生分角色朗读如下对话：

"喂，在上面的朋友，你让什么东西给迷住心了？你忘了从前！"

"从前怎么样？"

"从前你不是跟我们混在一起吗？也没有你，也没有我们，咱们是一整块。"

"不错，从前咱们是一整块。但是，经过雕刻家的手，咱们分开了。钢凿一下一下地凿，刀子一下一下地刻，你们都掉下去了。独有我，成了光荣尊贵的、受全体市民崇拜的雕像。我高高在上是应当的。难道你们想跟我平等吗？如果你们想跟我平等，就先得叫地跟天平等！"

教师小结：这些富有个性而又简洁的对话，不但活灵活现地展示了不同"人物"的不同心理和面貌，而且巧妙地交代了故事情节的发展，有层次，有波澜，实在是写人记事的高明手笔。

（3）《一粒种子》的启示。国王、富翁、商人、士兵都一心想培育这颗神奇的种子，由于他们或爱慕虚荣，或居心不正，最终都没成功。而是一个农民自然而然的，无心插柳柳成荫。这篇童话给你的启示是什么？预设：

生1：我们有些家长就像叶圣陶老先生笔下的国王，平时过分地呵护自己的孩子，含在嘴里怕融化，系鞋带、叠被子等小事都不让孩子做，结果使这些孩子的自理能力相当地差，他们怎么能有好的发展呢？

生2：是的，我妈妈就像叶圣陶老先生笔下的富翁，拼命地请好老师给我补习，让我上各类兴趣班，我的周末全部排得满满的。她老盯着我的学习成绩，我觉得我的童年不够快乐。

生3：我的爸爸妈妈对我说："玩的时候开心玩，学习的时候一定要认真、专心。"我没有任何压力，我就像自然生长的种子一样，生活得很好、很健康，将来一定会成为有用的人。

4. 教师小结

是的，就像"年轻的农夫还是照常工作，在田地里来来往往。从这棵稀奇的花旁边走过的时候，他稍微站一会儿，看看花，看看叶，嘴边透出和平的微笑"。愿我们的家长都学习叶圣陶老先生笔下的农夫，该耕就耕，该锄就锄，该浇就浇，让孩子在知识的海洋中快乐、茁壮地健康成长。建议你们把这篇童话推荐给你们的爸爸妈妈看。

（二）特色欣赏

1. 引出话题

叶圣陶童话是我国现代儿童文学经典宝库中的珍品，在海内外享有很高的声誉，不少作品被收入中小学课本，影响了几代人。读了《稻草人》你觉得他的童话有什么特点呢？

2. 引导学生结合作品，从如下几方面认识叶圣陶的童话

（1）丰富的想象。叶圣陶的童话写于八九十年前，但集中反映了当时的时代脉搏以及少年儿童和作家在那个时代的生活、理想和追求。他的童话最突出的特点是丰富的想象，既张开彩翼，又顺乎情理。

如《古代英雄的石像》中，一块块石头具有了"人情""人性"，石头、石像居然讲起"人话"来了。这儿运用的是拟人的手法，而它靠的是作者艺术的想象，亦即合理的幻想。篇中不论是对石像"抬着头，眼睛直盯着远方""嘴张着，好像在那里喊"等形象的描写，还是对小石头对那高高在上的石像的批评和自言自语的内心刻画，都使人感到是那样的生动而真切。童话创作中的幻想贵在新奇而又自然，可惊而又可信。

（2）关心底层人的命运。和谐是一种理想，优美是一种追求，但叶圣陶生活的那个年代却充满着丑恶与不幸，他满怀同情，关注着社会底层人物的命运。

《稻草人》以稻草人的眼目，观照惨痛的世情：可怜的农妇、可怜的渔妇、可怜的自杀者、可怜的鲫鱼等。然而对于人世间的悲剧，稻草人什么都挽救不了、改变不了。最终，在内疚感与无力感之间纠结的稻草人"倒在田地中间"，与悲剧同眠。鲁迅说："《稻草人》是给中国的童话开了一条自己创作的路的。"

（3）儿童化的语言。叶圣陶的语言通俗易懂、生动有趣，文章语句简洁明快，大部分是短句，而且有很多口语化的句子，既好懂又上口，就好像日常谈话，简明而通俗。

钢凿一下一下地凿，刀子一下一下地刻，大小石块随着纷纷往地上掉。像黄昏时星星的显现一样，起初模糊，后来明晰，这位英雄的像终于站在雕刻家面前了。真是一丝也不多，一毫也不少，正同雕刻家心里想的一模一样。（《古代英雄的石像》）

"嘘！嘘！嘘！"玫瑰花苞们嫌小草讨厌，像戏院的观众对付坏角色一样，想用声音把它轰跑，"无知的小东西，别再胡说了！"（《含羞草》）

3. 教师小结

叶老的童话大多数是用拟人手法写成的，其中还使用了贴切生动的比喻和大胆的夸张，使得文章生动形象、幽默风趣。比如用"隔年的冬草"比喻石像再次骄傲起来，非常生动。夸张的运用则增加了文章的幽默风趣，如写市民们的盲目崇拜，说他们"喝干了几千坛酒，挤破了几百身衣裳，摔伤了很多人的膝盖"，非常富于幽默感。一本《稻草人》，让我们见识了"文宗"的确无愧于"优秀的语言艺术家"的称号！

第二课　"师宗"叶圣陶

【教学内容】

赏读叶圣陶、丰子恺合编的《开明国语课本》。

【教学目标】

（1）赏读《开明国语课本》，回味八十年前的国语。

（2）倾听故事，感受叶圣陶先生的教育情怀。

【教学预设】

一、链接《语文》，引出"师宗"

（1）孩子们，你们知道我们的课本为什么叫"语文"吗？猜一猜。在孩子们尽情猜测之后，再出示资料：

语文是语言和文学及文化的简称。语言包括口头语言和书面语言，口头语言较随意，直接易懂，而书面语言讲究准确和语法；文学包括中外古今文学等。每个民族一般都有自己母语背景下的"语文"。

1905年，清朝在废除科举制度以后，开始开办新学堂。当时的课程乃至教材，都是从西方引进的，只有称为"国文"课一科，传授的仍是历代古文。五四运动爆发以后，提倡白话文，反对文言文，国文课受到了冲击，小学于是改设"国语"，教材具有鲜明的口语特点，选用的都是白话短文或儿歌、故事等。在20世纪30年代后期，叶圣陶、夏丐尊联名提出了"语文"的概念，并尝试编写了新的语文教材，可惜因日本侵略中国而被迫终止。全国解放后，叶圣陶先生再次提出将"国语"和"国文"合二为一，改称"语文"。这一建议被政府教育机关采纳，随后推向全国，从此，"语文"成了中小学甚至扩张到其他国家的一门主课。

（2）引出"师宗"：学生阅读材料，明确"语文"是叶老最先提出来的，可见叶老在教育界的影响力。也正因为他几十年如一日地研究语文，曾经从事语文教学，对语文教育的影响极大，因此被世人称之为"师宗"。

二、赏读《课本》，了解"师宗"

1. 谈话导入

由叶圣陶主文、丰子恺插画的《开明国语课本》，经当时国民政府教育部审定，为"第一部经部审定的小学教科书"，在1949年前共印了四十余版次。这些图文并茂、朗朗上口的百年老课本，曾经滋养了我们的前辈，并启迪他们的智慧。当2005年再次整理出版的时候，老课本一下子引起了很多人的注意，大家争相传阅，一时"洛阳纸贵"。孩子们，你们想读读这套八十多年前的老课本吗？让我们一起欣赏。

2. 赏读课本

你最喜欢哪几篇？读一读，赏一赏。重点引导欣赏如下几课。

（1）《太阳》："太阳，太阳，你起来得早，昨天晚上，你在什么地方睡觉？"

（2）《柳条长》："柳条长，桃花开，蝴蝶都飞来。菜花黄，菜花香，蝴蝶飞过墙。飞飞飞，看不见，蝴蝶飞上天。"

（3）《雨点，雨点》："雨点，雨点，你们的家在哪里？你们到地上来做什么？"雨点没有说什么，只是下个不停。

引导学生声情并茂地朗读，交流：这套课本你感觉怎么样呢？

3. 尝试创作

（1）《开明国语课本》通俗易懂，语言充满童真，课文故事性强，读来朗朗上口。最近网上流传一些儿童诗《秘密》，你觉得可以选入课本吗？

妈妈说我是捡来的/我笑了笑/我不想说出一个秘密——怕妈妈伤心

我知道/爸爸姓万/哥哥姓万/我也姓万/只有妈妈姓姜

谁是捡来的/不说你也明白/嘘！我会把这个秘密永远藏在心中

（2）想不想也尝试一下，编写一篇课文呢？用你的童真童语说一说生活中的景和事，简短的小文章可以，儿童诗也可以。

4. 倾听声音

很多人在今天读到这套书，感慨万千，大家看看别人是怎么评论的，说说你的想法。

"……里面有许多内容胜于今天的小学课本。有些文章看后引人一笑，又不失儿童的天真。我现在天天睡前给儿子讲一点点。"

"因为最近在写教材，买了这套老课本，真的非常感动。看看我们现在的老师出教材，一本比一本快，可是里面有多少真情实感？"

"都是中国字，为什么可以写得这么朴素而美丽……"

5. 书写内心

老课本里文白交加的语言和久远的生活内容，虽然让你感到陌生，但它丰富的取材、有趣的内容、活泼的文体、规范的语言和精美的插图，一定也能激起你阅读的兴趣。你读了这本书，有什么想法呢？请写一写。

交流学生的想法，教师适时提升。

三、拓展资料，敬慕"师宗"

1. 谈话启发

叶老先生不仅编了《开明国语课本》，而且对中国的教育做出了巨大的贡献，他的许多教育名言值得我们学习和珍藏。

2. 读读记记

（1）只有做学生的学生，才能做学生的先生。

（2）教师和学生是朋友，在经验和知识上，彼此虽然有深浅广狭的差别，在精神上却是亲密体贴的朋友。

（3）教是为了达到不需要教。

（4）我如果当小学教师，决不将投到学校里来的儿童认作讨厌的小家伙，惹得人心烦的小魔王；无论聪明的、愚蠢的、干净的、肮脏的，我都要称他们为"小朋友"。那不是假意殷勤，仅仅浮在嘴唇边，抽腔滑调地喊一声；而是出于忠诚，真心认他们作朋友，真心要他们作朋友的亲切表示。小朋友的成长和进步是我的欢快，小朋友的羸弱和拙钝是我的忧虑。对朋友的忠诚本该如此，不然，我就够不上做他们的朋友，我只好辞职。

（5）教育是什么？往简单方面说，只须一句话，就是养成良好的习惯。

3. 课堂小结

叶圣陶从事教育工作近80个春秋，他既做过中小学教师，也当过大学教师，对教育充满挚爱。他编撰了大量国文教科书，并长期主持教科书的编审，影响了几代人的成长。他提出的"教是为了达到不需要教""教育就是要养成良好的习惯"等观点影响深远，在今天仍然具有重要的现实意义。让我们以阅读向这位"文宗兼师宗"的大师致敬！

李杜诗歌对比趣

（小学语文四年级下册配套使用）

深圳市龙华新区民顺小学　杨施

人物小传

"李杜"为唐朝大诗人"诗仙"李白和"诗圣"杜甫的并称。一个如仙人般传奇神异一生，一个如圣人般兼济天下一世。正如韩愈所言"李杜文章在，光焰万丈长"。

李白（701—762），字太白，号"青莲居士"、诗仙。唐代伟大的浪漫主义诗人，被尊为"诗仙"。李白的一生见证了大唐的盛世辉煌，他的诗体现了一生的心路历程，是盛唐社会现实和精神生活面貌的艺术写照。他创造了古代积极浪漫主义文学高峰，为唐诗的繁荣与发展打开了新局面，歌行体和七绝达到后人难及的高度，开创了中国古典诗歌的黄金时代。韩愈、孟郊、李贺，宋代的苏轼、陆游、辛弃疾，明清的高启、杨慎、龚自珍等著名诗人，都受到李白诗歌的巨大影响。

杜甫（712—770），字子美，自号"少陵野老"，唐代伟大的现实主义诗人，被世人尊为"诗圣"，其诗被称为"诗史"。杜甫的一生见证了唐朝由盛至衰的过程。他的诗多关注社会矛盾和人民疾苦，表达了儒家仁爱精神。他善于运用古典诗歌的许多体制，并加以创造性地发展，是新乐府诗体的开路人。对后世诗人影响深远，宋代王安石、苏轼、黄庭坚、陆游等人对杜甫推崇备至，文天祥则更以杜诗为坚守民族气节的精神力量。

一趣："与月相伴，诉尽人世情怀"

——《"李杜"与月亮》微设计

【课程微理念】

了解中华文化的丰厚博大，吸取诗歌文化精华，了解"月亮"这一特殊意象在中国古代诗歌中特殊的地位，丰富学生的精神世界，培养学生的"儒雅"气质，建立热爱祖国语言文字的情感。

【课程微目标】

（1）语言知识素养：熟练朗诵并背诵李白的《月下独酌》和杜甫的《月夜忆舍

弟》。通过"抓诗眼"的方法，了解两首诗表达的不同情感、态度、价值观。

（2）语言技能素养：运用朗读、图片联想法、对比阅读的方法，学会赏析诗歌的基本方法。

（3）审美、文化素养：带领学生走进李白与杜甫的"月亮诗"，层层递进，带领孩子们了解"李杜"的生平故事，走进"李杜"的内心世界，体会两位诗人对"月亮"不同的情感寄托，并建立起乐观、自信、洒脱的人生观。

【学习微课时】

1课时。

【课程微对象】

四年级学生。"李杜诗篇万口传，至今已觉不新鲜"，此年龄段的学生已经有了一定的古诗词背诵基础，对诗人李白与杜甫的部分诗歌已经耳熟能详，且掌握了一部分包含"月亮"的诗歌。

【课程微设计】

一、歌曲导入，激兴趣

师：孩子们，听着这美妙的歌声，我们的思绪也飞到了九天的明月之上。中国有多少诗人歌咏月亮啊！床前明月光，疑是地上霜。海上生明月，天涯共此时。明月几时有？把酒问青天。春花秋月何时了？往事知多少？

师：唐代诗歌历史上有两座双子星座，他们是谁呢？

生：李白与杜甫。

师：这两位大诗人也是月亮的粉丝呢。今天，就让老师带着大家一起走进"李杜"美妙的"月亮世界"。

二、分析诗题，抓诗眼

PPT出示图片，学生看图说话。

师：结合图片，请问诗人李白在月亮下做什么呢？

生：他在喝酒。

师：他是和别人喝酒，还是一个人喝酒呢？

生：一个人。

师：所以，你觉得最能体现标题意思的字是什么？

生："独"，因为诗人是一个人喝酒，显得很孤单。

师：李白在月亮下独自喝酒，那么杜甫在月亮下做什么呢？

生：杜甫在想念家乡的弟弟。

师：学生找出最能表现标题内容的字是什么呢？

生：是"忆"，想念的意思。（根据学生发言，要适时引导学生看图说话）

师：孩子们，刚刚你们都找到了最能体现标题意思的字。都说"眼睛是心灵的窗户"，对于诗歌也不例外，最能体现诗歌主题和内容的字眼，就叫作"诗眼"。

生：诗眼就是最能表达诗歌内容与主题的字。

三、了解背景，长见识

师：同样都是在月夜，两个诗人却做着不同的事情，想着不同的事情，到底是什么原因呢？让我们先来了解一下两位诗人的生平故事吧。

（课前布置孩子们自主查找资料，这个环节由孩子汇报，老师补充）

女生负责汇报李白的生平故事和代表作，男生负责汇报杜甫的生平故事和代表作。

师总结：李白与杜甫都是唐朝著名诗人，成绩卓越，不相伯仲，被后人共称为"李杜"。两人也是一对相惜相知的好朋友、"忘年交"。

《月下独酌》写于唐玄宗天宝三载（744年），李白在长安，正处于官场失意之时。诗人心里抑郁，借酒消愁，写下了这首诗。

《月夜忆舍弟》写于唐肃宗乾元二年（759年），安史之乱爆发4年，杜甫与家人分隔两地，思念亲人，于是写下了这首诗。

所谓"情动辞发"，每一个作品背后，都是作者不尽的人生故事。

四、小组讨论，悟诗意

1. 自读自悟

师：我们已经了解了两首诗的写作背景，现在请大家选择自己喜欢的一首，找出能体现"诗眼"的句子。用"我是李白……，我在……。""我是杜甫，我在……"的句式说一说诗歌的意思和表达的思想感情。

2. 讨论开悟

学生汇报自主阅读成果，结合书本注解说明大概意思即可。

生：我是李白，有一天，我拿着一壶酒，在花丛中独自喝着，我举起酒杯邀请明月一起喝，我、我的影子与明月组成了三个人。月亮不会喝酒，只有影子陪伴着我，醒的时候一起开心，醉了之后各自回家。

师：李白为什么和月亮一起喝酒？他是没有朋友吗？

生：不是，以前我们学过的《赠汪伦》和《送孟浩然之广陵》，可以看出李白的好朋友很多。

师：那为什么李白偏要跟月亮一起喝酒呢？有什么特殊的意义吗？

生：因为李白心里有烦恼，跟朋友说不出口或者朋友不在自己身边，所以只能倾诉给月亮听。

师：是呀，李白从内心把月亮当作自己的好朋友，所以才会毫无忌惮地把自己最真实的感情告诉月亮。那么，孩子们，李白的情感是怎样的呀？

生：李白的情感是孤单的、难过的、失望的、凄凉的。

师：请你们带着孤单的、难过的、失望的、凄凉的感情朗读这首诗。

生：我是杜甫，那一天，我远离家乡来到了边塞，凄凉的大漠里，我听到禁止通行的鼓声和大雁哀鸣的声音。今天是白露节，我越发思念家乡，还是故乡月亮更加明亮。我的弟弟和我走散了，也不知道他是死是活。写了信也无法寄到，什么时候安史之乱才能平息呢？

师：杜甫写这首诗的时候在哪里呢？为什么呢？

生：在边塞。因为安史之乱，他和家乡的亲人走散了。

师：在远离家乡的边塞，看到这轮美丽的月亮，诗人有没有被美景迷倒，赞美这美丽的月亮呢？

生：没有，诗人没有心情赞美月亮，他想念亲人。

师：所以，同样的一轮明月，在诗人心里，哪轮明月比较美丽？

生：故乡的月亮。

师：你们觉得杜甫写下这首诗的心情是怎样的？

生：悲伤的、难过的、失落的。

师：请你们再次带着这种悲伤、难过和失落的感情朗读诗歌。

五、总结归纳，学手法

师：孩子们，月亮在李白和杜甫的心中都有如此特殊的地位，就像是一个无话不谈的好朋友，月亮了解李白官场失意的抑郁，了解杜甫思念亲人的痛苦，月亮是两位诗人情感的寄托。这种写作手法，我们在古诗中经常见到，就是"借物抒情"或"托物言志"。请同学们想一想，我们以前学过或背过的古诗中，有没有运用到这种写作手法的，请跟大家一起分享。

生：有，比如《石灰吟》，比如《风》。

六、拓展阅读，促提升

师：李白和杜甫都是"月亮"的大粉丝，其实呀，他们所写的和"月亮"有关的诗歌远远不止这一两首，请孩子们课后查找资料，找一找其他"月亮诗"，选择最打动自己的一首诗，尝试创作"古诗新编"，将古诗改编成一篇文章。

推荐篇目：《古朗月行》《峨眉山月歌》《闻王昌龄左迁龙标遥有此寄》（李白）、《月夜》《旅夜书怀》《江汉》（杜甫）

七、背诵诗歌，固效果

再次背诵诗歌，读中悟，读中固。

附：

月夜忆舍弟

戍鼓断人行，边秋一雁声。
露从今夜白，月是故乡明。
有弟皆分散，无家问死生。
寄书长不达，况乃未休兵。

月下独酌

花间一壶酒，独酌无相亲。
举杯邀明月，对影成三人。

月既不解饮，影徒随我身。
暂伴月将影，行乐须及春。
我歌月徘徊，我舞影零乱。
醒时同交欢，醉后各分散。
永结无情游，相期邈云汉。

二趣：望山游水寄情怀
——《"李杜"与山水》微设计

【课程微理念】

"李杜文章在，光焰万丈长。"引导学生更深入地了解大诗人的诗歌内容，走进诗歌，感悟诗歌语言之美、音律之类、意境之美，培养学生热爱祖国大好河山的思想感情，同时，为今后学习陶渊明、王维、孟浩然等诗人的"山水田园诗"打下坚实的基础。

【课程微目标】

（1）语文知识素养：熟练朗诵《望天门山》《望岳》，掌握诗歌大意。围绕"望"字，探究两首诗形式和内容上的区别以及诗人作诗时不同的感情寄托。

（2）语言技能素养：通过借助书本注解理解诗意，通过反复朗读体悟诗情，通过想象感受诗歌意境之美。

（3）审美、文化素养：通过反复诵读，理解诗意，感悟诗歌美的意境，感受祖国大好河山的神奇壮丽，体会李白热爱大自然、热爱祖国河山的感情，杜甫不怕困难、敢于攀登之雄心，坚韧不拔的性格及远大的政治抱负。

【教学重难点】

（1）教学重点：从诗歌的重点字词入手，有感情地朗读古诗。

（2）教学难点：感悟古诗描绘的美的意境，体会诗歌表达的思想感情。

【学习微课时】

1课时。

【课程微设计】

一、故事导入，激发兴趣

师：上节课，我们学习了"李杜"的月亮诗。李白与杜甫这两位诗人之所以成为好友，是因为他们有许多共同点。除了都是月亮的粉丝之外，他们也都非常喜欢游山玩水。同样是25岁，同样是风华正茂的年纪，两位诗人几乎在同一时期写下了同一主题的两首诗。孩子们，今天，让我们一起走进"李杜"的山水诗代表作——《望天门山》《望岳》。

二、板书课题，理解题意

（1）理解"望"的意思。"望"就是"远远地看"。

（2）了解有关天门山与泰山的知识。

三、初读诗歌，整体感知

1. 多种形式诵读

（1）自读。要求：读准字音、读通句子、读出节奏，初步感知。

（2）范读。出示课件，标出分隔符号。

（3）个别读。引导学生个别读，男女赛读，师生合作读，配乐诵读。

2. 自学古诗，初步感知

提示学习方法：

（1）边读边看插图和注释，了解诗句意思。

（2）借助注释，串讲诗句意思。

（3）同桌交流。

（让学生了解并积累学习古诗的方法）

四、交流分析，理解悟情

师：两个诗人"望"的方式是一样的吗？

生：李白是坐着船望着天门山。杜甫应该是没有爬山，而想象着爬山的情景。

师：这两首的字数上有什么区别？

生：《望天门山》每句话7个字，只有4句。《望岳》每句话只有5个字，有8句。

师：是的，李白的诗是一首七言绝句，杜甫的诗是一首五言古诗。同为"望"，李白望见了哪些景物？杜甫望见了哪些景物？

生：李白望见了天门山、楚江、碧水、青山、孤帆、日边，杜甫望见了泰山的景色。

师：你能否用不同的词语概括两位诗人看到的景色。（PPT出示图片）

生：李白看到的景色是秀丽的、雄奇的、色彩绚丽的，杜甫看到的景色是巍峨的、壮阔的、宏伟的。

师：如果你们是李白和杜甫，看到这两种截然不同的景色，你们的心情如何？发挥你们的想象力，再次朗读诗歌，体会作者的心情。

五、品味想象，欣赏意境

师：李白乘着帆船从日边而来，远远看山、渐渐观山（手势动）、细细赏山，所以李白为这首诗取名"望天门山"。现在就让我们随李白一起泛舟，远望天门山吧。请大家欣赏画面，吟诵这首山水诗吧。（出示动画、配乐朗诵）

杜甫远远望着泰山，看到泰山挺拔苍翠，横跨齐鲁两地。泰山神奇秀丽，好像能把阴阳分割。诗人心中发出感慨，多想登上泰山之巅，把周围的小山和景物一览无余呀！请大家欣赏画面，跟着音乐一起吟诵这首诗歌。

朗读完诗歌，老师继续引导孩子思考李白与杜甫不同的心情。李白：积极向上，热爱祖国大好河山。杜甫：对未来充满希望，期待实现宏图壮志。

六、总结方法，拓展阅读

（1）总结本课学习方法。

读——读准、读通；看——插图、注释；

想——词意、句意；说——诗意、作者情感。

（2）背诵并默写两首古诗。

（3）师总结：刚才我们细细品味、大胆想象就欣赏到了李白、杜甫的作品，我国古代还有许多诗人对祖国山水也情有独钟。请大家用边读边想画面的方法预习，以后的诗歌鉴赏课上，我们再一起去感受吧。

推荐篇目：《过故人庄》《山居秋暝》《庐山谣寄卢侍御虚舟》《登岳阳楼》。

（4）李白和杜甫是中国唐代诗歌乃至中国古代文学的两座高峰，分别被称为"诗仙""诗圣"。

仙：这是诗人贺知章对他的评价。贺知章称赞李白是"天上谪仙人"。原因是李白的诗歌风格豪放飘逸。写作手法：善于使用夸张、比较等修辞手法。想象丰富，意象壮丽，感情奔放，语言瑰丽。写作特色：具有浪漫主义色彩。

圣：这是宋朝诗人秦观对杜甫的评价。杜甫的人品高尚，并且诗歌水平很高，所以称之为"圣"。杜甫的诗歌风格沉郁顿挫。写作手法：手法刚健，思考深沉，含蓄曲折，情感沉重。写作特色：具有现实主义色彩。

李杜诗歌风格之对比

比较项目	李白	杜甫
称呼	诗仙	诗圣、诗史
整体风格	浪漫主义（尚虚）	现实主义（写实）
时代	盛唐——开元盛世 表现意气风发、积极进取的精神风貌	安史之乱 反映国破家亡、民不聊生的社会现实
个人经历	少时博览群书，广有游历， 尚武轻财，喜欢豪饮	出身官宦世家，从仕与诗歌都是家业 终身辅佐君王
性格	狂傲放达	沉郁内敛
思想内容	内容丰富，写景抒情言志友谊 多表现出求仙出世和及时行乐的思想	反映社会面貌，有时事政治诗，批评讽喻诗等 多表现出忧时伤世、悲天悯人的思想
艺术风格	豪放飘逸 夸张手法，比喻生动 想象丰富，意象壮丽，感情奔放	沉郁顿挫 手法刚健，思考深沉，含蓄曲折，情感沉重
擅长体裁	七言古诗和绝句 不囿于格律音韵	七律 精于音律，用字凝练
后世影响	对于后代爱好豪放诗风、具有奇特想象力的诗人有深远的影响。如苏轼	对于后代关怀社会现实、重视诗法变化和字句锻炼的诗人影响更大。如白居易、陆游
对联评价	千古诗才，蓬莱文章建安骨； 一身傲骨，青莲居士谪仙人	民间疾苦，笔底波澜；世上疮痍，诗中圣哲
拿金庸武侠来比	一个潇洒的负剑游子 李白像是飘然出世的令狐冲	一个苦吟的草堂诗人 杜甫则似执着入世的郭靖

小学语文"微课程"——基于文化名人研究

陨落的星星——新美南吉

（小学语文四年级上册配套使用）

深圳市龙华新区上芬小学　张慧

> **人物小传**
>
> 　　新美南吉（1913—1943）是20世纪上半叶日本最重要的童话作家，被誉为"日本的安徒生"。他14岁就开始创作童谣和童话，英年早逝（仅活了30岁）的他，创作了大量的童话、童谣、诗歌和戏曲。他的作品在赞扬和追求庶民的善良心性的同时，又存在着单纯的善意难以沟通的人生的悲哀。善意和幽默使新美南吉的童话具有民间艺术的亲切和美感。
> 　　"假如几百年后、几千年后，我的作品能够得到人们的认同，那么我就可以从中获得第二次生命！从这一点上来说，我是多么幸福啊！"明知死亡即将来临，新美南吉却仍充满热情地进行童话创作，他的主要作品便是在这个时期创作、在他去世后发表的。如今他的作品传遍世界，不知远在天堂的他是否感受到了他所说的幸福？

一、设计微理念

童话是一幅画，色彩光影调和着缤纷的诗趣与美丽；童话是一首诗，字里行间寄托着作者的希翼与憧憬。透过作品看作者，走近新美南吉，童话是照耀他的一面镜子；走近新美南吉，阅读童话，从他的文字里看到他色彩斑斓的图景，感受他对人世百态的感慨和无奈。

二、设计微说明

家乡的自然风土，造就了新美南吉非凡的感受力；复杂的家庭环境和贫困、身体虚弱等特殊背景，又使得他在作品中对生命寄予了深深的同情。正因为如此，他的文字总会流露出淡淡的忧伤，一如倒在兵十（人名）火枪下的阿权，但这并不是其故事的全部。在忧伤的另一面，他也试图向读者传递生活中的快乐。

三、设计微目标

（1）心灵的镜子，通过阅读不同风格的作品，感受作者的欢笑与忧伤。

（2）特殊的情感，了解作者对动物的特殊情感，以及笔下不同的生命轨迹。

（3）不朽的魅力，对比同时期其他作家的作品，领略齐名作家的不同作品风格。

（4）陨落的星星，生命的短暂，作品的永恒，通过童话作品我们认识了一位永恒的大师，通过给大师的童话作品创编绘本来缅怀心中的大师。

四、学习微课时

4课时，每个专题一个课时。

五、课程微设计

❀ 第一课　心灵的镜子 ❀

【教学内容】

《去年的树》《鹅的生日》《盗贼和小羊羔》（新美南吉）。

【教学目标】

（1）了解故事内容，初识新美南吉。

（2）感受新美南吉的作品风格，时而淡淡的忧伤，时而幽默有趣，时而传递善良美好。

【教学预设】

一、交流《去年的树》，感受淡淡的忧伤

（1）谈谈故事主角。

师：大家都学习完《去年的树》这则童话故事了，干净简洁的故事中主要讲了几个人物？

生：一只鸟和一棵树。

师：他们的关系是什么？

生：他们是好朋友。

（2）说说故事内容。

师：他们之间发生了怎样的故事，大家简要概括故事的内容。

生：小鸟和大树是好朋友，可是大树被伐木工人砍走了，小鸟四处去寻找自己的好朋友树的故事。

（3）聊聊故事感悟。

师：是的，故事很简短，但是却打动了我们的心，大家把打动我们的细节之处圈画出来，好好品一品吧。

生圈画出"必须""看""一会儿""亮着"等细节之处，交流感悟。

学生交流总结：整个故事我们看了有点忧伤，有点淡淡的伤感。淡淡的伤感背后让我们感受到很多情谊。

二、自读《鹅的生日》，发现幽默和有趣

出示童话故事：《鹅的生日》，让学生默读，读完交流感受。

（1）讨论：是否有"忧伤"的感觉。

（2）交流：自己的感受。

生：从鼬鼠在宴会上放屁的情节中感受到故事很好玩。

生：从鼬鼠忍住不放屁，最后被憋晕过去，感受到故事太有趣了。

生：故事的最后一段："你瞧瞧！大家你看我，我看你，长叹出一口气，心里都在想：还是不该叫鼬鼠来呀。"我感受到伙伴们觉得太为难鼬鼠了。

（3）想象：给故事换结尾。

师：给故事换个结尾，怎样表达真正的朋友应该能接受朋友的缺点呢？

生：放屁再把他熏醒。

生：下次开宴会专门给鼬鼠准备个休息室……

学生自己小结：新美南吉的童话故事这么有趣、幽默，表达的东西里有情、有爱、有美。

三、品读《盗贼和小羊羔》，感悟善良和美好

（1）出示故事前半部分，丰富故事情节。

盗贼偷走了小羊羔，会发生怎样的故事呢？请同学们发挥想象。

学生交流自己的想象。

（2）出示故事结尾，讨论故事传递的情感。

故事结尾：因为看到小羊羔的可怜相，最后忍着饥饿，把小羊羔送回到羊妈妈身边……

学生讨论：始料不及的故事结局，反射的是怎样的情感？有善良、有慈悲、有光辉的人性等。

四、师小结

文字是作家心灵的一面镜子。透过新美南吉的文字，我们看到了色彩斑斓的图景。新美南吉自己说："我的作品包含了我的天性和远大的理想，有自己的色彩、个性，有自己的语言，有自己的欢笑，也有自己淡淡的忧伤。"虽然风格不同，但是传递出来的却都是情、善、美。课后多读些新美南吉的童话故事，从中慢慢去体会吧！

◎ 第二课　特殊的情感 ◎

【教学内容】

《狐狸分奶酪》（匈牙利民间故事）。

《小狐狸阿权》《小狐狸买手套》《狐》（新美南吉）。

【教学目标】

（1）了解故事内容，感受不同的狐狸形象。

（2）感受新美南吉对于狐狸等动物的特殊情感。

【教学预设】

一、引子

读新美南吉的童话，你会发现，他对动物有着特殊的感情。一群或喜或悲、或愁或欢的小动物主宰着新美南吉的童话王国，在那里，狐狸是"国王"。与中国童话中狡猾诡异的狐狸形象不同，他笔下的狐狸，就如蒲松龄《聊斋志异》中的狐妖一样，个个性格鲜明、栩栩如生。给我印象最深的是《狐狸被派去买东西》《小狐狸买手套》和《小狐狸阿权》。同是童话中的狐狸，在新美南吉的笔下却有着不同的生命轨迹，让读者获得了不同的感动。

二、初识狐狸：狡猾、奸诈

1. 印象导入

出示课文文段："嗨！小木偶！你的红背包真漂亮，让我背一下好吗？就背一下。我想看看这种红和我的毛色是不是相配。"

唤起学生印象，引出狐狸主题，开启阅读之旅。

2. 导读《狐狸分奶酪》

（1）快速阅读，了解故事。

阅读时，在一些给你深刻印象的地方，做上记号或批注。

（2）全班汇报，说出印象。

这个故事中的狐狸给我们留下的依然是（　）的印象。

交流概括：狡猾、奸诈……

继续阅读下一个故事，看看新美南吉笔下的狐狸又发生了什么事。

三、多元狐狸：悲喜共存

1. 出示《小狐狸买手套》的片段

"说着，小狐狸就把两只冻得红扑扑的小湿手，伸到了狐狸妈妈面前。狐狸妈妈一边呼呼地朝小狐狸的小手上哈气，一边用自己温暖的手把小狐狸的手包起来了，说：'马上就暖和了！摸过雪的手，马上就会暖和过来的'"。

"小狐狸想，这歌声一定是妈妈的声音了。因为小狐狸睡觉时，狐狸妈妈也是哼着这样温柔的歌来摇晃它的。"

师：多么温馨的画面呀！老师想起冰心奶奶的文章："有一次，幼小的我，忽然走到母亲面前，仰脸问她：'妈妈，你到底为什么爱我？'母亲放下针线，用她的面颊抵住我的前额，温柔地、不迟疑地说：'不为什么，——只因你是我的女儿！'"

交流：在故事中感受到的温情。

生：从中感受到母爱的伟大、狐狸之间也如此温情、对无私母爱的纯真讴歌。

2. 快速阅读《小狐狸阿权》《狐》

（1）从中感受狐狸的多元形象。填写阅读表格：

文章	留下的印象	文段摘抄
《小狐狸阿权》		
《狐》		

师生交流：阿权给兵十送东西已经不再只是赎罪，而是一种和同伴交流的途径，是一种精神上的安慰和寄托。《小狐狸阿权》的主题正是一个孤独的孩子寻求同伴的过程，然而这个寻求和交流只是单方面的，所以最终的结局只能是一个悲剧。《狐》中讲述一群夜间赶庙会的孩子们对狐狸附身的恐惧。故事中，文六真正的恐惧可能还不是变成狐狸，而是担心变成狐狸后会孤单一人的心理。

3. 介绍新美南吉生平

出示：新美南吉是天才的童话作家，14岁起开始创作童谣和童话，去世时年仅29岁。新美南吉一生总共创作了童话123篇、小说57篇、童谣332首、诗歌223首、俳句452首、短歌331首、戏曲14部、随笔17篇，还有一些只留下题目但没见到内容的作品。以不满30岁的年龄而留下如此多的作品，新美南吉的勤奋和才华可见一斑。

《狐》是新美南吉在战乱时期完成的，当时新美南吉正在病中，这种与家人分离的恐慌，体现了新美南吉对死亡无法逃避的恐惧，对人间的不舍。我们从中感受到了新美南吉"恬淡忧伤"的创作倾向。

四、总结

新美南吉说，故事里不能没有悲剧色彩存在，但悲伤会转变为爱。我们从他很多作品中都能感受到。

第三课　不朽的魅力

【教学内容】
《银河铁道之夜》（宫泽贤治）。
《蜗牛的悲剧》（新美南吉）。

【教学目标】
在对比阅读中，感受两位日本齐名作家的作品风格。

【教学预设】

一、背景导入

（1）"日本的安徒生"。新美南吉被称为"日本的安徒生"，他以极富想象力的文字，为读者打开了一扇通往美丽心灵的窗户。享年30岁。

（2）"北有贤治，南有南吉"。著名的儿童文学家石井桃子说："北有宫泽贤治，南有新美南吉。"宫泽贤治，以其敏锐洗练的笔，以及慈悲无私的心，在世的生命灿烂如花，凝住刹那，成为永恒。享年36岁。

二、感知宫泽贤治

（1）简单感知童话《银河铁道之夜》的内容和风格。

在宫泽贤治众多的作品中，《银河铁道之夜》是公认的代表其文学成就最高峰的经典杰作，是散发不朽光辉的文学瑰宝，也是日本国文教材的必选内容。这篇童话贤治为之呕心沥血了八年，构思酝酿，加工润色，反复修改，但直到生命结束时，仍属于未完之作。

出示片段：

街上已被绚丽的灯光和繁茂的树枝装扮得美丽、迷人。钟表店的霓虹灯光怪陆离，每隔一秒钟，猫头鹰钟上的红宝石眼珠便滴溜溜转动一下。一个海蓝色厚玻璃器皿上盛满了五光十色的宝石，宝石盘宛如星球缓缓旋转。偶尔，铜制人头马会徐徐向这边驶来……

它要比白天在学校见到的小得多，只要对准现在的时间，当时天空出现的星星就会如实地在这个椭圆形玻璃盘中旋转呈现，况且有一条银河倒挂天空，如同一条白白的带子。带子下方会出现爆破后喷起的水雾。玻璃盘后面放着一台有三脚架的小型望远镜，泛着黄色的光芒。后墙上挂着一张大星座图，这张星座图把天空所有的星座都描绘成怪模怪样的野兽啦，鱼啦，蛇啦，瓶子啦……难道天上真的布满这样的天蝎和勇士吗？啊，我真想去那里好好逛逛。焦班尼遐想着，在那里呆呆站了半天……

空气如同清澈的泉水在充溢大街小巷，路灯掩映在冷杉和橡树的枝叶中。电力公司楼前的六棵法国梧桐上装饰着无数只小彩灯，使人仿佛觉得是到了美人鱼的国度。孩子们身着新衣，一边吹着"星星索"的口哨，一边呼喊："半人马星，快降露水哟！"……

岸边的小石子璀璨、晶莹，的确像水晶和黄玉或是孔雀褶曲的化身，又像是由剑峰散发云雾般银光的刚玉。焦班尼跑到岸边，将手浸入水中。奇怪的是，那银河水虽比氢气还要透明，但确确实实在流动。两人手腕浸水处，浮现出淡淡的水银色，浪花拍打手腕，泛起美丽的磷光，金灿灿的。

感受作者描绘出的景致：作者以其神妙之笔建构了一个繁花似锦的银河世界。

（2）拓展宫泽贤治的诗歌《不畏风雨》。

不畏风雨

不畏风不畏雨

不畏冰雪冬不畏酷暑夏

顽固身难倒下

无欲无求不嗔不怒

气定神闲

一日食玄米四合味噌半把菜

所见所闻一切莫妄定论

多看多听多见识了然于心岂忘怀
野原松林之荫下寄居赋闲茅草屋
东方出病童前行看病去
西方多老妪前行负稻穗
南方有命休矣者前行慰藉道莫怯
北方喧哗兴诉讼劝戒无事化干戈
独自一人频拭泪寒夏何处为去向
众说我生是傀儡
不感欢喜不感疾苦
愿作此化身……

（3）结合宫泽贤治的生平，感知作者对生活的热爱和渴望。

银河铁道每一站的风景，则像一幅幅绚丽的彩画，印象深刻地留在焦班尼眼里，也留在了读者心中。但是这种绚烂与极致却与作者的短暂生命形成了鲜明的对比。

三、感知新美南吉

作为日本著名的童话作家，新美南吉一生创作了一百二十余篇童话，为儿童打开了一扇丰富多彩的窗户。然而，这扇窗户外的世界却并非那么明亮。新美南吉的童话总是漂着一股淡淡的哀愁，其作品很少有大团圆式的结局，大多是以一方或双方的毁灭而终，具有很强的悲剧意识。

出示童话《蜗牛的悲剧》：

有一只蜗牛。

有一天，那只蜗牛想到了一件不得了的事：

"直到现在，我都沒有注意到，

我背上的壳里面，不是装满了悲哀吗？"

这个悲哀怎么处理好呢？

于是，蜗牛去找他的蜗牛朋友。

那只蜗牛跟朋友说："我已经活不下去了。"

朋友蜗牛问他："怎么啦？"

"我是多么的不幸啊！我背上的壳里面装满了悲哀。"

第一只蜗牛说道。

然后，朋友蜗牛说话了：

"不只是你，我的背上也装满了悲哀。"

第一只蜗牛心想，真没办法，只好再去找别的蜗牛诉苦。

然后，其他的蜗牛朋友也说：

"不只是你，我的背上还不是也装满了悲哀。"

于是蜗牛又到别的朋友那里去。

就这样，他一个又一个地寻访朋友，

但是，不管是哪个朋友，都说一样的话。

终于，那只蜗牛注意到了：

"不只是我，每个人都有悲哀。

我必须化解自己的悲哀才行。"

学生交流感悟：人总觉得自己是世界上遭遇最为悲惨的那个，为自己觉得不公，总想找人诉说这些事情。可是，这个世界并不只有自己在经历这些苦难，我们经历着，其他人也经历着。所以，我们必须学会化解自己的悲哀，从中找到人生的乐趣。转念想想，正是因为人生中会有悲哀，那些快乐、喜悦和幸福才会显得如此美好，弥足珍贵！

四、教师小结

时间的长河总会为世人去芜存菁，在浩浩书海中筛选出永恒的佳篇。留下的轨迹，总有些是永恒不变的，那便是对纯净心灵的向往，对永恒生命的追求以及坚持有梦的痴心盼望。

第四课 陨落的星星

【教学内容】

《新美南吉童话绘本》（北方妇女儿童出版社）新美南吉。

【教学目标】

读童话，创作"心中的新美南吉"绘本故事。

【教学预设】

《新美南吉童话绘本》撷取日本童话大师新美南吉的经典作品，包括《小狐狸买手套》《红蜡烛》《去年的树》《鹅的生日》等作品，搭配精致唯美的图画，让这些经典作品焕然一新，带给你全新的阅读感觉。新美南吉的童话清新、简洁，弥漫着淡淡的忧伤，充溢着哲学的意味，读罢令人深受启发。

一、根据故事内容创编绘本封面

根据自己的喜好，选择阅读新美南吉的童话故事，再根据故事的内容，合理想象，小组合作，创编不同的绘本封面。

如：《小狐狸买手套》（右图）

二、丰富故事情节创编绘本

出示：《鹅的生日》绘本故事，让学生丰富故事情节。

这样，鼬鼠就来到了生日宴会上。

各种各样好吃的端了上来，有豆腐渣、胡萝卜须、黄瓜皮和杂烩粥。

每个人都吃得饱饱的，包括鼬鼠在内。

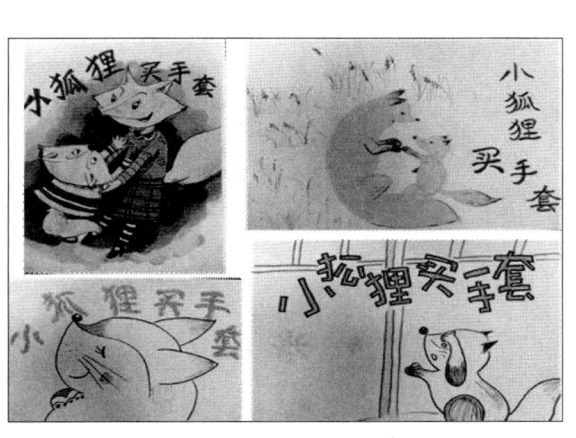

大家感觉都很不错，因为鼬鼠没有放屁。

可是，到底还是发生了不得了的事情：鼬鼠突然翻倒在地，没气儿了。

这中间会发生哪些有趣的故事呢？请同学们丰富故事情节，并根据绘本风格，创编绘本故事。可以小组合作，合理分配任务，共同完成。

三、合理地预测情节的后续发展创造绘本

原来小猴子从山下带回来的是一支红蜡烛！小乌龟伸长脖子埋怨小猴子说："吓死我了！你怎么连蜡烛都不认识？"小猴子挠挠头说："我只知道蜡烛是白色的，谁知道还有红蜡烛呀！"黄鼠狼昂起头责备小猴子说："你没搞清楚是什么东西，就拿回来吓唬我们，真讨厌！"野猪笑了笑说："好了，好了，既然我们已经知道了它是一支红蜡烛，就不必再争吵了……"

续写《红蜡烛》，如：让我们点着蜡烛，开个烛光晚会吧！根据绘本风格，创编绘本故事。可以小组合作，合理分配任务，共同完成。

新美南吉的童话故事牵动着我们的心弦，我们可以将原汁原味的新美南吉的童话故事当作素材，用现代的眼光进行审视，按照绘本创作的特点加以整理和改编，理出脉络，搭建结构，绘制我们"心中的新美南吉"绘本故事。新美南吉的淡淡忧伤、新美南吉的幽默风趣、新美南吉的温暖亲情、新美南吉的人生思考都可以在我们的笔下变成生动有趣的绘本故事。陨落的星星——新美南吉将成为我们心中的永恒！

大师叶圣陶

（小学语文四年级下册配套使用）

深圳市龙华新区三联永恒学校　莫松

人物小传

> 叶圣陶（1894—1988），11岁参加了中国历史上最后一次科举考试，之后进入新式学堂读书。毕业后的叶圣陶毅然放弃政界，选择了教育界。
>
> 1945年后，任开明书店总编辑。1966年任教育部副部长兼人民教育出版社社长，主持全国大、中、小学教科书的编审出版工作。1976年后任教育部顾问、中央文史馆馆长、中国语言学会名誉会长，中国民主促进会中央委员会主席等职。1988年因病逝世，终年94岁。
>
> 叶老的创作极为丰富，他不仅创作了我国第一部童话集《稻草人》，而且创作了中国现代文学史上第一部长篇小说《倪焕之》。《倪焕之》和茅盾的《子夜》一道，成为中国现代长篇小说的真正开端，而且被茅盾誉为中国现代文学史上的"扛鼎之作"。

一、课程微理念

著名诗人臧克家曾经说过："'温良恭俭让'这五个大字是做人的美德，我觉得叶老先生身上兼而有之。"叶圣陶创作的诗歌、童话、小说，在我国现代文学史上影响深远。文品如人品，让我们走近叶老先生，感受这位"语言艺术家"的语言魅力和人格魅力。在微课程设计过程中，本人渗透了如下教学理念：

（1）把握课型特点，讲究读书方法。

（2）品味好词佳句，理解作者情感。

（3）注重积累拓展，体味多彩人生。

二、课程微目标

（1）诵读诗歌，感受大师的胸怀。

（2）欣赏童话，领略大师的大爱。

（3）品味小说，追寻大师的理想。

三、学习微课时

3课时。

四、课程微设计

第一课　大师的胸怀

【教学内容】

《瀑布》。

【教学理念】

立足一个"读"字，突出一个"情"字，表现一个"美"字。充分调动学生学习的积极性、主动性，以"情境"激趣为前提，以"心境"愉悦为条件，以"语境"传情为目的，从而实现"美文美读，悟情悟境"的完美统一。

【诗歌主题解析】

《瀑布》是一首饱含深情的风景诗，通过对瀑布的生动描写，突出祖国山河的壮丽，抒发作者对祖国山河无比热爱之情。全诗共三节，分别描写听见瀑布的声音、远看瀑布及近看瀑布的情景。这首诗语言简练、韵味十足、比喻生动、词句贴切，描绘了瀑布的雄伟壮丽，抒发了作者对大自然的热爱之情。诗句使用叠句、对偶和排比，富于节奏感。读起来朗朗上口。

【教学目标】

（1）熟读成诵，理解诗歌的意思。

（2）结合诗歌韵味，体会叶圣陶的语言魅力和博大胸怀。

【教学过程】

一、简介作者，导入诗歌

1. 与学生一起分享叶圣陶的三句名言

（1）积千累万，不如养个好习惯。

（2）读书忌死读，死读钻牛角。

（3）教育是什么？就单方面讲，只须一句话，就是要养成良好的习惯。

2. 简介作家，初知叶圣陶

20世纪著名的文化大师，现代著名作家、语文教育家、编辑家、出版家、政治活动家，中国第一位童话作家。他在新学堂读书的时候正值旧教育向新教育转变，学校的教科书都是用的文言文，叶圣陶就自己出书给同学们看，亲自陈述文言文鄙陋，提倡使用白话文。这位二十世纪著名的文化大师，为人敦厚，彬彬有礼。他认为教育的基础和唯一方法是"爱"，把所有的热情都投入到了教育界。著名的代表作有《稻草人》《火灾》《隔膜》等。

　　3. 引入新课：叶圣陶的《瀑布》

　　看到课题，同学们想到了哪首诗？

　　预设："望庐山瀑布"，同写瀑布，都写出了共同的特点——壮美。

　　二、美文美读，学习语言

　　（1）朗读诗歌，做到字正腔圆。

　　（2）美读诗句："还没看见瀑布，先听见瀑布的声音，好像叠叠的浪涌上暗滩，又像阵阵的风吹过松林。"

　　① 哪些词最能让你感受到瀑布的气势？（"叠叠的、涌上"）

　　② 去掉"叠叠的、阵阵的"再读，有什么感觉？感受叠词的表达效果，谁能用叠词形容此时的瀑布？如：白白的水流、蒙蒙的水雾、弯弯的彩虹……

　　③ 想象瀑布的雄伟气势，再读诗句。

　　④ 你还能用别的词语形容瀑布的声音吗？（隆隆的雷声、哗哗的流水……）边想象边朗读。

　　男生听见了如浪涌岸滩的瀑布声，读："还没看见瀑布，先听见瀑布的声音，好像叠叠的浪涌上暗滩，又像阵阵的风吹过松林。"

　　女生听见了似风吹过松林的瀑布声，读："还没看见瀑布，先听见瀑布的声音，好像叠叠的浪涌上暗滩，又像阵阵的风吹过松林。"

　　是的，雄伟的瀑布就在我们的眼前，齐读："还没看见瀑布，先听见瀑布的声音，好像叠叠的浪涌上暗滩，又像阵阵的风吹过松林。"

　　师：这如浪涌岸滩、如风吹松林的瀑布声，吸引着我们急切地向瀑布走去，走啊，走啊，忽然，山路一转——

　　（3）出示PPT：这般景象没法比喻，千丈青山衬着一道白银。

　　① 这句话中哪个词最吸引你？（生批注）

　　② 交流汇报：品味"千丈""一道"的妙处。

　　三、悟情悟境，迁移运用

　　（1）叶圣陶用"望见"而不用"看见"，说明他站得离瀑布——（远）

　　（2）指导朗读，读出韵味。是的，如烟、如雾、如尘的瀑布令人流连忘返，让我们通过对重点词的理解在朗读中再次感受叶圣陶笔下那雄伟壮丽的瀑布。

　　（3）我想当小诗人：去过大梅沙吗？海浪的声音是否记得？仿写：

还没看见（　　），

先听见（　　）的声音，

好像（　　），

又像（　　）。

啊！望见了（　　）的全身！

这般景象没法比喻，

（　）。

（4）阅读思考：叶圣陶笔下的瀑布飞流直下，气势磅礴，是那么的雄伟壮丽。开阔的眼界是要表达怎样的情怀？

① 表达了叶圣陶对瀑布的喜爱和对祖国大好河山的热爱。

② 我想到了"胸怀祖国"这个词。

四、阅读轶事，感受大师的胸怀

（1）阅读故事，说说大师的名字与他的胸怀有什么关系。

叶圣陶曾数次改名，他原名叶绍钧，12岁入苏州长元吴公立小学时，请先生章伯寅取一个立志于爱国强国的字。章先生说："你名绍钧，有诗曰'秉国之钧'，取'秉臣'为字好。"并教育他要爱国就得先爱乡土，晓得乡土的山川史地名人伟业。1911年10月15日，苏州在辛亥革命中光复了。次日，叶绍钧找到章伯寅先生说："清廷已覆没，皇帝被打倒了，我不能再作臣了，请先生改一个字。"先生笑了笑说："你名绍钧，有诗曰'圣人陶钧万物'，就取'圣陶'为字吧。"这样叶绍钧满意而去。1914年6月10日，叶绍钧在《小说丛报》第2期发表文言小说《玻璃窗内之画象》，署名"圣陶"。以后他又把姓氏"叶"与笔名"圣陶"连了起来，成为著名于世的笔名。

（2）交流互动，引导孩子们认识到："胸怀祖国"从小便深深地刻在叶圣陶的心中。

（3）观看优酷视频《大师——叶圣陶》谈谈你的想法。

讨论中心点：叶圣陶有报国之心，有理想之志，他第一个翻译了《安徒生童话》，写出了第一篇中国童话《稻草人》。叶圣陶在出版领域提倡使用白话文，对改进现代中文教育有重要影响。同时他也是一位伯乐，他教育和发掘了许多杰出的作家和编辑，如巴金、丁玲、戴望舒等。

附文

瀑布

还没看见瀑布，
先听见瀑布的声音，
好像叠叠的浪涌上岸滩，
又像阵阵的风吹过松林。

山路忽然一转，
啊！望见了瀑布的全身！
这般景象没法比喻，
千丈青山衬着一道白银。

站在瀑布脚下仰望，
好伟大呀，

一座珍珠的屏！

时时来一阵风，

把它吹得如烟，如雾，如尘。

第二课 大师的大爱

【教学内容】

《稻草人》。

【教学理念】

《稻草人》是一篇童话，通过一个富有同情心而又无能为力的稻草人的所见所思，真实地描写了二十年代中国农村风雨飘摇的人间百态。作者紧扣住心理活动进行描写，语言简洁、朴素，充满诗意，富有听觉和视觉形象的美。

【教学目标】

（1）带领学生初读《稻草人》，学会根据书名、内容提要和目录，推测一本书的重点内容。

（2）学习稻草人前后的心理活动描写，体会作者对劳动人民悲惨生活的同情。

（3）引导学生学习稻草人的善良、富有同情心等美好品质，感受叶圣陶的大爱。

【教学过程】

一、猜测故事，激起阅读期待

1. 观察封面，猜测故事内容

今天老师给大家带来叶圣陶的一个童话故事（出示书的封面），请大家响亮地呼唤它的名字，我们一起看封面，猜想这本书的主要内容。

2. 浏览序言目录，了解作品内容

师：拿到这么一本书，你打算怎样下手去读呢？（方法引领：先看前言，再读目录，然后阅读正文）

师：是的，一本书的前言是对整本书的概括，通过它可以了解到作品、主要内容和人物。我们在读书前一定要读读前言，对书有一个全面了解。

师：请大家看这本书的内容简介。

（1）自读内容简介，说说你从内容简介中了解到了什么。

（2）指名回答。

（3）读目录，提出问题或猜想故事内容，激发学生的阅读兴趣。刚才同学们的提问，更加引发了我们的好奇心，故事到底是怎样的呢？同学们是不是迫不及待地想读呢？

二、阅读交流，走进稻草人的世界

（1）童话故事里，稻草人的心情一直在变化着。小组合作，完成"阅读报告"。

看见的事情	稻草人心情的变化	你读出的感情

（2）交流互动：举例说说这是一个怎样的稻草人。（善良、坚守职责、无能为力、无可奈何、心有余而力不足等）

预设：

① 稻草人的善良：可是今年的稻子长得好，很壮实，雨水又不多，像是能丰收似的。所以稻草人替她高兴。想来到收割的那一天，她看见收的稻穗又大又饱满，这都是她自己的，总算没有白受累，脸上的皱纹一定会散开，露出安慰的满意的笑容吧。如果真有这一笑，在稻草人看来，那就比星星月亮的笑更可爱，更珍贵，因为他爱他的主人。

② 稻草人的尽责：稻草人见小蛾落下了，心里非常着急。可是他的身子跟树木一样，定在泥土里，想往前移动半步也做不到。扇子尽管扇动，那小蛾却依旧稳稳地歇着。他想到将来田里的情形，想到主人的眼泪和干瘪的脸，又想到主人的命运，心里就像刀割一样。

③ 稻草人的愁苦：除了稻草人以外，没有一个人为稻子发愁。他恨不得一下子跳过去，把那灾害的火苗扑灭了；又恨不得托风带个信，叫主人快快来铲除灾害。他的身体本来很瘦弱，怀着愁闷，更显得憔悴了，连站直的劲儿也不再有，只是斜着肩，弯着腰，好像害了病似的。

（3）抓住细节，揣摩稻草人的内心世界。

① 他痛心，不忍再看，想到主人的辛苦又只能换来眼泪和叹气，禁不住低头哭了。

② 他恨不得自己去作柴，给孩子煮茶喝；恨不得自己去作被褥，给孩子一些温暖；又恨不得夺下小肉虫的赃物，给渔妇煮粥吃。

从这两个句子中，你能感受到稻草人承受着怎样的内心煎熬？

三、阅读探究，感受叶圣陶的大爱

（1）鲁迅先生高度赞誉叶圣陶的《稻草人》是"给中国的童话开了一条自己创作的路"。你从这篇童话当中读懂了什么？

预设：

① 作品展现了一百年前中国农村人民的苦难生活：可怜的农妇、可怜的渔妇、可怜的自杀者、可怜的鲫鱼……然而对于亲眼所见的人间悲剧，稻草人空有善良与同情心，什么也挽救不了，改变不了。

② 稻草人身上有叶圣陶的影子，他不写王子、公主的故事，专写人间的惨状，体现出叶圣陶的大爱——关心百姓的苦难，深深同情穷苦的人民。

（2）叶圣陶的大爱是什么？

预设：

① 如稻草人一般有善良的心灵。

② 稻草人所能做的就是献出自己的生命，可见，稻草人也是叶圣陶包容一切苦难、具有大爱精神的象征。

四、小结

在《稻草人》这篇童话里没有稻草人的语言描写。那是因为稻草人这个形象特点跟叶圣陶的艺术选择是分不开的，即叶圣陶对稻草人的物性选择重在两点：一是稻草人不会说话；二是稻草人不会走路。面对人间的痛苦和不幸，稻草人不会叫也不会喊，他只会拼命摇头，心里像刀绞一样，揉碎了心，流干了泪，昏倒在田地里。

叶圣陶的稻草人是一个失语的形象，他所拥有的全部只有善良的心灵："他恨不得自己去作柴，给孩子煮茶喝；恨不得自己去作褥，给孩子一些温暖……"他所能做的就是献出自己的生命，把自己作为牺牲置于大众的祭坛上，以此来祛除人间的苦难和黑暗。从叶圣陶的稻草人中可以看到叶圣陶包容一切苦难、净化人间罪恶的大爱精神。

第三课　大师的理想

【教学内容】

《倪焕之》（节选）。

【教学目标】

（1）了解小说的文体特点，把握小说的阅读方法。

（2）通过精读，感知文中倪焕之的形象。

（3）结合当时的社会环境，体悟作者叶圣陶的理想。

【教学过程】

一、小说阅读三部曲

师：小说是什么呢？小说是一种以塑造人物形象为中心，通过叙述故事和描写环境来反映社会生活的叙事性文学样式。今天，我们就来阅读叶圣陶的第一篇长篇小说《倪焕之》。真正的阅读应该是有意识的、有目的的，也是有章可循的，今天我们就按照"阅读小说的三部曲"来阅读。

1. 第一步粗读：小说写什么？

课件演示：粗读就是用尽可能快的速度，抓住几个要点把书通读一遍，对全书有一个大概了解。这是一种不求深入精研，只求概览大意的阅读方法。

生阅读后交流汇报，这篇小说写了什么？

预设：《倪焕之》这部小说描绘了辛亥革命以后，具有进步思想的小学教师倪焕之，以杜威的教育理论为指导进行新教育实验。

2. 第二步精读：小说怎样写？

（1）现场制作笔记卡片，看谁做得好。

规格：（12×8）cm硬纸，太大不便存放，过小不便记录，好纸为佳。

内容选择：内容摘要卡，摘引文中对倪焕之的细节描写，谈体会。随感卡，随时想到的体会问题。每张卡最好只写一个问题，一个事例。

（2）组内交流：按内容分类，每组选一名代表展示。

（3）全班交流：各组笔记摘录卡片（实物投影）。

3. 第三步品读：写得怎么样？

（1）语言风格。叶圣陶通过倪焕之的一生揭示了中国知识分子和时代的矛盾及革命的冲突，并对这种矛盾和冲突的起因进行了多方面的展示，他于此为读者呈现了一幅五四运动十多年来中国社会现实的图像，使读者看到了中国人民在二十世纪二、三十年代里走过的历史足迹。

（2）叶圣陶的小说《倪焕之》以饱满的热情、细腻的分析、冷静的批判，反映了叶圣陶先生对教育的孜孜追求与革新的崇高理想。

二、以情导情，触摸作者的理想

1. 倪焕之最后在绝望和迷惘中死去了，你有什么想说的吗？

讨论要点：倪焕之把"一切的希望悬于教育"，从"教育救国"到投身革命，反映那个时代以倪焕之为代表的有志青年不断追寻心中理想，力求改变中国现状的奋斗之路。

2. 你能从中触摸到叶圣陶的理想吗？

希望可以借助文学力量慢慢影响国人，将文化渗透到民众思想中，进而改善中国现状。反映了叶圣陶先生对教育的孜孜追求与革新的崇高理想。

伟人毛泽东

（小学语文五年级上册配套使用）

深圳市龙华新区民顺小学　张德芝

人物小传

　　毛泽东（1893年12月26日—1976年9月9日），字润之（原作咏芝，后改润芝），笔名子任。湖南湘潭人。诗人，伟大的马克思主义者，无产阶级革命家、战略家和理论家，中国共产党、中国人民解放军和中华人民共和国的主要缔造者和领导人。1949至1976年，毛泽东担任中华人民共和国最高领导人。他对马克思列宁主义的发展、军事理论的贡献以及对共产党的理论贡献被称为"毛泽东思想"。因毛泽东担任过的主要职务几乎全部称为主席，所以也被人们尊称为"毛主席"。毛泽东被视为现代世界历史中最重要的人物之一，《时代》杂志也将他评为20世纪最具影响100人之一。

一、设计微理念

　　中国贡献给世界的一个伟人——毛泽东，是举世公认的20世纪最为重要的政治家、革命家和思想家之一，同时也是一位天才诗人、书法家。胡锦涛总书记在纪念毛泽东同志诞辰110周年时曾这样评价这位伟人："中国出了个毛泽东，这是中国共产党的骄傲，是中国人民的骄傲，是中华民族的骄傲。在为中国人民不懈奋斗的光辉一生中，毛泽东同志表现出了一个伟大革命领袖高瞻远瞩的政治远见……"

　　"太阳最红，毛主席最亲！"毛泽东同志虽然离开我们已近四十年了，可他照耀在祖国大地上的光芒依然是那样的耀眼，他的身影依然是那样清晰地留在人们的心中，我们无法忘怀这个中国历史航船的伟大舵手，这个伟大的名字早已融入中华民族浩瀚的血脉中……

　　"伟人毛泽东"这一微课程，我们将借品评人生、吟颂诗词、欣赏书法，引领学生走近伟人，感受他诗意、浪漫的情怀。

二、课程微目标

（1）以生平为起点，追寻伟人的风采。

（2）以故事为载体，感受凡人的情怀。

（3）以鉴赏为媒介，涵咏诗人的气质。

（4）以书法为足迹，领略书法家的气势。

三、学习微课时

4课时。每个专题为一课时。

四、课程微设计

第一课　伟人的风采

数风流人物，还看今朝！
——毛泽东《沁园春·雪》

【教学内容】

以生平为起点，追寻伟人的风采。

【教学目标】

（1）课内外链接，梳理伟人波澜壮阔的一生。

（2）国内外交融，追寻伟人文韬武略的风采。

【教学准备】

（任选一项完成，可独立，也可"组团"）

（1）利用多种途径了解毛泽东波澜壮阔的一生，如网络搜索、图书馆查阅等。

（2）浏览至少两本有关毛泽东的书籍，如《毛泽东自传》《毛泽东的读书生活》《毛泽东和他的卫士长》《我的爷爷毛泽东》等。

（3）观看相关影视作品，如《长征》《毛泽东》等；欣赏相关的歌曲，如《东方红》《长征组歌》等。

上课环境：有网络的电脑室，学生人手一台电脑，在网络环境下学习。在"太阳最红，毛主席最亲……"的歌声中开始学习。

【教学过程】

一、引子

（1）同学们："太阳最红，毛主席最亲……"唱的是谁？毛泽东！这些天，我们都在了解他、认识他，根据你掌握的资料，聊一聊：你心中的毛泽东是什么样的？

（2）学生自由交流、整理：

① 政治家、思想家、军事家，中国人民的伟大领袖、中华人民共和国的主要缔造者、共和国的主席（我们尊称他为毛主席）。—— 一个伟人！

② 在戎马倥偬的同时，写下了大量的诗歌，也是一位诗人、书法家。

③ 毛泽东还是一位慈祥的父亲。—— 一个凡人。

④ 现代世界历史中最重要的人物之一，《时代》杂志也将他评为20世纪最具影响100人之一。

（3）教师：毛泽东是举世公认的20世纪最为重要的政治家、革命家和思想家之一，同时也是一位天才诗人、书法家。胡锦涛总书记在纪念毛泽东同志诞辰110周年时曾这样评价这位伟人：

中国出了个毛泽东，这是中国共产党的骄傲，是中国人民的骄傲，是中华民族的骄傲。在为中国人民不懈奋斗的光辉一生中，毛泽东同志表现出了一个伟大革命领袖高瞻远瞩的政治远见……

今天，我们将这段时间大家对毛主席的认识梳理一下，来全面感受这位具有瑰丽人格和奇特命运的伟大人物。计划从两个方面进行：（投影）

① 课内外链接，梳理伟人波澜壮阔的一生。

② 国内外交融，追寻伟人文韬武略的风采。

二、波澜壮阔的一生

（1）同学们，关于毛泽东的介绍很多，相关的网页也不少，为了比较全面、正确地认识毛泽东，我们将依托"中国政府网"毛泽东专页来学习，请大家打开网页：http：//www.gov.cn/test/2007-11/21/content_811744.htm

（2）自学："毛泽东"专页，简单了解其生平。

（3）研讨：生在那样一个乱世，毛泽东的一生复杂、传奇、漫长，如果我们梳理一下，你认为可以简要地分为哪几个时期？师生互动讨论，达成如下共识：

求学时代：1893—1910年

① 1893年12月26日，诞生在湖南省湘潭县韶山冲一个农民家庭。

② 1902—1909年，先后在家乡韶山六所私塾读书，接受中国传统的启蒙教育。

③ 1910年秋，考入湘乡县立东山高等小学堂读书，受康有为、梁启超改良主义思想的影响。

投笔从戎：1911—1920年

① 1911年春到长沙，考入湘乡驻省中学读书。10月，响应辛亥革命，投笔从戎。

② 1913年在湖南省立第四师范学校预科读书。

③ 1918年4月，同萧子升、何叔衡、蔡和森等发起成立新民学会。8月担任北京大学图书馆管理员，得到李大钊等人帮助，开始接受俄国十月革命的思想影响。

④ 1920年11月，同何叔衡等组织长沙共产主义小组。

峥嵘岁月：1921—1949年

① 1921年7月，出席中国共产党建党的第一次全国代表大会。

② 1931年，中华苏维埃共和国临时政府在江西瑞金成立，被选为主席。

③ 1934年10月—1935年10月，参加红一方面军长征。长征途中，1935年1月中共中央政治局在贵州召开扩大会议（即遵义会议），确立了以毛泽东为代表的新的中央领导。

④ 1937—1945年，抗日战争时期，以他为首的中共中央坚持统一战线中的独立自主原则，努力发动群众，开展敌后游击战争，建立了许多大块的抗日根据地。

⑤ 1946—1949年，指挥全国的解放战争，取得胜利。1949年10月1日，中华人民共和国建立，他当选为中央人民政府主席。

建国时期：1950—1976年

① 1950年10月，美国军队攻入朝鲜、威胁中国东北部，决定进行抗美援朝战争。

② 1950—1952年，进行了土地改革、镇压反革命和其他民主改革，开展了"三反"运动和"五反"运动。

③ 1958年，发动"大跃进"和农村人民公社化运动。

④ 1966年，由于对国内阶级斗争形势作出了极端的估计，发动了"文化大革命"运动。

⑤ 1976年9月9日，在北京逝世。

（4）结语：毛泽东，这位伟大的马克思主义者，无产阶级革命家、战略家和理论家，中国共产党、中国人民解放军和中华人民共和国的主要缔造者和领导人，他的功绩是不可磨灭的。他被视为现代世界历史中最重要的人物之一，《时代》杂志也将他评为20世纪最具影响100人之一。

三、文韬武略的风采

1. 引入话题

国外曾有人这么说："一位诗人赢得了一个国家。"纵观毛主席的一生，你觉得他的伟大"伟"在何处？

2. 引导学生从"文韬""武略"两个方面感受伟人的风采

（1）文韬：毛泽东思想代代传。阅读网文：《摧毁了毛泽东思想也就摧毁了中国》。（网址：http://www.szhgh.com/html/00/n-22100.html）

阅读交流：为什么说毛主席"用兵如神"？试举一例说明。预设：

四渡赤水、反围剿、解放战争……

（2）武略：毛主席用兵真如神。阅读博文：《人类最伟大的军事家毛泽东》。（网址：http://blog.sina.com.cn/s/blog_3ddf8cd90100o7np.html）

阅读毛泽东最广为流传的六句话，谈谈你的想法：

① 一条千古不变的真理——枪杆子里面出政权。

② 最鼓舞人心的一句话——星星之火，可以燎原。

③ 最豪迈、最傲气的一句话——一切反动派都是纸老虎。

④ 最谦虚的一句话——这只是万里长征的第一步。

⑤ 最震撼人心、震撼世界的一句话——中国人民从此站起来了。

⑥ 最正气凛然的一句话——人不犯我，我不犯人。

（3）艺术：毛泽东诗词独领风骚。浏览网页：《毛泽东诗词及手迹赏析》。

作为诗人的毛泽东，不但在当代诗人中堪称独领风骚，就是与历史上的众多诗词名家相比也很少有人能与之比肩。他的诗全面揭示了一代伟人毛泽东的心路历程，更从侧面详细记录了由他带领的年轻共和国的成长史。这是一个由他用情、用心、用血、用毕生精力抒写出来的世界，更是他留给这个世界最为精彩、最为真实也最为珍贵的一份精神财富！我们将在后面进行专题学习。

阅读思考：毛泽东的诗词与他的生活经历有什么关系？谈谈你的感受。

四、结语

1. 毛泽东给我们留下了什么？请带着浓浓的敬意朗读

（1）一个结束了百年战乱的中国；

（2）一个消除了军阀割据实现了大陆真正统一的中国；

（3）一个不再挨打的中国；

（4）一个让美国历史上唯一没有取得战争胜利的中国；

（5）一个让美国总统主动要求访问的中国；

（6）一个完全靠自己制造原子弹、导弹、人造卫星的中国；

（7）一个不再是世界记录上没有中国人名字的中国！

……

2. 毛泽东给世界留下了什么？再请朗读

（1）他是一位无限深邃而豁达的伟大思想家、战略家。他非常真诚坦率，谈起话来气势磅礴。（日本前总理大臣大平正芳）

（2）毛泽东是巨人中的巨人。他使历史显得渺小。他的强有力的影响在全世界亿万男女的心中留下了印记。毛泽东是革命的儿子，是革命的精髓，确实是革命的旋律和传奇，是震动世界的出色的新秩序的最高缔造者。（巴基斯坦前总理本·布托）

（3）毛泽东是一位伟大的战略家。哪个领袖能像他这样在这么多不同类型的冲突中长期立于不败之地？（美国国防部长助理菲利普·戴维逊）

∽ 第二课　凡人的情怀 ∽

> 待到山花烂漫时，她在丛中笑。
> ——毛泽东《卜算子·咏梅》

【教学内容】

以故事为载体，感受凡人的情怀。

阅读相关文章：《青山处处埋忠骨》《毛主席在花山》《珍藏毛岸英衣物20余年》《人间知己：开慧之死，我百身莫赎》等。

【教学目标】

（1）阅读故事，感受"伟人非无情"。

（2）群文阅读，领略"领袖也温柔"。

【课前准备】

（1）观看凤凰视频：性情毛泽东。

（网址：http：//v.ifeng.com/history/special/xqmzd/）

（2）观看电视剧《毛泽东》。

导语：在中国人民的心中，毛主席是我们的精神领袖，是叱咤风云的英雄，是铮铮铁骨的硬汉。但是，你知道吗？《毛泽东自传》里记录了毛主席对贺子珍说过的这样一段话：

我这个人平时不爱落泪，只在三种情况下流过泪：一是我听不得穷人的哭声，看到他们受苦，我忍不住要掉眼泪。二是跟过我的通讯员，我舍不得他们离开。有的通讯员牺牲了，我难过得落泪。三是在贵州，听说你负了伤，要不行了，我掉了泪。

这让我们赫然惊叹：主席也是人！伟人非无情，领袖也温柔！在他坚强的背后，也有水一般的柔情。让我们阅读几篇文章，感受他作为父亲、丈夫、儿子的凡人的情怀。

【教学过程】

一、军民"鱼水情"

（1）群文阅读：《毛主席在花山》《毛主席借真迹急坏黄炎培》《难忘主席关爱情》《我在毛主席家当保姆》。

（2）小组合作，完成"阅读报告"。

阅读的文章	感人的故事	打动你的细节

（3）交流互动：哪些细节打动了你？说说感受。

预设：

① 在这一个月中，他只要工作一停下来，便翻开这本真迹，左看右看，爱不释手，一会儿凝视着字迹仔细琢磨，一会儿又提起毛笔，对照着练习。

② "怎么也学会逼债了？不是讲好一个月吗？我给他数着呢！"毛泽东一听，便知是为那本真迹事。顺便将手中的烟嘴摔到桌子上。

毛泽东喝口茶，重新拿起烟嘴，语气转缓和了一些，"到一个月不还，我失信。不到一个月催讨，他们失信。谁失信都不好。"

③ 为了节约，他在构思时，总会把灯芯捻得很小。直到开始写文章时，才会把灯芯捻大。

④ 一个没文化的乡下人，被毛泽东、杨开慧视为朋友，这样的平等关系让孙嫂深

受感动。孙嫂以前给别人当保姆，别人拿她当牲口使唤，动辄打骂。而在毛泽东、杨开慧家里，她体会到了什么是人的平等和人的尊严。孙嫂知道，自己遇上好人了。所以，这个没有文化的乡下保姆，后来在血雨腥风的紧要关头，心甘情愿地陪着主人一道赴汤蹈火，坚强不屈地承受生和死的考验。

这样一个满怀同情、充满智慧、细心体贴的人，在家庭中，又是如何对待自己的亲人的呢？

二、亲子"舐犊情"

（1）群文阅读：《青山处处埋忠骨》《开慧之死，我百身莫赎》《珍藏毛岸英衣物20余年》《少年毛泽东和父亲斗智》《毛泽东深沉的舐犊之情》。（http://www.360doc.com/content/11/0721/09/665768_134847558.shtml）

（2）小组合作，完成阅读报告。

阅读的文章	感人的故事	打动你的细节

（3）交流互动：这些文章中，哪些细节打动了你？预设：

① 从收到这封电报起，毛泽东整整一天没说一句话，只是一支又一支地吸着烟。桌子上的饭菜已经热了几次，还是原封不动地放在那里。

② 那年，中央警卫局在整理毛泽东的遗物时，无意中发现一个小柜子，里面装的是毛泽东亲手珍藏的毛岸英的几件衣物，有衬衫、袜子、毛巾和一顶军帽。这些物品不是身边的工作人员收拾的，他们甚至看都没看到过。从毛岸英牺牲到毛泽东逝世，隔了26年，毛泽东是在怎样的悲痛和寂寞中把儿子的这些衣物珍藏在身边的？这26年里，毛泽东在北京的住处，至少搬了五次，他是怎样瞒过所有的工作人员，没让任何人经手这些衣物的？

③ 1930年12月，毛泽东在江西吉水县木口村，从报纸上惊悉杨开慧殉难的噩耗，十分哀痛。当即，他寄去30块光洋和一封信给杨开智，说："开慧之死，百身莫赎。"

三、结语

毛泽东，中国贡献给世界的一代伟人。他个人历史的本身不是传奇，胜似传奇；不是神话，胜似神话。伟人也是凡人，有着普通人的喜怒哀乐，酸甜苦辣，悲欢离合，儿女情长。伟人毛泽东，为人子，为人夫，为人父，他的亲情世界有风有雨有彩虹。作为儿子，性格倔强叛逆的毛泽东却是百分百的大孝子；作为丈夫，乱云飞渡的岁月中毛泽东的爱情婚姻也有着普通男人的痛苦和无奈；作为父亲，大爱无言的毛泽东对儿女的教育同样也是可怜天下父母心。

毛泽东不是神，毛泽东就是毛泽东，就是一个吃中国饭、喝中国水、穿中国衣、读中国书、写中国字、说中国话、在中国的黄土地上长大的中国人，一个把握历史又推动了历史、一个改变历史又被历史改变的人。他有血有肉，有情有义，有爱有恨，有得有失，有功有过，有生有死，因此他不是也不可能是所谓的完人，不是也不可能是"万岁"，但这并不能否认毛泽东绝对是一个伟人，是一个大写的人。

第三课　诗人的气质

湖海荡波澜，全无斧凿痕。
——《跟毛主席学诗词》刘先银编著

【教学内容】

以鉴赏为媒介，涵咏诗人的气质。相关诗词见《毛泽东诗词全集》《跟毛主席学诗词》《毛主席诗词十八首讲解》等。

【教学目标】

（1）阅读毛泽东诗词，感受他金戈铁马的一生。

（2）欣赏毛泽东诗词，感受他独领风骚的诗情。

【课前准备】

（1）浏览《毛泽东诗词全集》《跟毛主席学诗词》《毛主席诗词十八首讲解》。

（2）熟读《采桑子·重阳》《菩萨蛮·大柏地》《忆秦娥·娄山关》等。

【教学过程】

导语： 在饱受内忧外患的近代中国，顽强的中国人民经过上百年的斗争，终于重新屹立于世界的东方，而毛泽东诗词正是中国人民前仆后继反侵略、反压迫、争取自由平等的战斗号角，也是中华民族自立于世界民族之林、发愤图强、走向世界前列的战歌。他的诗词可以说是20世纪中国革命的一个缩影，是我国文学宝库中的瑰宝。今天，让我们以文品人，以诗读史，在半个多世纪之后回望那段激情燃烧的峥嵘岁月。

一、气势磅礴，霸气溢露

（1）兵戎生涯里的毛泽东，伴着兵戈铁马，演绎着波澜壮阔的中国革命史；诗词里的毛泽东，锦绣琴心与雄才大略交相辉映，将万里河山融进精炼词章中。让我们细读这几首"马背上吟成的"诗词：

采桑子·重阳

人生易老天难老，岁岁重阳。今又重阳，战地黄花分外香。

一年一度秋风劲，不似春光。胜似春光，寥廓江天万里霜。

菩萨蛮·大柏地

赤橙黄绿青蓝紫，谁持彩练当空舞？雨后复斜阳，关山阵阵苍。

当年鏖战急，弹洞前村壁。装点此关山，今朝更好看。

忆秦娥·娄山关

西风烈，长空雁叫霜晨月。霜晨月，马蹄声碎，喇叭声咽。

雄关漫道真如铁，而今迈步从头越。从头越，苍山如海，残阳如血。

七律·人民解放军占领南京

钟山风雨起苍黄，百万雄师过大江。

虎踞龙盘今胜昔，天翻地覆慨而慷。

宜将剩勇追穷寇，不可沽名学霸王。

天若有情天亦老，人间正道是沧桑。

（2）阅读交流：这几首诗词是在什么情况下写成的？大致的意思是什么？妙在哪里？预设：

①赏析《采桑子·重阳》：不在"悲秋"，只在壮志。

自古以来，"悲秋"成为中国古典诗赋的传统主题，前人以"九九重阳"为题材的诗章词作，更借凄清、萧瑟、衰飒的秋色状景托怨情、兴别恨，少有不着一"悲"字者。毛泽东的这首词却脱尽古人"悲秋"的窠臼，一扫衰颓萧瑟之气，以壮阔绚丽的诗境、昂扬振奋的豪情，唤起人们为理想而奋斗的英雄气概和高尚情操，独步诗坛。

②赏析《菩萨蛮·大柏地》：没有血腥，只有美。

这是一首追忆战争的诗篇，但却没有激烈愤慨或血腥的战争场面，只有江山之美跃然于目前。夏天傍晚，雨后晴空，因为它展示了一种新风景，诗人在此也预感到一个新世界。

③赏析《忆秦娥·娄山关》：慷慨悲烈、雄沉壮阔。

《忆秦娥·娄山关》是毛泽东写于1935年的一首慷慨悲烈、雄沉壮阔的词。娄山关地势险要，这一役关系着中央红军的生死存亡。画卷之美正符合苍凉沉雄的大写意之境界，而这种大写意之境界正是汉风众美之中的一类。

④赏析《七律·人民解放军占领南京》：热情讴歌。

这是一首创作于1949年纪念南京解放、庆祝革命胜利的诗篇。诗中既写出了革命风暴席卷南京的磅礴气势，展示了人民解放军空前的巨大胜利，也形象地表现了一个伟大革命家、战略家的胆识和气魄，展示了诗人内心的激动和喜悦。此诗气势恢宏，语言铿锵有力，表现了人民解放军彻底打垮国民党反动派的信心和决心，表达了解放全中国的必胜信念！

（3）引导小结：结合我们学习过的《七律·长征》，你发现了什么？提示：

① 从题材上看，都是写军旅生活的诗词，可谓"马背上的诗歌"。正如臧克家评论说："一个人的人格，和他的创作关系重大……毛主席写诗，从未想过发表，他也从未想成为一个诗人。他写诗，就是情之所至，有感而发。在战火纷飞的年代，他在马背上吟诗，诗情充溢于中，不吟出来不痛快。这种美丽高尚的感情，喷勃而出，才能写出

好诗来。"

② 从风格上来看，毛泽东是一个亲历战争的统帅，以笔蘸血，用生命在写诗。这也是他和中国历史上绝大多数骚人墨客的最大区别。也因为如此，他的诗才显示出与众不同的"霸气""豪放"。比如：毛泽东诗词中好用大的字眼，平均每一首里不止一个"万"字："看万山红遍""万类霜天竞自由""粪土当年万户侯""万里雪飘""寥廓江天万里霜""敌军围困万千重""万水千山只等闲""百万雄师过大江"……再如，毛泽东32岁写下的《沁园春·长沙》："怅寥廓，问苍茫大地，谁主沉浮？"虽是一介布衣，但有问鼎天下之气势。更见豪迈的是在结语中宣告："到中流击水，浪遏飞舟！"要以人力游泳击起的浪花去阻遏飞速的行船，这是何等气魄！

二、想象浪漫，感情深沉

（1）毛泽东自己说："我的兴趣偏于豪放，不废婉约。"岂止不废，其实毛泽东还颇为得意他的婉约之作，他的几首婉约之作都是上品。比如写给杨开慧的三首词，《虞美人·枕上》《贺新郎·别友》《蝶恋花·答李淑一》。不单婉约，而且都很好地体现了毛泽东浪漫的想象力。让我们认真地读一读：

虞美人·枕上

堆来枕上愁何状，江海翻波浪。夜长天色怎难明，无奈披衣起坐数寒星。

晓来百念皆灰烬，倦极身无凭。一钩残月向西流，对此不抛眼泪也无由。

贺新郎·别友

挥手从兹去。更那堪凄然相向，苦情重诉。眼角眉梢都似恨，热泪欲零还住。知误会前番书语。过眼滔滔云共雾，算人间知己吾和汝。人有病，天知否？

今朝霜重东门路，照横塘半天残月，凄清如许。汽笛一声肠已断，从此天涯孤旅。凭割断愁丝恨缕。要似昆仑崩绝壁，又恰像台风扫寰宇。重比翼，和云翥。

蝶恋花·答李淑一

我失骄杨君失柳，杨柳轻飏直上重霄九。问讯吴刚何所有，吴刚捧出桂花酒。

寂寞嫦娥舒广袖，万里长空且为忠魂舞。忽报人间曾伏虎，泪飞顿作倾盆雨。

（2）自助赏析：借《毛泽东诗词全集》或网络，自助赏析。

（3）交流互动：杨开慧是毛泽东的人生知己、革命战友，毛泽东一生为她写了三首词，你从中读出了什么？

① 浪漫的想象。细品："堆来枕上愁何状，江海翻波浪。"

所谓愁是一种心境，一种情绪，莫可名状，最难形容，古人的妙句无非是"才下眉头，却上心头"，言其烦；"只恐双溪舴艋舟，载不动许多愁"，言其重；"问君能有几多愁，恰似一江春水向东流"，言其长；而毛词是言其形，形象清新，想象别致，自出机杼，俨然又一婉约名句。

② 深沉的感情。细品："挥手从兹去。更那堪凄然相向，苦情重诉。眼角眉梢都

似恨,热泪欲零还住。"

毛泽东正值而立,在国共两党中,或身居要职,或崭露头角,正是一代才俊,任重而道远。但为了革命大业,他不得不抛妻别子,出门远游。一方面是娇妻稚子的温馨小家,一方面是凶险莫测的茫茫征程,毛泽东选择了后者。

三、文辞华美,口语传神

(1)毛泽东一生写了两首《沁园春》,第二首最有影响。我们先来读一读:

沁园春·雪

北国风光,千里冰封,万里雪飘。望长城内外,惟余莽莽;大河上下,顿失滔滔。山舞银蛇,原驰蜡象,欲与天公试比高。须晴日,看红装素裹,分外妖娆。江山如此多娇,引无数英雄竞折腰。

惜秦皇汉武,略输文采;唐宗宋祖,稍逊风骚。一代天骄,成吉思汗,只识弯弓射大雕。俱往矣,数风流人物,还看今朝。

(2)《沁园春·雪》到底妙在哪儿?引导学生从如下三方面来赏一赏:

① 气势磅礴。赏析下阙的"惜"字。

是可惜的惜,惋惜的惜,叹惜的惜。叹惜谁呢?叹惜秦皇汉武、唐宗宋祖、成吉思汗。这五位可是在两千多年来中国历史上350多个皇帝中能入得了毛泽东法眼的屈指可数的明君雄主,其他的根本不在话下。就这五位,还让毛泽东为之叹惜。叹惜什么呢?"略输文采""稍逊风骚",都是文采不行啊。毛泽东的高度就在这里,他纵览中国两千年,皇帝无数,英主辈出,但都文采略逊,风雅不足。

② 背景深厚。据说,他在长征路上曾多次放言,要以"文房四宝"打败蒋介石国民党。这里面还有一个有趣的故事呢!且看:

1945年抗战胜利以后,毛泽东只身前往重庆谈判,适逢老友柳亚子索词,毛泽东信笔写下《沁园春·雪》相赠。这是纯粹的个人行为,诗友唱和嘛,不需要经过政治局,也不需要五大书记讨论,但它却像中国共产党的胜利预言,在1945年11月14日的《新民报晚刊》上一经发表,立刻轰动了重庆,轰动了国统区。有人说,它横扫20世纪中国词坛,这首词一出,别的就没有啦;有人说它粉碎了国民党对朱、毛,对红军的妖魔化。国民党操纵的媒体长期宣传朱、毛土匪共产共妻、杀人放火,甚至在茅台酒池子里面洗脚……那么人们就要问了,一个土匪能写出如此大气磅礴、风流倜傥的词来吗?别说土匪了,你蒋委员长能写得出来吗?

打死蒋委员长也写不出来,而且确实让他看傻了眼。他首先是不敢相信这是毛泽东写的,他问他的侍从室主任、大秘书陈布雷,毛泽东能写出这个词来吗?是不是毛泽东自己写的?陈布雷说,据我了解,毛泽东这个人对中国传统文化,对中国古典诗词造诣很深,我看像是他写的,别人恐怕还写不出来。蒋介石更加气急败坏,对毛词中的"帝王气"心有余悸,对毛的才气妒火中烧,说,咱们能不能弄一点词,跟他和一和,把他这首词给灭了?陈布雷领命而去,把重庆一流的诗人作家教授都叫来,开会布置任务,连夜加班加点写。写出一大堆来，送给蒋介石看，蒋越看越摇头，越看越叹气，也真是不比不知道，一比吓一跳，更加反衬出了毛词的伟大，实在没法跟毛泽东比啊！也就是说，你贵为委员长，举全国之力，就弄不出这样一首词来。你说这首《沁园春》有多大的威力吧！这不是多少个军所能比得了的。这也就是我们今天所说的文化"软实力"最具说服力的典范。

而且，由于这首词，征服了整个国统区无数的文化人、知识分子。得民心者得天下。抗战胜利后，正是中国面临向何处去的十字路口，如果这个时候让大家在毛和蒋之间做个选择的话，答案是不言而喻的。中国传统文化选择领袖的最高标准，就是君师合一，毛泽东集王者气和风流气于一身，就是最理想的领袖了。回忆重庆谈判期间毛和蒋的照片，蒋常常是戎装笔挺，却显得有几分呆板；毛虽然衣着平平，略显土气，但神态自若，是真名士自风流，唯大英雄能本色，有一股掩饰不住的大气和安祥。二人并立，蒋倒有点像毛的侍从。要说重庆谈判的收获，有一半要归功于《沁园春·雪》。

③文辞华美。细品："山舞银蛇，原驰蜡象。"

多大的庞然大物在毛主席眼中也成了芥子。而且，对比《沁园春·长沙》，从中各取一句，恰成了一对妙联，正是毛泽东一生的真实写照，上联："问苍茫大地，谁主沉浮？"下联："数风流人物，还看今朝。"

（3）口语传神。毛泽东诗词的另一个特点是口语传神。比如：

"齐声唤，前头捉了张辉瓒。"把敌酋师长的名字直接安到词里，而且行军队伍中一片欢腾声如在耳畔，颇有神韵。

"收拾金瓯一片，分田分地真忙。"如话桑麻，声声悦耳。

"俏也不争春，只把春来报。待到山花烂漫时，她在丛中笑。"娓娓道来，质朴动听，虽如白话，但气韵生动，意境高妙。还有"天生一个仙人洞，无限风光在险峰"，这是完完全全的白话文，与口语没什么区别，谁都听得明白，却充满着哲理。

结语：诗人贺敬之评述毛泽东诗词时曾这样说："毛泽东诗词以其前无古人的崇高优美的革命感情、遒劲伟美的创造力量、超越奇美的艺术思想、豪华精美的韵调辞采，形成了中国悠久的诗史上风格绝殊的新形态的诗美，这种瑰奇的诗美熔铸了毛泽东的思想和实践、人格和个性。在漫长的岁月里，可以毫不夸张地说，几乎是风靡了整个革命诗坛，吸引并熏陶了几代中国人，而且传唱到了国外。"

❀ 第四课 书法家的气势 ❀

云烟纸上生，风雨笔下来
——名家评毛泽东书法

【教学内容】

以书法为足迹，领略书法家的气势。

【教学目标】

（1）欣赏毛泽东书法，了解其豪迈奔放的风格。

（2）阅读书法相关的故事，感受"字如其人"。

【课前准备】

（1）上网搜索"毛泽东书法"，感性了解毛主席的书法特征。

（2）阅读与书法相关的故事，了解"书品"与"人品"的关系。

【教学过程】

导语： 中国最伟大的政治家、军事家毛泽东，在学术上又是诗人、书法家。他无意书家却竟成书家，他甚至以其迥然出凡的天才书法，将自古至今数不胜数的专业书法、文人书法、画家书法、帝王书法等一一超越，成为独秀众侪的大师。他的诗词，绝大多数是用行笔写的。

一、书法成长：越写越草，越写越好

（1）毛主席晚年的书法艺术冠绝一时，被奉为"草圣"。他一生酷爱书法，常说"我要用'文房四宝'打败国民党四大家族"。他的书法演变，可以分为三个阶段，让我们配合毛主席的手迹来了解。

阶　段	特　点	作　品
第一阶段：青年时代	多为楷书，字体工整有力	《虞美人·枕上》（1921年）
第二阶段：革命年代	行书为主，字体清秀，字形略长，自左向右略有倾斜	《七律·长征》（1935年10月）
第三阶段：新中国成立以后	越写越好，越写越草	《卜算子·咏梅》（1961年）

（2）推荐阅读：《毛泽东书法：越写越好，越写越草》。思考：从毛主席的书法成长史中，你感受到了什么？

（3）毛主席成为"草圣"，绝非一朝一夕之功，他说：

字要写得好，就要起得早；字要写得美，就必须勤磨炼；刻苦自励，穷而后工，才能得心应手。学字要有帖，帖中要发挥。

政治上可以开天辟地，艺术上为何就不可以为前人之不敢为、不能为、不屑为、从未为！

相信许多专业书家面对毛泽东笔挟风雷、倒海翻江、气势磅礴的书法作品时，一定会感到自己气小虚软而汗颜津津吧！他的成就除了天才因素之外，和他从小就养成的决不臣服、唯我独尊的豪杰意识有关。毛泽东不拜圣贤，不要圣贤，因为他潜意识中坚定地相信自己就可以是圣贤。

二、书法特色：云烟纸上生，风雨笔下来

（1）作品欣赏。毛主席的书法到底怎样？我们选几幅来欣赏。

《沁园春·雪》（1936年2月）	《菩萨蛮·大柏地》（1933年夏）
《忆秦娥·娄山关》(1935年2月)	《蝶恋花·答李淑一》（1957年5月11日）

（2）毛主席生前为许多大学题名，为报纸杂志题名，在此欣赏一二。

（3）欣赏过这许多幅作品，你的感觉如何？能否用一个词、一句话来形容？

预设：气势磅礴、大开大合、功力深厚、炉火纯青、汪洋恣肆、动感强烈、飞流直下、酣畅淋漓……

在书法界，有人这样形容："洒然无畏、剑戟森然""云烟纸上生，风雨笔下来""大度开张，富于浪漫气质与领袖风"……我们再从如下两个方面细品：

① 书法与诗意极为融洽。毛主席的诗词豪迈苍凉、热情乐观，富有王者霸气，他的书法也是飞流直下、一气呵成。请你从《七律·长征》这幅字中细细感受。

② 兼学并蓄，广采博取。主席一生爱书法，新中国成立以后他专门收集、购买名家字帖，天天不离"文房四宝"，练习不止。有人形容其有"二王"之秀逸、孙过庭之俊美、张旭之狂韵、怀素之放肆、苏黄之雄厚……你能任选一幅作品寻找一下这些特点吗？

三、结语

毛泽东一生对中国传统的书法艺术有着浓厚的兴趣和感情，无论是军旅倥偬之中，还是陕北窑洞的灯光之下，直到他进城坐定菊香书屋之后，他那只笔耕耘不止，流淌出俊逸潇洒而又豪气四溢的墨迹。他的草书傲然不群、自成一体，用"开张天岸马，奇逸人中龙"来形容，真是恰如其分。这是他为中国、为世界的又一巨大贡献！

"诗中有画"话王维

（小学语文五年级上册配套使用）

深圳市龙华新区民顺小学　伏以光

人物小传

王维（701—761），字摩诘，号摩诘居士，唐朝著名诗人、画家。开元十九年（731年）状元及第，官至尚书右丞，故世称"王右丞"。

王维参禅悟理，学庄信道，精通诗、书、画、音乐等，以诗名盛名于开元、天宝年间。深湛的艺术修养，对于自然的爱好和长期山林生活的经历，使他对自然美具有敏锐独特而细致入微的感受，因而他笔下的山水景物特别富有神韵，常常是略事渲染，便表现出深长悠远的意境，耐人玩味。他的诗取景状物，极有画意，色彩映衬鲜明而优美，写景动静结合，尤善于细致地表现自然界的光色和音响变化。存诗400余首，代表诗作有《相思》《山居秋暝》等。著作有《王右丞集》《画学秘诀》。

一、设计微理念

王维，诗歌王国里璀璨的名字。他是盛唐时期少有的全才，诗歌艺术可与李白、杜甫相提并论，并精通音律，擅长书画印。苏东坡评价其"味摩诘之诗，诗中有画；观摩诘之画，画中有诗"。有"诗佛"之称，是唐代山水田园诗派的代表。

通过学习，让学生走近王维，了解其诗风的变化，学习其诗歌的特色，感受其诗歌的意境，领悟其诗歌蕴含的哲理。

二、课程微目标

理解诗意，感受意境，学习"诗中有画，画中有诗，诗中有禅"的艺术特色。具体内容：

（1）"诗中有画"——山水诗

（2）"诗中有画"——田园诗

（3）"诗中有画"——送别诗

（4）"诗中有画，画中有诗，诗中有禅"

三、课时安排

4课时。

四、课程设计

❀ 第一课 "诗中有画"之山水诗 ❀

【教学内容】

《鹿柴》等。

【教学目标】

（1）理解诗句的意思，结合背景资料想象诗句所描绘的画面。领悟王维山水诗"诗中有画"的艺术特色。体会诗人对平静生活的向往及安闲自在的心境。

（2）能正确、流利、有感情地诵读这首诗；王维的山水组诗；唐朝诗人的山水诗。并能领会不同诗人的山水诗的不同特点。

【教学过程】

一、体味诗意，感悟"恬静淡雅"之趣味

《鹿柴》选自《辋川集》。辋川是怎样的一处美妙地方呢？说不完的幽幽青山，道不尽的潺潺溪水，更别提那幽翠的山谷、艳丽的晚霞、急浪如雪的滩流、郁郁葱葱的树林了，让作者流连忘返。王维在辋川隐居时，游辋川20处景点，每处写诗一首。《鹿柴》只是其中的一首。

（1）出示《鹿柴》诗文：

空山不见人，但闻人语响。返景入深林，复照青苔上。

（2）读文释义，诵读体会。

整个山林中看不见人的影子，只是偶尔听到人说话的声音。那傍晚的阳光，落日的余晖，照进深林，又照在了地面的青苔之上。

（3）引读：你走进深山，漫步深林，看不到一个人，周围一片寂静，只偶尔听到人说话的声音，你不由得吟诵：空山不见人，但闻人语响。夕阳西下，一抹余晖透过树梢，洒在潮湿的苔藓上，为这幽静的深林增添一份独特的美。你又想起：返景入深林，复照青苔上。天色渐渐暗下来，走在回家的路上，回想山是那样的空寂、幽深，看不见一个人影；只是偶尔听到山谷中回荡着人说话的声音，傍晚的阳光射入那幽暗的深林，又映照在绿绿的青苔上。多美呀！不禁反复吟诵：空山不见人，但闻人语响。返景入深林，复照青苔上。

让我们配上音乐，展开想象，再次认真诵读、体会。

（4）指导想象，领悟意境。

这首诗写了哪些景物？这些景物构成了怎样的一幅画面？闭上眼睛，跟着老师一起想象——连亘数里，方圆数里的山，让人顿生寂寥幽深之感。这是一幅空山人语、深林夕照的画面。幽暗的深林中，长满了深绿色的青苔，落日的余晖淡淡地射入深林中，丰富了林中的色彩，而隐约从树林深处传来的人语声和那柔和的阳光，也给这寂静的深林带来了一丝生气。

读到这儿，想到这儿，你有什么感受？给你什么印象？你能否把它画下来？

（5）思考体会，引出特点。

这是一幅空山夕照图；这是一幅诗意、迷人的水墨画。"诗中有画"是《鹿柴》的显著特点。王维的其他山水诗有什么特点呢？

二、对比阅读，概括"诗中有画"之风格

（1）出示王维山水组诗，读一读：

竹里馆

独坐幽篁里，弹琴复长啸。深林人不知，明月来相照。

山中

溪清白石出，天寒红叶稀。山路元无雨，空翠湿人衣。

山居秋暝

空山新雨后，天气晚来秋。明月松间照，清泉石上流。
竹喧归浣女，莲动下渔舟。随意春芳歇，王孙自可留。

终南山

太乙近天都，连山到海隅。白云回望合，青霭入看无。
分野中峰变，阴晴众壑殊。欲投人处宿，隔水问樵夫。

（2）阅读山水组诗，领悟王维山水诗的共同特点。

生1：通读王维山水诗，领略到王维向我们展现了一幅幅优美、静谧的画卷，让我们真切体会到"诗中有画"的艺术特色。

生2：王维的山水诗中，山水草木都寄托着他的情感。这些意象都被诗人融合在了一起，动中有静，静中带动，是动与静的完美结合体。

师：在山水景物的描写中，王维致力于达到景与情、形与神、意与境，直至人与宇宙的完全合一，而王维把握了诗画共同的美学追求，把诗与画融合起来，使他的山水诗既非呆板的图像，亦非无声的死寂，而是立体和交响诗的结晶，达到了诗情画意的境界。

三、拓展阅读，感受"风格各异"之韵味

（1）阅读李白的"山水诗"：

望庐山瀑布

日照香炉生紫烟，遥看瀑布挂前川。
飞流直下三千尺，疑是银河落九天。

早发白帝城

朝辞白帝彩云间，千里江陵一日还。
两岸猿声啼不住，轻舟已过万重山。

望天门山

天门中断楚江开，碧水东流至此回。
两岸青山相对出，孤帆一片日边来。

（2）诵读体味，感悟特点：

俊逸清新，意境开阔，韵味悠长，情景交融，雄奇奔放。

（3）"王孟韦柳"，各具特点：

宿建德江

移舟泊烟渚，日暮客愁新。野旷天低树，江清月近人。

滁州西涧

独怜幽草涧边生，上有黄鹂深树鸣。春潮带雨晚来急，野渡无人舟自横。

江雪

千山鸟飞绝，万径人踪灭。孤舟蓑笠翁，独钓寒江雪。

（4）反复诵读，引导小结：有"王孟韦柳"并称的四位诗人，风格各异。孟浩然的山水诗，情景交融、意境明净、结构完美。韦应物的山水诗则清新自然而又雄蒙壮阔。柳宗元的山水诗表面上淡泊闲静，其实是一种清幽冷峭的独特风格。

四、课堂小结，强化"诗中有画"之认知

1. 苏东坡评价王维的诗

"味摩诘之诗，诗中有画；观摩诘之画，画中有诗。"

2. 解读"诗中有画"

（1）以诗为主体，吸收画的因素，融入诗境，体现出一般诗作难以达到的美感。既充分发挥了诗应有的长处，也能在描写人物、绘写景物的同时引起读者的联想，给读者以充分的想象空间，不仅表现在山水景色之美的形象刻画上，也表现在声、光、色、态的语言结合上。

（2）王维写景诗中数量多、富有特色的是山水诗，是"开一代诗风"的人物。其诗歌艺术修养很高，在音乐、绘画、书法等方面均具有较高成就，这为他在继承前人的基础上，把山水诗创作的艺术技巧发展到更高的水平奠定了基础。王维的山水诗是声与

色的绝佳融合，诗与画的和谐统一。

附：阅读材料

材料一： 山水田园派是盛唐诗坛两大诗歌流派之一，作品以题咏山水景物和田园生活著称。作品较多反映闲适、退隐的思想，色彩清淡，意境深幽，多采用五言古体和五言律绝的形式。这一派代表人物有王维、孟浩然等。

材料二： 鹿柴是辋川的一个风景区。辋川在今陕西省蓝田县，是王维晚年隐居的地方。他在这里经营了一个很大的山间别墅，风景非常优美。青山秀水，林木葱郁，溪流两岸，丹峰拥翠，奇石遍布，神态各异；秋冬春夏，阴晴雪雨，暮霭晨岚，空蒙凄迷，四时景致，变幻瑰丽。

材料三： 《鹿柴》描绘了鹿柴的空山深林在傍晚时分静寂幽暗的景色，带有幽凉空寂的色彩。本诗巧妙地运用衬托尽显清幽，以动衬静，以明衬暗，写出了有声的寂静、有光的幽暗。学生易于察觉无声的寂静、无光的幽暗，但不易于感受到有声的寂静、有光的幽暗，因此把引导学生想象古诗所描绘的画面作为教学本诗的难点，体会王维"诗中有画"的独特的艺术特色。

第二课 "诗中有画"之田园诗

【教学内容】

《渭川田家》等。

【教学目标】

阅读古诗，理解诗意，了解王维田园诗的特点及"诗中有画"的艺术特色。

【教学过程】

一、直入主题

（1）出示王维的《渭川田家》：

> 斜阳照墟落，穷巷牛羊归。
> 野老念牧童，倚杖候荆扉。
> 雉雊麦苗秀，蚕眠桑叶稀。
> 田夫荷锄至，相见语依依。
> 即此羡闲逸，怅然吟式微。

（2）背景介绍：王维，二十一岁中进士，是有名的大才子，诗、书、画、印、乐皆能且造诣很深。早年积极参与政治，自公元737年宰相张九龄被排挤出朝廷之后，王维深感政治上失去依傍，进退两难。后因伶人违禁舞黄狮子事受连累，贬济州司库参军。在这种心境下他来到原野，纵情山水。看到人皆有所归，唯独自己尚在彷徨，不能不既羡慕又惆怅。诗人感慨万千："即此羡闲逸，怅然吟式微。"《渭川田家》就是这一时期的作品。

（3）引入主题：苏东坡评价王维："味摩诘之诗，诗中有画；观摩诘之画，画中有诗。"王维的《渭川田家》又向我们展示了怎样的画卷呢？

二、理解诗意

（1）自读《渭川田家》三五遍，要求：正确、流利。

（2）用自己的话说说你理解的诗意。（生自由发挥，抓住大意即可）

（3）读读改写的散文诗，与自己的理解相比较：

村庄处处披满夕阳余辉，牛羊沿着深巷纷纷回归。
老叟惦念着放牧的孙儿，拄杖等候在自家的柴扉。
雉鸡鸣叫麦儿即将抽穗，蚕儿成眠桑叶已经薄稀。
农夫们荷锄回到了村里，相见欢声笑语恋恋依依。
如此安逸怎不叫我羡慕？我不禁怅然地吟起《式微》。

（4）以自由读、指名读、齐读等多种形式的方法读以上内容，说说还有哪个地方不理解。教师相机解疑。

三、领悟诗境

（1）再读古诗，想象意境，说说这首诗描绘了哪几个画面。

夕阳归山、牛羊归圈、牧童归家、田夫归村、雉鸡归窝、春蚕归眠等。

（2）核心字：归。这些画面共同构成了一幅"乡村暮归图"。

（3）分组用你自己的语言描绘这幅乡村暮归图。

夕阳西下、夜幕将临之际，夕阳的余辉映照着村落，归牧的牛羊涌进村巷中。老人惦念着去放牧的孙儿，拄着拐杖在柴门外望他归来。在野鸡声声鸣叫中，小麦已经抽穗，吃足桑叶的蚕儿开始休眠。丰年在望，荷锄归来的农民彼此见面，娓娓动情地聊起家常。

（4）指导画出以上一个或多个图画，体会王维"诗中有画，画中有诗"的特点。

四、涵咏玩味

（1）再读古诗，你能否给古诗一个简单的评价。（这首诗描绘的是一幅乡村暮归图。集中在一个关键词"归"上）

（2）由景到人，由人到情。

（3）你认为诗的哪一句最能体现诗人当时的心境？

（4）全诗用白描手法，描绘了初夏乡村的黄昏景色，清新自然，诗意盎然。

五、拓展阅读

（1）出示王维的田园诗：

新晴野望

新晴原野旷，极目无氛垢。郭门临渡头，村树连溪口。
白水明田外，碧峰出山后。农月无闲人，倾家事南亩。

辋川闲居赠裴秀才迪

寒山转苍翠，秋水日潺湲。倚杖柴门外，临风听暮蝉。
渡头余落日，墟里上孤烟。复值接舆醉，狂歌五柳前。

（2）诵读、理解、领会田园诗的特点。

诵读中认识：这些田园诗都让我们体会到了如乐如画的田园诗意图。

（3）对照阅读以下两首古诗词，理解诗意，感悟诗的意境，体会另外两首诗词清新恬淡的艺术特色。

过故人庄

孟浩然

故人具鸡黍，邀我至田家。
绿树村边合，青山郭外斜。
开轩面场圃，把酒话桑麻。
待到重阳日，还来就菊花。

清平乐·村居

辛弃疾

茅檐低小，溪上青青草。醉里吴音相媚好，白发谁家翁媪？
大儿锄豆溪东，中儿正织鸡笼。最喜小儿亡赖，溪头卧剥莲蓬。

六、对比小结

王维作为唐代山水田园诗派的主要代表人物，在继承了谢灵运山水诗和陶渊明田园诗风格的基础上，将它们高度融合于一体，发展形成了山水田园诗派。他以诗人兼画家的眼光来观察世界，描绘田园风光，清新淡雅，意境悠远。调动了绘画的艺术手段，将透视、色彩、动静、虚实、形神引入诗中，形成自己"诗中有画"的艺术特色。

附：阅读材料

材料一：王维年轻时好求上进，积极参与政事，并希望得到名人的提携，后经张九龄提拔当了右拾遗。但由于政治原因，遂半隐半退，内心异常痛苦。为了聊以自慰，排遣心中的痛苦，他开始走向山水林泉，领受大自然的绮丽风光，并写下了许多优美的山水诗和山村农家生活的田园诗，在描绘自然美景的同时，流露出闲居生活中闲逸萧散的情趣。王维的写景诗篇，常用五律和五绝的形式，篇幅短小，语言精美，音节较为舒缓，用以表现幽静的山水和诗人恬适的心情，尤为相宜。王维从中年以后日益消沉，在佛理和山水中寻求寄托，他自称"一悟寂为乐，此生闲有余"。

《渭川田家》是王维田园诗中著名的一首。这首诗后被选入《唐诗三百首》。这是一首描写田家闲逸的诗。诗人面对夕阳西下、夜幕降临、恬然自得的田家晚归景致，顿生羡慕之情。诗的开头四句描写田家日暮时的一种闲逸景象。五六两句写农事。七八句写农夫闲暇。最后两句写因闲逸而生羡情。全诗用白描手法，描绘了渭河流域初夏乡村的黄昏景色，清新恬淡，诗意盎然。

材料二：名家点评《渭川田家》

《批点唐音》：晚色妙。《唐诗镜》：景色依然。《汇编唐诗十集》：右丞妙于田家，此是其得意之作。《唐诗选脉会通评林》王世贞曰：田家本色，无一字淆杂，陶诗后少见。《古唐诗合解》：写境真率中有静气。《唐贤清雅集》：真实似靖节，风骨各别，以终带文士气。殷璠评价他的诗说："维诗辞秀调雅，意新理惬，在泉为珠，着壁成绘，一字一句，皆出常境。"

材料三：王维的田园诗，或五言或七言绝句，感情真挚，语言明朗自然，不用雕饰，具有淳朴深厚之美。与山水田园诗派的代表人物孟浩然合称"王孟"。

∽ 第三课 "诗中有画"之送别诗 ∾

【教学内容】

《送元二使安西》等。

【教学目标】

（1）正确、流利、有感情地朗读古诗，背诵古诗。

（2）感悟诗歌内容，想象诗歌所描绘的情景，体会诗中有画的艺术特色。

（3）培养学生的审美情趣，提高学生的鉴赏能力。

【教学过程】

一、激趣导入

（1）导语：同学们，你们都喜欢古诗吗？那你们一定积累了不少古诗！今天，咱们来看图猜古诗、背古诗。看谁猜得准，背得快。

接着出示《赠汪伦》的图景并配上音乐。

设计意图：通过看图猜古诗、背古诗，激发学生的学习兴趣，让学生在轻松、愉快的氛围中，自然地进入送别题材的古诗意境中。

（2）过渡：是呀，李白的这首《赠汪伦》写出了古人那种浓浓的友情、亲情。今天，我们再来学习一首送别诗——《送元二使安西》。

渭城朝雨浥轻尘，客舍青青柳色新。劝君更尽一杯酒，西出阳关无故人。

二、读题释题

（1）让学生齐读课题。从题目中，你们读懂了什么？关键词是什么？（送）

（2）如何理解"使"？（生：出使）出使到哪儿？（生：安西）

（3）谁能读好这个题目？（送/元二/使安西）

（4）对于作者王维你们了解多少？（学生谈自己对王维的了解，师小结）

王维有"诗佛"之称，是唐代山水田园诗派的代表。其山水诗，诗中有画；田园诗，诗中有画；送别诗，同样是诗中有画。

设计意图：诗缘情而发。所以学习古诗，首先让学生明白诗题的意思，了解诗人，这样可以为后面学习古诗奠定基础，也是学习古诗的重要方法。

三、入境悟情

（1）读诗解诗：我们已经对王维有了较多的了解。现在请大家自由朗读几遍这首诗，要求读得正确、流利。并指名流畅地读给大家听。

（2）细读品诗：自读自悟，理解诗意，体会感情。

（3）小组交流，相机评价。

设计意图：通过情景对话，去解读和领悟王维的内心，这既是一种想象语言训练，又是对朋友情的感悟。实际上还表达了学生自己的心声，是文与人、人与己的相遇交融。

（4）点拨导读，融入诗情。

① 这是一杯怎样的酒？（离别的酒）

既然是离别的酒，喝一杯够不够？那么王维又劝元二。读：劝君更尽一杯酒，西出阳关无故人。

② 这又是一杯怎样的酒？（友谊的酒）

友谊的酒就更应该多喝一杯。读：劝君更尽一杯酒，西出阳关无故人。

③ 这还是一杯怎样的酒？（祝福的酒）

祝福的话儿太多了，知心的朋友，再喝一杯吧！读：劝君更尽一杯酒，西出阳关无故人。

④ 想到你我一别，山高路远，天各一方，再难相见。读：劝君更尽一杯酒，西出阳关无故人。

（5）感情朗读，感悟诗境。

课件出示诗歌，并配音乐《阳关三叠》，指导学生背古诗，配上音乐。

设计意图：整个环节的设计是"以读为本"，始终让"读"贯穿整个教学过程。采用"以读代讲，层层推进"的形式进行教学，教师层进式的以情"引读"，学生心潮逐浪高的"复读"，引领学生进行一次精神的洗礼，从而感受王维优美精湛的语言美和情境美，领会王维"诗中有画，画中有诗"的特点。

四、拓展诵读，升华情感

（1）在浩瀚的唐诗宋词中，像这样送别朋友或思念亲人的名篇佳作还有很多很多，你还知道哪些这样的诗词呢？

学生背诵其他送别诗。

（2）对比阅读，李白的《黄鹤楼送孟浩然之广陵》。

王维的这首《送元二使安西》，带有淡淡的哀愁；而李白的《黄鹤楼送孟浩然之广陵》诗中，字里行间充满诗情画意，洋溢着欢快之情。

设计意图：以一首诗带动学生对同类诗的了解，既拓展了学生的视野，又增加了学生的积累，让其进一步了解了不管是怎样的送别诗，体现的诗境都是人间真情。

（3）认真阅读下列几首诗，在理解诗意、感悟诗境后，好好体会王维"诗中有画、画中有诗"的特色。最好能通过绘画画出诗的意境。

送别

山中相送罢，日暮掩柴扉。春草明年绿，王孙归不归。

送梓州李使君

万壑树参天，千山响杜鹃。
山中一夜雨，树杪百重泉。
汉女输橦布，巴人讼芋田。
文翁翻教授，不敢倚先贤。

送杨少府贬郴州

明到衡山与洞庭，若为秋月听猿声。
愁看北渚三湘远，恶说南风五两轻。
青草瘴时过夏口，白头浪里出溢城。
长沙不久留才子，贾谊何须吊屈平。

五、课堂小结

长亭饮酒、古道相送、折柳赠别、夕阳挥手、芳草离情，都是千百年来送别诗中常用的意象。"黯然销魂者，唯别而已矣。"王维的送别诗也抒写惜别并暗蓄忧伤，但于惆怅感慨中溢出健康旷达的格调，透出清新活泼的气息，潜藏着激人自勉的动人魅力。诗中的万物意象、离别场景，仿佛一幅幅难舍难分的惜别图，反映出王维"诗中有画，画中有诗"的艺术特色。

附：阅读材料

材料一：清代著名诗人袁枚说："凡作诗，写景易，言情难。何也？景从外来，目之所触，留心便得；情从心出，非有一种芬芳悱恻之怀，便不能哀感顽艳。"可见，写好送别诗确实不是一件容易的事。而王维做到了，且和李白、王昌龄成为送别诗的杰出代表。

材料二：王维送别诗有《送元二使安西》《送别》《送沈子福归江东》《熊九赴任安阳》《送杨少府贬郴州》《齐州送祖二》等。

材料三：《送元二使安西》是王维的晚年之作。这是一首送朋友去西域守护边疆的诗。诗歌的前两句写的是送别的地点、时间。环境虽美，但送别友人，心情却十分沉重。后两句写别前劝酒，实际是借酒消愁。敬酒赠言，表达了诗人对老朋友的关怀及深厚的友情。这两句通过特定动作与语言的描绘，回环映衬，在殷勤劝酒中包含着惜别的深情和对友人的关切与祝福。

第四课 "诗中有画，画中有诗，诗中有禅"

【教学内容】

《山居秋暝》等。

【教学目标】

（1）正确、流利、有感情地诵读古诗。

（2）学习并欣赏本诗"诗中有画，画中有诗，诗中有禅"，诗情画意浑然一体的艺术特色。

【教学过程】

一、由题导入

（1）今天我们学一首新诗，板书《山居秋暝》

空山新雨后，天气晚来秋。
明月松间照，清泉石上流。
竹喧归浣女，莲动下渔舟。
随意春芳歇，王孙自可留。

（2）释题。说说课题是什么意思。

为什么文人喜欢住在山里？譬如，余秋雨住在山中养病，写了一本书叫《山居笔记》。（《论语》中说，仁者乐山，智者乐水。古代文人多多少少都浸染了儒家思想，可能是这个道理吧）我们来说一说"秋"。一提"秋"，就是"悲凉""凄楚"等感觉，有时还跟离别有关，如"晓来谁染霜叶醉，总是离人泪"。等会儿我们读这首诗，看看有没有这种感觉。

（3）简介背景：王维早期有抱负和热情，写过一些昂扬奋发的诗篇。张九龄罢相后，他逐渐转向消沉，笃信佛教，长期亦官亦隐，写了大量山水田园诗，表现出逃避现实的消极倾向，使得王维"诗中有画，画中有诗，诗中有禅"。

（板书：画意禅意）

二、朗读解意

（1）初读诗文后回答，有没有悲凉凄怆之感？

（没有悲凉之感，也没有凄怆之感，也不是离愁别恨。）

（2）那是什么感觉？（引导学生自由畅谈）

（3）依据平仄，指导朗读。

（4）这首诗给我们的感觉就是：静、净。

三、品味诗歌

（1）过渡：这种感觉对不对？我们来一起品诗。

（2）品味"空"："空山新雨后，天气晚来秋。""空山不见人，但闻人语响""人闲桂花落，夜静春山空"都有一个"空"字，都是一个意思。（静）往深处想，跟佛学有关，佛语有"四大皆空""色即空"等。

（3）了解"倒装"："天气晚来秋"的意思是一个秋天的晚上，是一个倒装句，倒装的目的是为了押韵。

（4）品读"清泉"："明月松间照，清泉石上流"改成"明月林间照，急泉石上流"，大家看怎么样？好，还是不好？为什么？

这个"林间照"比"松间照"更准确，山里面恐怕不仅仅有松树吧。（松有象征意义，象征着隐士，本诗想表达对隐逸生活的向往）"清泉石上流"也有问题，一是新雨，溪流汇集一处，水流很大，或许猛浪若奔。二是，既然是刚下了雨，山上的泥土被

冲刷到溪流中，溪流就不会清澈。谁来反驳我？（诗人用清泉来衬托他自己有一种高洁的品质）

（5）抓住"意象"：读前四句，说意象。落在画意与禅意上。

（6）感受"空白"："竹喧归浣女，莲动下渔舟"实际上是因为浣女归才有竹喧，但诗人写的时候却先写竹喧，后写浣女归。这是一种什么写法呢？《红楼梦》中写王熙凤的出场就是未见其人，先闻其声。下一句，有异曲同工之妙，应该是"下渔舟莲动"，这种处理，都给读者留下想象的空白。

（7）感悟"佛意"：雨后的竹林，净。洗衣归来的少女，净。出水的芙蓉，净。佛家追求"六根清净"，王维被誉为"诗佛"，的确如此。有一种花代表佛，那是莲花，出淤泥而不染，佛家是出红尘而不染。青灯经卷，木鱼声声，老死于林泉。

（8）体味"自"：前六句写的景物清新，目的就是为了最后两句"随意春芳歇，王孙自可留"。读注释后，体味一下"自"。"自"其实是一种选择，对于任何一种信仰，都是发自心灵的选择。

（9）体会"禅意"：朗读全诗，用心揣摩。

生：通过对山中秋色的描绘，表现了诗人高尚的情操与高洁的志趣，同时也表现了诗人对大自然的热爱，对官场的厌弃，以及对隐居生活的向往。

生：无论选择什么样的生活，都应该"诗意地栖居在大地上"。这是这首诗给世人的启示。

四、涵咏"诗佛"

（1）王维被称为"诗佛"，从《山居秋暝》可见一斑。这种佛家思想，在他的其他诗篇里也有所体现。如：

山中相送罢，日暮掩柴扉。

深林人不知，明月来相照。

行到水穷处，坐看云起时。

倚仗柴门外，临风听暮蝉。

晚年惟好静，万事不关心。

（2）你还能再找找王维的诗，感受这种"禅意"吗？（生自由举例）

（3）阅读以下几首诗，领悟王维诗歌"诗中有画，画中有诗，诗中有禅"的艺术特色。

孟城坳

新家孟城坳，古木余衰柳。来者复为谁，空悲昔人有。

鹿柴

空山不见人，但闻人语响。返景入深林，复照青苔上。

鸟鸣涧

人闲桂花落，夜静春山空。月出惊山鸟，时鸣春涧中。

（4）引导小结：这些诗仅借写一物、一景、一机，就创造了一个"空、寂、闲、静"的意境。

王维作为唐朝山水田园诗派的代表人物，他的山水田园诗在吸收前人经验的基础上有了新的突破，即"以禅入诗"，使诗与禅第一次实现了融合，体现了他"诗中有画，画中有诗，诗中有禅"的艺术特色。

附：阅读材料

材料一：王维自幼聪慧，出身于官宦世家，受到良好的传统文化教育和书香的熏染，能诗善画，精通音律，多才多艺。王维以其敏锐的洞察力，看山看水看自然，观人观像观世界，创作出大量形神兼备、气韵生动、画意盎然的诗书画作。由于中年时代的经历，其作品中充满了禅意。明代胡应麟《诗薮》说："太白五言绝，自是天仙口语，右丞却入禅宗。"后代诗评家也注意到王维与佛教的紧密关系，赠予他"诗佛"称号，并将其与"诗仙"李白、"诗圣"杜甫相提并论。

材料二：王维把学禅中体悟到的"静""寂""闲"带入诗歌，这类诗往往不用禅语而禅意十足。如《山居即事》：寂寞掩柴扉，苍茫时落晖。鹤巢松树遍，人访荜门稀。绿竹含新粉，红莲落故衣。渡头烟火起，处处采菱归。从这首诗感受到黄昏时刻令人感慨、让人感伤的画面，感受到静与动的相互和谐，感受到禅趣的幽深。

而在《辋川集》中，自然的超逸空灵之美，隐居生活的清静悠然之乐，更多地融入了空、静、寂的禅趣。

"诗，文之禅也；禅，佛之诗也。"王维的诗充满着禅趣，生动地传达出了自己微妙的禅悟体验，表现了一种动静情致。开拓了山水诗的意境。

材料三：这首《山居秋暝》就是表现王维山居隐逸之乐的。突显了全诗王维山水田园诗的艺术特色，即全诗没有一丝凄凉的音响和幽暗的色彩，就如同他笔下的春光一样，散发着明媚的气息。

王维的诗歌创作，处处浸润着禅宗的痕迹，他将文学修养与宗教审美结合在一起，丰富了盛唐诗歌的内容和表现形式，开创了不朽的诗歌艺术境界，并将情境相谐的艺术表现功能发挥到极致。

王维的诗歌胜在境界，如霁云微雨。他把"禅境"与"意境"完美地结合在一起，表达了对自然山水的观照，对社会、对仕途的体悟。他的诗作不像李白的诗那样奔放豪迈、天马行空，也不像杜甫诗那样忧国忧民、力透纸背，他的诗则需在含蓄隽永中品鉴与回味。

寂寞萧红

（与小学语文五年级下册配套使用）

深圳市龙华新区教育科学研究管理中心　路成书
深圳市龙华新区民顺小学　张德芝

> **人物小传**
>
> 萧红（1911-1942），中国近现代女作家，"民国四大才女"之一。在不到32年的短暂生命里，她留下了近70万字的作品，被誉为"20世纪30年代的文学洛神"。原名张乃莹，笔名萧红、悄吟等。幼年丧母，父亲性格暴戾，她只有从年迈的祖父那里享受到些许人间温暖，寂寞的童年形成了萧红性格中孤独、敏感、矜持而又倔强的一面。萧红19岁因不满包办婚姻离家出走，之后一生与贫困苦难为伴。爱的缺乏，造就了她寂寞的童年；漂泊的凄苦，注定了她一世的苍凉。但她的语言风格和表达方式别具一格，笔触细腻深刻、真挚动人，形成了独特的"萧红体"，鲁迅称其为中国最有前途的女作家。代表作品有《呼兰河传》《生死场》《马伯乐》《小城三月》等，散文《孤独的生活》，长篇组诗《砂粒》等。

一、设计微理念

萧红是一位具有独特艺术风格的女性作家，以其作品中悲喜交杂的情感基调、刚柔并济的语言风格以及独特的写作视角的运用和对行文结构的处理，在文学史中独树一帜。她是"民国四大才女"中最不幸的一位——短命、穷困、奔波，她是智商极高而情商极低的"第一苦命女子"。她不是美女，也不是文艺战士；她只想做自己，却又永远做不好自己。她的一生都在疲于奔命和动荡不安中挣扎，文学创作虽然部分成全了她，却没有彻底改变她的悲惨命运。无论是她所挚爱的祖父，她所依赖的爱人——陆振舜、汪恩甲、萧军、端木蕻良，还是她所敬重的鲁迅，都没有也不可能成为她永远的救星。

2014年的一部电影《黄金时代》让现代女作家萧红又"红"了起来，短短31年的人生，9年的创作生涯，她的命运坎坷曲折，她的作品却独特而伟大。2015年1月22日，萧红逝世73周年，让我们静下心来回望她走过的文学足迹，倾听热爱她文字的人们对她的怀念。

二、课程微目标

（1）通读《呼兰河传》，解读萧红"寂寞的童年"。
（2）纵观作家一生，还原萧红"一世的苍凉"。

三、学习微课时

在充分阅读《呼兰河传》《生死场》等作品的基础上，计划2～4课时。

四、课程微设计

第一课　寂寞的童年

【教学内容】
通读《呼兰河传》，解读萧红"寂寞的童年"。
【教学目标】
（1）通读《呼兰河传》，整体把握作品的风格。
（2）精读作品细节，解读"寂寞童年"及其对萧红一生的影响。
【课前准备】
通读《呼兰河传》，搜索萧红的相关资料，初步认识作家、作品。
【教学过程】
一、美文回顾，呼兰河中觅温情
（1）回顾美文：《呼兰河传》读了吧？有两处选入我们的教材了，是《火烧云》和《祖父的园子》。让我们一起回顾萧红美轮美奂的文字吧！自由朗读。

晚饭过后，火烧云上来了。霞光照得小孩子的脸红红的，大白狗变成红的了，红公鸡变成金的了，黑母鸡变成紫檀色的了。喂猪的老头儿在墙根站着，笑盈盈地看着他的两头小白猪变成小金猪了。他刚想说："你们也变了……"旁边走来个乘凉的人，对他说："您老人家必要高寿，您老是金胡子了。"

花开了，就像花睡醒了似的。鸟飞了，就像鸟上天了似的。虫子叫了，就像虫子在说话似的。一切都活了。都有无限的本领，要做什么，就做什么。要怎么样，就怎么样。都是自由的。倭瓜愿意爬上架就爬上架，愿意爬上房就爬上房。

黄瓜愿意开一个黄花，就开一个黄花，愿意结一个黄瓜，就结一个黄瓜。若都不愿意，就是一个黄瓜也不结，一朵花也不开，也没有人问它。玉米愿意长多高就长多高，他若愿意长上天去，也没有人管。蝴蝶随意地飞，一会从墙头上飞来一对黄蝴蝶，一会又从墙头上飞走了一个白蝴蝶。它们是从谁家来的？又飞到谁家去？太阳也不知道这个。

（2）寻觅温情：朗读这几段文字，你看见了怎样的画面？体会到了怎样的温情？

生：祖父的园子是一幅明丽的、漂亮的、富有童话色彩的画，画里有树、有花、有菜、有庄稼、有蜻蜓、有蝴蝶、有蚂蚱、有小鸟、有风、有雨，还有太阳……

生：园子里有快乐、自由。这自由与快乐都是祖父给予的。没有祖父的关爱和宽容，这园子再美也没有生命力。

生：火烧云写得极其生动，几乎是每读一句脑海中就能画出一幅火烧云的景象，那霞光万道的火红天幕，那瞬息万变的云龙苍狗，那变幻莫测的奇妙色彩……虽然是童话般的境界，但是我们也能常常见到。

教师小结：是的，在整个《呼兰河传》中，这是难得的，也是仅有的两个充满温情的场景。教材的编者很有眼光，把它给选进课文了。

二、经典回眸，名家导读凝主题

（1）经典回眸：《呼兰河传》整体留给你怎样的印象？预设：

生：小说是在写自己的童年，感觉呼兰河这个地方贫穷、愚昧，整本书给人的感觉是很有趣，但是也很苍凉，会有"笑中带泪"的感觉。

生：用一个孩子的眼光看呼兰河，但是她又很少写（几乎不写）自己的兄弟姐妹，很多时候写到自己的祖父，也提到祖母、父亲和母亲，但是感觉他们似乎都不大喜欢，也不太关心这个爱动的小女孩。

生：我看到了满页的悲凉，我觉得不像是一部小说，倒是很像散文……

（2）聚焦主题：同学们读得很是认真，也很深入，连"不像小说"这样高深的问题都察觉到了。是的，当时为这本书写序的茅盾先生最先发现了，让我们一起读一读他眼中的《呼兰河传》吧！出示：

《呼兰河传》给我们看萧红的童年是寂寞的。

呼兰河这小城的生活也是刻板单调的。呼兰河这小城的生活是寂寞的。

评价《呼兰河传》不像是一部严格意义的小说，它于这"不像"之外，还有些别的东西，一些比"像"一部小说更为"诱人"些的东西，它是一篇叙事诗，一幅多彩的风土画，一串凄婉的歌谣。

教师引导：茅盾说《呼兰河传》是叙事诗，是风土画，是歌谣。在这本书的封面上，也写着这样的导语，代表了编者和一部分读者的心声。

《呼兰河传》是萧红最重要的代表作。因为《生死场》，人们知道了萧红；因为《呼兰河传》，人们记住了萧红，也记住了东北边陲那个偏远却也动人的小镇。

《呼兰河传》描写了二十世纪三四十年代东北小镇呼兰城的风土人情，真实而生动地再现了当地百姓的生活。那里的人，善良却也愚昧，可恶却也无辜；那片土地上，飘荡着无知和愚昧，也充满了苦难和悲凉。呼兰河虽不是回荡着悠扬牧歌的静谧田园，但那里的一缕缕炊烟，却是寂寞女子心底仅有的一点温暖与归属。

小说写了人物，却没有主角；叙述故事，但没有主轴；七个章节，看似独立却又浑然一体。萧红以成熟的艺术笔触造就了她"自传体"小说的巅峰之作。那些字句，最平常不过，却能在人心里一点一点蚀出一个大坑，令人空空落落的直想落泪……

教师引导：大家知道，小说的三要素是人物、情节和环境。但是在《呼兰河传》中，写了人物，却没有主角；讲了故事，却没有主轴；唯有环境描写是从一而终的。品读这样的小说，我们应该抓住什么呢？

（3）引向深处：在学生自由的讨论中，教师把思维引向深处。

萧红的小说具有鲜明的文体特征，创造出场景性的小说结构。系列散文《商市街》在发表时曾遭到"看不明白"的议论，因为萧红使用了不少小说的技巧，这样的写作形式在20世纪30年代异常新颖，从文体上看，它更接近小说，不过它又是"不折不扣的生活记录"（萧军《商市街·读后记》）。在中国现代小说史上，从《商市街》《生死场》到《呼兰河传》，萧红打破了传统小说单一的叙事模式，创造了一种介于小说、散文和诗之间的边缘文体，并以其独特的超常规语言、自传式叙事方法、非情节化的结构及诗化风格形成了别具一格的"萧红体"小说文体风格。

自读两遍，想一想："萧红体"小说具有怎样的风格？

引导学生讨论，再小结："萧红体"小说的风格，理出四个关键词——超常规语言、自传式叙事、场景性结构、诗化风格。

三、解读经典，"萧红体"中议风格

（1）小组合作：从上述关键词中任选一个，浏览《呼兰河传》，品味"萧红体"。

（2）交流互动：以作品为依据，举例说明某一个关键词。预设：

① 超常规语言：

我出生的时候，祖父已经六十多岁了，我长到四五岁，祖父就快七十了……我想，幸好我长大了，我三岁了，不然祖父该多寂寞。我会走了，我走不动的时候，祖父就抱着我；我走动了，祖父就拉着我。

评议要点：主语一再重复，但并不是修辞上的缺陷，这是一种完全没有句法意识的语句，可是读后并不觉晦涩含混，相反却是清晰的，并且有画面感。

② 自传式叙事：

美国汉学家葛浩文说："在本质上是个善于描写私人经验的自传体式作家。"

评议要点：《呼兰河传》从头至尾，作者用第一人称，叙说着发生在呼兰小城的人和事。小说中的"我"，是作为小说中的一个角色，作为生活的见证人而存在。萧红是一个"感情胜过理智"的自传型女性作家，只有这种角度才深深地契合于她的天性，才使她的情感和话语得以充分地表达。

③ 场景性结构：

严冬一封锁了大地的时候，则大地满地裂着口。从南到北，从东到西，几尺长的，一丈长的，还有好几丈长的，它们毫无方向地，便随时随地，只要严冬一到，大地就裂开口了。

评议要点：《呼兰河传》的每一章，都是一个不同的场景，演绎着不同的故事。小说的开头，初一提笔，就写出了呼兰河的荒凉。小城里所有人的生生死死，都可以用这两个字概括。

④ 诗化的语言：

满天心光，满屋月亮，人生何如，为什么这么悲凉？

若赶上一个下雨的夜，就特别凄凉，寡妇可以落泪，鳏夫就要起来彷徨。

评议要点：这样诗化的语言，在作品中比比皆是。呼兰河城"卑琐平凡"的实际生活和那些所谓"精神上的壮举"，不仅使人想到分行排列的诗，而且具有了诗的回环和韵律。

四、课堂小结

翻开《呼兰河传》，如同打开一卷古老昏黄的历史画卷，这画卷历经沧桑，看不到生机与活力，满页都是苍凉。只有在看火烧云的瞬间，只有在祖父出场之后，才使人感受到一丝丝温暖，这是萧红生命中最为重要的一抹暖色，是她生命的慰藉和源泉所在。但萧红还是用平和、淡泊的语气叙述了故乡的种种，以一颗包容的心将一切不美好都包容了。

第二课 一世的苍凉

【教学内容】

了解萧红的生平，反思影响她人生的背后原因。

【教学目标】

（1）搜索萧红的生平，了解她疲于奔命、动荡不安的人生。

（2）了解萧红的文学创作之路，思考她的反叛与抗争。

【课前准备】

（1）运用网络搜索萧红生平，粗读她的重要作品《呼兰河传》《生死场》《小城三月》等。

（2）观看电影《黄金时代》《萧红》。

（2）关注名家评论，初读当代思想学者林贤治所作的《漂泊者萧红》。

【教学流程】

一、切题导入，交流课前心得

（1）切题导入：上一课我们认真解读了萧红的《呼兰河传》，这节课我们将视角转到她的人生上来。课前大家做了多项准备工作，这节课我们将围绕萧红"一世的苍凉"来全面地了解她的人生，思考影响她人生的重要原因。

（2）交流心得：课前你做了什么？重点在关注什么？预设：

生：我主要在网络上和相关的图书上寻找萧红生平的资料，了解到她是民国最苦命的女子——短命、穷困、奔波。（师：很好，详情等会儿再议）

生：我观看了电影《黄金时代》，看到了萧红的苦难人生。

生：我读了她的作品《生死场》《商市街》，特别看了《弃儿》，发现她写的东西

161

基本都是"不折不扣的生活记录"，她真的是"自传式叙事"的高手。

生：我看了一些作家评论，林贤治说"萧红是一个理想主义者"，鲁迅更是欣赏她，称她为"文学洛神"，但也有人认为她智商极高情商极低，做人不及格。

……

（3）小结提升：是的，几十年来，萧红是个颇具争议性的作家。从作品上讲，她的成就极高；从做人上讲，她一错再错。接下来，我们将从作家的人生、人品与作品几个方面进行研讨，争取有一个全面、客观的认识。

二、身世飘零的天才作家

1. 梳理作家人生

从你搜集到的资料里，请简要梳理作家的人生。经充分讨论后，梳理如下：

（1）1911年6月2日，萧红出生于黑龙江呼兰县一个地主家庭，取名张乃莹。

（2）1919年，生母病故。继母与她感情淡漠，父亲思想保守、专制顽固，只有年迈的祖父能给她一点儿安慰。（1929年祖父去世，她对家庭已没有感情和留恋）

（3）1927年就读于哈尔滨市东省特别区区立第一女子中学，喜欢文学和绘画。

（4）1930年初中毕业，父亲令她退学与汪恩甲完婚，她与表哥陆振舜出走北平。

（5）1931年，这个无家、无业、无处栖身的姑娘遇上追来的汪恩甲，先受骗后被弃，怀着身孕孤身困于旅馆。1932年在即将被老板贩卖以抵所欠旅食费时，得到萧军的帮助，逃离出困境。孩子生下后因无力抚养而送人，后夭折。与萧军安家于道里商市街25号，没有固定收入，仅靠萧军当家庭教师和借债勉强度日。

（6）1934年，二萧因编辑进步刊物随时有被捕危险，于6月逃往青岛，10月又奔赴上海，得到鲁迅的帮助和赏识。

（7）1936年7月，因与萧军感情背离和身体不佳，只身东渡日本。次年1月返回上海。

（8）1938年1月应李公朴之约到山西民族革命大学任教，其后与萧军分手，与端木蕻良结婚。

（9）1940年和端木一同去了香港，1941年12月香港沦陷，她患上严重的肺结核，靠朋友的接济住院治疗，辗转几所医院，于1942年1月22日，在战争与疾病的折磨中，在红十字会临时医院与世长辞，年仅31岁。

2. 探究人生轨迹

从萧红的人生中，你悟出了一些什么？

生：萧红从小缺少关爱，母亲早逝，父亲保守，继母感情淡薄，仅仅能从祖父那里得到一点温暖，她的童年是寂寞的，这寂寞深深地烙在了萧红的心上。

师：是的，为了摆脱寂寞，她从中国的最北端走到了最南方，从童年走到青年，再到中年，许多年过去了，她的寂寞依旧深重，始终如影随形。

生：萧红出生的年代正是国家苦难深重的时期，这些苦难自然也就体现在了她的人生道路之上。自从离家，她就处于疲于奔命和艰难度日之中。

师：是的，战争带给百姓的创伤是不可低估的。

生：我有个疑惑，为什么萧红的一生总是处在背叛和叛逆之中？为了逃婚，她背叛了家庭。为了爱情，她的感情也遭遇了背叛。

教师小结：是的，萧红的人生固然与当时的战争、国难当头有关，她的早逝或许与当时的医疗条件有关，如果是现在，她或许会活得长久一些。你们的疑惑也是老师的疑惑，接下来，我们重点研讨一下她的人品，看看命运之后到底是什么在作怪。

三、何人绘得萧红影

（1）简介背景：从1927年至1942年，萧红有过15次以上的"离开"，她居住过的地方包括哈尔滨、北京、青岛、上海、武汉、临汾、西安、重庆、香港等，她从没有在一个地方真正住过两年以上。"一直就在挣扎之中过活"竟然成为萧红的生活常态。

（2）展示各方评论：这位身世飘零的天才作家不会想到，在她身后70余年间，自己生前的遭尽冷眼正全然被热情四溢的影视及文学传记作品所取代——据统计，近年来有关萧红的传记已经达到70多部，有关萧红的电影也有多部。我们尝试从众多名家的评论中找到真实的萧红。请看——

林贤治（诗人、学者）：萧红确实是一个不折不扣的理想主义者。在中国现代文学史上，萧红是继鲁迅之后的一位伟大的平民作家。她的《呼兰河传》和《生死场》，为中国大地立传，其深厚的悲剧内容，以及富于天才创造的自由的诗性风格，我以为是唯一的。作为一个作家，萧红写出了底层农人和女性的抗争；作为一位女性，她塑造了独立、反叛的女性形象。她自身处在苦难中，文字却比张爱玲更有暖色。

批评家张莉：为什么这位女作家如此让人念念不忘？固然与她传奇而短命的一生有关，但终究还是因为她的文字，因为她文字里潜藏着的天赋、勇气、胆识和才华，因为她的写作本身闪耀钻石般的光泽，于是，在她去世四十年后、五十年后、七十年后，人们还是要忍不住大张旗鼓地去谈论她，阅读她。与那些优秀的民国文艺女性最好的相逢——是回到她们的专业领域，是去往她们的文学世界，是与她们进行精神对话。

著名学者钱理群：萧红是一个心灵非常纯洁的作家，你去看《呼兰河传》，那些文字是多么美好。

（3）整理自己的观点：从这众说纷纭的议论声中，你比较赞同哪些观点？

在充分的讨论之后，把孩子们的思维引向核心：萧红的确是一位极有天赋、成就极高的伟大作家，然而很多人（包括传记和影视）关注点并未在作品本身，而是更关注她复杂的情感和漂泊的人生，尤其是她不顾家庭、不负责任的所谓"逃婚"，还有她三次不成功的婚恋，这于萧红来说是悲哀的。不可否认，萧红性格中的"勇敢"与她处事上的幼稚，这些人性的弱点是她苦难的根源之一。难怪她的好友聂绀弩先生写下"何人绘得萧红影，望断青天一缕霞"的诗行。

四、我是《红楼梦》里的痴丫头

1. 饱受争议的萧红是怎样看待自己的呢？我们看看如下三段文字：

（1）"我将与蓝天碧水永处，留得那半部红楼给别人写了。半生遭尽冷眼……身先死，不甘，不甘。"1942年1月22日，31岁的萧红在香港受尽病痛折磨，临终时，手书此一句，成为绝笔。

（2）萧红这样解读自己："我一生最大的痛苦和不幸，都是因为我是一个女人。""女性的天空是低的，羽翼是稀薄的，而身边的累赘又是笨重的。"

（3）聂绀弩与萧红曾有过一次谈话："萧红，你是才女，如果去应武则天的考试，究竟能考多高，很难说，总之，当在唐闺臣（清代小说《镜花缘》中人物，武则天开科考试天下才女，她本为榜首，武则天不喜她的名字，将其移后10名）前后，决不会和毕全贞（也是《镜花缘》中人物，考试的末名）靠近的。"萧红听了笑着说："你完全错了。我是《红楼梦》里的人，不是《镜花缘》里的人。我是《红楼梦》里的痴丫头香菱。"

2. 你从这三段文字中读出了萧红怎样的内心？

生：萧红的人生太短暂太跌宕，她能用来释放才华的机会太少了！

生：我看过一篇文章，萧红仅仅八年的创作生涯，却出了11个集子。

生：萧红那个年代，对于女性是极不公平的。如果她是个男人，命运或许就不同了。

生：萧红非常地不甘心！如果她能再活几年，那作品也是很难预料的。

……

3. 提升认识

香菱本名甄英莲（谐音"真应怜"），是甄士隐的独生女。3岁那年的元宵节，她在看社火花灯时因家奴看护不当而被人贩子拐走，后来落到薛宝钗的哥哥"呆霸王"薛蟠手中。与香菱一样，萧红的人生也是惹人怜惜的。不过，与香菱的祸起于偶然不同，萧红的不幸主要源于她自己"痴心女子偏遇负心汉"的盲目追求与错误选择。

4. "以文立命"的痴丫头

以文立命，是弱女子萧红的终生追求。她短短的一生一直处在动荡的悲苦与不幸中，她的反叛与抗争伴随着她三十多年的人生，但她却从不低头从不放弃。无论生活如何磨难，无论经济如何困窘，她都没有停下笔，她只想找个安静的地方写东西。

《生死场》，笔触之细致、动人，完全适合拿来做人类学、社会学、生物学的参考资料；短篇小说代表作《马房之夜》《桥》，极简笔法写尽底层民众人生寂寞、孤苦和苍凉。不仅如此，她的散文、书信、诗作，均是天然至透彻。

结束语：萧红，不懂她的为她忧愁，明白她的叹此生值得一游。一代文学洛神，一生追求爱与自由，在那个充满暴力、奴役与欺侮的社会中，流浪异乡，敲响生的意义的警钟。

爱的缺乏，造就了她寂寞的童年；漂泊的凄苦，注定了她一生的苍凉。她，如烟花般寂寞，比烟花更灿烂；一生的漂泊遭不走刻在她心底的悲凉……

这个东北女子孤傲冰洁，如一朵生长在冰天雪地里的海棠花，在零落纷扰的三十年代，她是一抹亮眼的红，因为鲜丽，而让人更觉凄凉。

人民艺术家——老舍

（与小学语文六年级上册配套使用）

深圳市龙华新区民治小学　文丹

> **人物小传**
>
> 　　老舍（1899年2月3日—1966年8月24日），原名舒庆春，另有笔名絜青、鸿来、非我等，字舍予。上学后，自己更名为舒舍予，含有"舍弃自我"，亦即"忘我"的意思。信仰基督教，北京满族正红旗人。中国现代小说家、著名作家，杰出的语言大师、人民艺术家，新中国第一位获得"人民艺术家"称号的作家。代表作有《骆驼祥子》《四世同堂》、剧本《茶馆》。老舍的一生，总是忘我地工作，他是文艺界当之无愧的"劳动模范"。1966年，由于受到文化大革命运动中恶毒的攻击和迫害，老舍被逼无奈之下含冤自沉于北京太平湖。
>
> 　　选入人教版教材的作品有：《草原》《林海》《养花》《母鸡》《猫》《北京的春节》等。

一、设计微理念

老舍，中国现代小说家、著名作家，杰出的语言大师、人民艺术家，新中国第一位获得"人民艺术家"称号的作家。他的文学语言通俗简易、自然率真、幽默诙谐、意味深长、俗白精致、京味十足。本课程着力不同类型的文本，带领学生走近老舍，品味一代语言大师的独特魅力。

二、课程微目标

（1）读散文，赏析淳朴清新的语言；

（2）阅小说，品味醇厚浓重的情感；

（3）观话剧，领悟悲天悯人的情怀。

三、课前微准备

（1）回顾之前我们学过的老舍先生的散文；

（2）提前读一读老舍的作品：小说《骆驼祥子》《四世同堂》《二马》和话剧《茶馆》。

四、课程微设计

∞ 第一课　散文——落笔精准，不蔓不枝 ∞

【教学内容】

《林海》《草原》《养花》《猫》《母鸡》。

【教学目标】

（1）通过阅读，了解老舍散文的主要题材。

（2）比较阅读，感受老舍散文的主要特色。

【教学过程】

一、回忆导入

（1）出示老舍散文《答客问》的片段：

在我快要与世长辞的时候，我必留下遗嘱，请求大家不要发表我的函信，也不要代我出散文集。我写信只为写信，三言两语，把事说明白就好，并不自印彩笺，精心遣词，仔细作字，以期传流后代。若把这样的信件印出来，只是多费许多纸，对谁也没有任何好处。至若小文，虽不能像函信那样草草成篇，但究非精心之作，使人破工夫读念，死后也不安心！若有人偏好多事，非印行它们不可，我也许到阎王驾前，告他一状，教他天天打摆子！

读完此文段，你对老舍先生有怎样的看法？

（2）作为一名驰名中外，享誉国际，多产又多能的作家，老舍先生的散文宛若散落的珍珠，在其瀚如烟海的作品缝隙里，熠熠生辉，不可忽视。同学们，回忆一下，我们曾经学过老舍先生的哪些散文？

梳理：《草原》《林海》《养花》《母鸡》《猫》等。

（3）分享你最喜爱的一篇并说出自己的理由。预设：

《草原》写出了内蒙古草原的广袤与壮美，到处青翠欲滴，让人陶醉其中；还写出了内蒙古人民的好客，体现了蒙汉情深，其乐融融。

《养花》这篇文章详细描写了养花的酸甜苦辣，淋漓尽致地展现了老舍先生对生活的热爱，让人感觉养花是件十分有趣的事情。

《猫》这篇状物散文读起来让人忍俊不禁，大猫的古怪、小猫的淘气在老舍先生的精细观察、细致记叙中一览无遗，仿佛没有长大的孩子，字里行间透露出作者对它们的喜爱。

二、分类阅读

1. 写景——赏绿

出示散文《林海》和《草原》，小组合作学习，任选一篇，思考并讨论：你从文字中看到了怎样的画面？重点导读：

（1）目之所及，哪里都是绿的。的确是林海，群岭起伏的林海的波浪。多少种绿颜色呀：深的，浅的，明的，暗的，绿得难以形容。恐怕只有画家才能描出这么多的绿颜色来呢！

师：你知道哪些形容绿色的词语？

预设：碧绿、翠绿、墨绿、新绿、嫩绿、深绿、浅绿……

师：你还知道哪些形容绿色的成语？

预设：青枝绿叶、苍翠欲滴、郁郁葱葱、水碧山青、砌红堆绿……

将这些词语带入文中读一读，说一说你看到了什么。用一句话来形容。

预设：

① 我看到了满目的绿色，深深浅浅的绿色堆积在一起，天地间仿佛只剩下了一种颜色……

② 太壮观了！仿佛一片绿色的海洋，让人荡漾其中，美不胜收。

③ 大自然就像是技艺高超的画师，墨洒青山，一蹴而就。

（2）这次我看到了草原。那里的天比别处的更可爱。空气是那么清鲜，天空是那么明朗，使我总想高歌一曲，表示我满心的愉快。在天底下，一碧千里，而并不茫茫。四面都有小丘，平地是绿的，小丘也是绿的。羊群一会儿上了小丘，一会儿又下来，走到哪里都像给无边的绿毯绣上了白色的大花。那些小丘的线条是那么柔美，就像只用绿色渲染，不用墨线勾勒的中国画那样，到处翠色欲流，轻轻流入云际。这种境界，既使人惊叹，又叫人舒服；既愿久立四望，又想坐下低吟一首奇丽的小诗。在这境界里，连骏马和大牛都有时候静立不动，好像回味着草原的无限乐趣。

师：谁最会朗读？请你有感情地朗读一下这段文字。谁最会画画？请你试着用笔在黑板上勾勒一下你听到的"画面"。

请你用自己的话描述一下黑板上的画面。

预设：天高云淡，清风徐徐，山峦小丘看上去是那般可爱，绿绿的，青青的，让人忍不住伸出手去小心触碰。洁白的羊群在一望无际的草原上肆意游荡，懒懒洋洋十分惬意。

（3）师小结：老舍先生不愧是语言大师，在他的散文里，你能读出一份闲适，大兴安岭林海的绿让置身其中的人感到舒服与自然，内蒙古草原的无限风光让人心旷神怡。

2. 记事——乐活

老舍先生不仅善于发现大自然的美，生活当中的美也难逃他敏锐的双眼。

（1）出示阅读散文，小组合作学习：你从文章中感受到了作者的哪些滋味？请列出相应表格。

养花的事件	养花的滋味
天气变化，搬进搬出，腰酸腿疼，热汗直流	酸
送牛奶的同志夸，友人拿走自己的劳动果实	甜
遭遇意外，菊秧被砸死三十多种，一百多棵	苦
养花既锻炼身体又增长知识，一举两得	辣

（2）朗读中品味句子。

① 我只把养花当作生活中的一种乐趣，花开得大小好坏都不计较，只要开花，我就高兴。

② 不过，尽管花草自己会奋斗，我若是置之不理，任其自生自灭，大半还是会死的。我得天天照管它们，像好朋友似的关心它们。一来二去，我摸着一些门道：有的喜阴，就别放在太阳地里；有的喜干，就别多浇水。摸着门道，花草养活了，而且三年五载老活着、开花，多么有意思啊！

③ 在我工作的时候，我总是写几十个字，就到院中去看看，浇浇这棵，搬搬那盆，然后回到屋中再写一点，然后再出去，如此循环，让脑力劳动和体力劳动结合到一起，有益身心，胜于吃药。

④ 送牛奶的同志进门就夸"好香"，这使我们全家都感到骄傲。赶到昙花一现的时候，约几位朋友来看看，更有秉烛夜游的味道——昙花总在夜里开放。花分根了，一棵分为几棵，就赠给朋友们一些；看着友人拿走自己的劳动果实，心里自然特别欢喜。

⑤ 三百棵菊秧还在地上（没到移入盆中的时候），下了暴雨，邻家的墙倒了，菊秧被砸死三十多种，一百多棵。全家人几天都没有笑容。

（3）小结：人生有百味，只有经历了酸甜苦辣，才能品出生活的滋味。在老舍先生的眼中，养花过程中的点点滴滴都不啻为"乐趣"，酸也是甜，苦也是甜。生活中你有没有经历过这样的事情？

3. 小动物们——享趣

一花一世界，一鸟一天地。我们身边的小动物在老舍先生的笔下个性十足，形象鲜明，趣味横生。

它要是高兴，能比谁都温柔可亲：用身子蹭你的腿，把脖儿伸出来要求给抓痒，或是在你写稿子的时候，跳上桌来，在纸上踩印几朵小梅花。它还会丰富多腔地叫唤，长短不同，粗细各异，变化多端，力避单调。在不叫的时候，它还会咕噜咕噜地给自己解闷。

——《猫》

我一向讨厌母鸡，不知怎样受了一点惊恐，听吧，它由前院嘎嘎到后院，由后院嘎嘎到前院，没完没了，并且没有什么理由，讨厌！有的时候，它不这样乱叫，可是细声细气的，有什么心事似的，颤颤巍巍的，顺着墙根，或沿着田坝，那么扯长了声如怨如诉，使人心中立刻结起了个小疙瘩来。

……

我不敢再讨厌母鸡了。

——《母鸡》

（1）出示文段：比较这两种小动物，你喜欢哪一种，为什么？
（2）朗读文段，从中你读出了作者怎样的感情？请你带着同样的感情读一读。

三、写法探寻

小组讨论：阅读完这些散文，你发现老舍先生的散文有哪些特色？

老舍的散文特点：语言平实，语气平和，娓娓道来，生动活泼。中心明确，一目了然，感情真挚，舒适自然。

四、课程小结

老舍先生的散文一般篇幅不长，虽然选材广泛，但并没有芜杂散漫的毛病。先生的散文，细细观察，开篇即开宗明义，如：林海的"亲切与舒服"，养花的"乐趣"，猫的"古怪"……全文紧扣中心，形散而神不散。这缘于老舍写文章的宝贵经验，结构文章必须"落笔准确，不蔓不枝"，不能"敷衍"。

第二课 小说——市民世界，京味十足

【教学内容】
《骆驼祥子》《四世同堂》《二马》。

【教学目标】
（1）通过阅读，感知老舍小说的人物形象。
（2）比较阅读，理解老舍小说的艺术特点。

【课前准备】
阅读老舍先生的小说《骆驼祥子》《四世同堂》《二马》。

【教学过程】

一、聊情节，把握内容

巴金称他为中国知识分子最好的典型；曹禺说他是中国当代的"人杰"；政府授予他"人民艺术家"称号；朱光潜认为他的小说屈指可数……他的作品在中国现代小说艺术发展中有着十分突出的地位，与矛盾、巴金的长篇创作一起，构成中国现代长篇小说艺术的三大顶峰。他就是老舍先生。

（1）小组汇总：你之前阅读过的他的小说作品，将书名写在纸上。

预设：《骆驼祥子》《二马》……

（2）小组汇报：说一说你印象最为深刻的人物形象。

预设：

重点评议《骆驼祥子》中的祥子：祥子的三起三落，他的命运三部曲是"精进向上——不甘失败——自甘堕落"。

一起：积极、向上、要强。他从农村来到北平当人力车夫，苦干三年，凑足一百块

钱，买了辆新车。他自信、对生活充满希望。

一落：连人带车被宪兵抓去当壮丁。理想第一次破灭。第一次感到不公，对生活仍是满满的希望、绝不服输。

二起：把骆驼卖了，在曹先生家拉包月，省吃俭用攒钱准备买新车。对生活抱有希望，感到温暖和亲切。

二落：干包月时，在一次搜捕中，祥子辛苦攒的钱也被孙侦探敲诈去，第二次希望破灭。祥子惶恐无助、陷入迷茫、麻木、认命。

三起：虎妞以低价给祥子买了邻居二强子的车，祥子又有车了。他为能有自己的车而高兴。

三落：为了置办虎妞的丧事，祥子又卖掉了车。又知道小福子死去的消息，从此混混度日、彻底堕落、失去任何希望。

再议《骆驼祥子》中的小福子，《二马》中的老马……

二、识人物，分析形象

（1）出示关于人物的描写片段，猜人物：

迷信、中庸、马虎、懒散，生活得过且过……有着和阿Q相近的品格。

——《二马》中的"老马"

丑，脏，无耻，狠毒，是人中的垃圾，日本人的宝贝，是由日本的"支那通"鉴定的超等顺民；敢于巴结日本人，敢于落石下井，在老大入狱时，竟能心安理得地离去，无不使人"佩服"得五体投地。

——《四世同堂》中的"祁瑞丰"

他二十来岁的人，个子很大很高。圆眼，肉鼻子，两条眉很短很粗，头上永远剃得发亮。腮上没有多余的肉，脖子可是几乎与头一边儿粗；脸上永远红扑扑的，特别亮的是颧骨与右耳之间一块不小的疤——小时候在树下睡觉，被驴啃了一口。他以拉洋车为生，他最大的希望就是能够挣钱买到属于自己的车。

——《骆驼祥子》中的"祥子"

代表着清朝与民国之间的人。一个正直的生意人，一个总以"和气生财"为宗旨的人，因不忍于日本人"我是奸商"的侮辱而选择跳河自杀。

——《四世同堂》中的"祁天佑"

（2）试着给上述人物归类，出示类别：

A．"老派市民"——老马　　　　B．"新派市民"——祁瑞丰
C．"正派市民"——祁天佑　　　　D．"城市贫民"——祥子

（3）小组讨论：不同类别的人物身上体现着怎样的性格特点？

师出示提示板：老派市民　新派市民　正派市民　城市贫民

请每小组各选一类人物形象，试着归纳其人物体现出的特点。

A．"老派市民"：虽然生活在城市中，但只是"乡土中国"的一部分，是生活在城市中的"乡下人"。他们身上负载着沉重的封建宗法思想包袱，他们的人生态度和生活

方式都是很"旧派"的，保守而闭塞。

B."新派市民"：洋派的市井无赖与在资本主义文明影响下的底层市民。虚荣、浅薄、堕落，他们求动、求乱，不仅道德沦丧，更是以极端利己主义至上。是那种一味逐新，一味追求洋式的生活情调而丧失了人格的堕落人物。

C."正派市民"：这类人物的塑造一般建立在传统的道德观基础上，基本表现为"侠客兼实干家"的形象。他们身上带有中国文化的道德力量，同时具有民族骨气和操守，是作者心中的理想化人物。

D."城市贫民"：它们挣扎在生命的底层，是城市的边缘人物。他们在经济上、政治上受到了十分沉重的剥削压迫，生活极端贫困，朝不保夕，毫无保障，他们是悲剧的象征。

三、品语言，体验特色

（1）老舍说："《祥子》可以朗读，它的语言是活的。"那就试试看，选一些精彩段落推荐出来。感受生动的平民形象，传神、流畅、通俗的语言，富于魅力的老北京风情。这一切，你都会感受到的。

（2）请生朗诵（力求读出感情和韵味），并说说自己的感悟。

预设：

祥子的脸通红，手哆嗦着，拍出九十六块钱来："我要这辆车！"铺主打算挤到个整数，说了不知多少话，把他的车拉出去又拉进来，支开棚子，又放下，按按喇叭，每一个动作都伴着一大串最好的形容词；最后还在钢轮条上踢了两脚，"听听声儿吧，铃铛似的！拉去吧，你就是把车拉碎了，要是钢条软了一根，你拿回来，把它摔在我脸上！一百块，少一分咱们吹！"祥子把钱又数了一遍："我要这辆车，九十六！"铺主知道是遇见了一个心眼的人，看看钱，看看祥子，叹了口气："交个朋友，车算你的了；保六个月：除非你把大箱碰碎，我都白给修理；保单，拿着！"

师：从这段话里，你能读出怎样的祥子，怎样的情绪？

生：激动。

生：坚定。

师：铺主又是怎样的心情？

生：有钱赚的兴奋。

生：加不了价的一点点无奈。

师：这个时候的祥子是淳朴的，一心想买车，对生活充满了希望，无论铺主怎么夸耀，他只有那句话："我要这辆车！"就像他沉默坚实的个性一样。而铺主的心情从自豪的夸耀到面对祥子坚定的一点无奈，语气有着小小的转折。朗读时应把握准人物的心理和特征。

（3）师小结：老舍先生小说创作最大的艺术特色是它语言上的独特风格，其中最引人注目的风格是"京味"。它是作家对北京特有的风土人情、特殊的文化趣味的精妙展示所形成的一种独特审美趣味。

四、课程小结

老舍生于北京城的一个贫民家庭，在大杂院中度过了艰难的少年时代。他自幼就和挣扎在黑暗社会最底层拉洋车的、修房的、剃头的、卖唱的和教书的等各行业的下等人相交往。因此，在他的作品里，他执着地描写城与人的关系，用众多小说构筑了一个广大的市民世界，几乎包罗了现代市民阶层生活的所有方面。

同时，缘于对北京的热爱，他大量加工运用北京市民俗白浅易的口语，用老舍自己的话来说，就是"把顶平凡的话调动得生动有力"，烧出白话的"原味儿"来；同时又在俗白中追求讲究精制的美，写出"简单的、有力的、可读的而且美好的文章"。

∞ 第三课 话剧——矛盾突出，形散神聚 ∞

【教学内容】

《茶馆》。

【教学目标】

（1）通过阅读，了解话剧的语言艺术。

（2）三维阅读，学习话剧的艺术特征。

【课前准备】

（1）阅读老舍先生的话剧剧本《茶馆》。

（2）观看话剧《茶馆》并收集话剧的相关资料。

【教学过程】

一、知识入门

1. 请生汇报收集的关于话剧的相关资料

预设：

生：话剧指以对话方式为主的戏剧形式。

生：话剧是一门综合性艺术，剧本创作、导演、表演、舞美、灯光、评论缺一不可。

生：话剧主要叙述手段为演员在台上无伴奏的对白或独白，但可以使用少量音乐、歌唱等。

2. 师生归纳汇总（需要先展示汇报再归纳汇总）

话剧的主要特点：

（1）舞台性。

古今中外的话剧演出都是借助于舞台完成的，舞台有各种样式，目的有二：一利演员表演剧情，一利观众从各个角度欣赏。

（2）直观性。

话剧首先是通过演员的姿态、动作、对话、独白等表演，直接作用于观众的视觉和听觉；再用化妆、服饰等手段进行人物造型，使观众能直接观赏到剧中人物形象的外貌特征。

（3）综合性。

话剧是一种综合性的艺术，其特点是与在舞台塑造具体艺术形象、向观众直接展现社会生活情景的需要相适应的。

（4）对话性。

话剧区别于其他剧种的特点是通过大量的舞台对话展现剧情、塑造人物和表达主题。其中有人物独白、有观众对话，在特定的时间、空间内完成戏剧内容。

二、初探话剧

1. 请学生简要介绍《茶馆》的主要内容

故事讲述了茶馆老板王利发一心想让父亲的茶馆兴旺起来，为此他八方应酬，然而严酷的现实却使他每每被嘲弄，最终被冷酷无情的社会吞没。经常出入茶馆的民族资本家秦仲义从雄心勃勃搞实业救国到破产；豪爽的八旗子弟常四爷在清朝灭亡以后走上了自食其力的道路。故事还揭示了刘麻子等一些小人物的生存状态。全剧以老北京一家大茶馆的兴衰变迁为背景，向人们展示了从清末到抗战胜利后的50年间，北京的社会风貌及各阶层人物的不同命运。

2. 生依次展示话剧的三"幕"（课前已排练）

《茶馆》共三幕，共三个时代。

第一幕：1898年戊戌变法失败后。裕泰茶馆生意兴隆，三教九流，各色人物云集此处：信洋教的小恶霸，依仗洋人，神气十足，连官府也怕他三分；有钱有势的人家为了一只鸽子，可以请来官方的打手和差人打群架；吃朝廷钱粮的旗人整日游手好闲；朝中的太监总管不仅家中人生活奢华，而且还可以用高价买来妻子；农民和城市贫民却卖儿卖女；常四爷谈国事被抓；秦仲义雄心勃勃兴办工厂，工业救国。这种剪影式的描写，展现了清末社会的众生相，深刻反映了帝国主义的渗透、侵略和封建统治的荒淫、腐败所造成的农民破产、市民贫困和社会黑暗，表明了中国封建社会的末日即将来临。

第二幕：年轻精明的掌柜王利发，各方照顾，左右逢源。但军阀混战时期，茶馆生意艰难，尽管王利发苦心改良，但也只能惨淡经营。

第三幕：抗日战争胜利后，国民党统治时期的社会生活。剧中所有正直的人都陷于一种不可自拔的困境中。裕泰茶馆已经破烂不堪，无论主人怎样改良也无法维持正常的生意；有名的厨师只能在监狱里蒸窝窝头；身怀绝技的艺人无法维持生计，民间艺术濒于失传。与此对照，恶势力却异常活跃，国民党特务和美国兵在北京横行，老一代人更加衰颓，其后代登场。刘麻子、唐铁嘴、二德子等流氓打手更无耻；沈处长比以前的马五爷更仗洋人势力向中国人施威；庞太监的侄子则组织复辟活动，百姓更难以生活。最后茶馆掌柜王利发在茶馆被人霸占之后悬梁自尽。

三、简析人物

出示老舍先生的一段原话，

"我不熟悉政治舞台上的高官大人，没法子正面描写他们的促进与促退，我也不十分懂政治，我只认识一些小人物。这些小人物是经常下茶馆的。那么，我要是把他们集合到一个茶馆里，用他们生活上的变迁反映社会的变迁，不就侧面地透露出一些政治消息么？这样，我就决定去写《茶馆》。"

这出三幕话剧中，共有70多个人物，其中50个是有姓名或绰号的，这些人物的身份差异特别大，有曾经做过国会议员的，有宪兵司令部里的处长，有清朝遗老，有地方恶势力的头头，也有说评书的艺人、看相算命的及农民乡妇等，形形色色的人物，构成了一个完整的"社会"层次。

（1）看片段，揣摩人物性格。

（播放片段）

王利发：胆小、自私，又精明、干练、善于应酬，是个精于处世的小商人

常二爷：正直、爱国、倔强，敢作敢为，自食其力，乐于助人。

松二爷：胆小怕事、懒散无能、游手好闲、喝茶玩鸟，不自食其力。

宋恩子、吴祥子：贪婪、蛮横、霸道，恶势力的走狗。

（2）选人物，试用成语概括。

预设：王利发——八面玲珑，精明强干

常二爷——凛然刚正、古道热肠

松二爷——好逸恶劳、谨小慎微

（3）听录音，品析人物语言。

松二爷：好像又有事？

常四爷：反正打不起来！要真打的话，早到城外头去啦；到茶馆来干嘛？

二德子：（凑过去）你这是对谁甩闲话呢？

常四爷：（不肯示弱）你问我哪？花钱喝茶，难道还叫谁管着吗？

松二爷：（打量了二德子一番）我说这位爷，你是营里当差的吧？来，坐下喝一碗，我们也都是外场人。

二德子：你管我当不当差呢！

常四爷：要抖威风，跟洋人干去，洋人厉害！英法联军烧了圆明园，尊家吃着官饷，可没见您去冲锋打仗！

二德子：甭说打洋人不打，我先管教管教你！

松二爷：软弱，胆小怕事，语气平和周祥。

常四爷：刚硬，豪爽耿直，硬邦邦的话里有股子倔劲。

二德子：霸道，蛮不讲理，一股地痞无赖气。

（4）请生各挑选一个人物进行表演。

（5）师小结：这就是《茶馆》的语言特色——"性格化"。《茶馆》中的对话都是"人物自己应该说的语言"，这使得人物之间的性格区别非常鲜明。

四、品悟特色

戏无眼而不立，戏有眼则灵通。老舍曾自言："我老是以小说的方法去述说，而舞台上需要的是'打架'，我能创造性格，而老忘了'打架'。"

（1）除了语言特色，老舍的《茶馆》还体现了哪些独特的话剧特色？
（再看第一幕）

① 请生找出这一幕中相互冲突的人物。

常四爷和二德子。

马五爷和二德子。

常四爷和马五爷。

刘麻子和康六。

② 人物众多，冲突不断，尖锐的矛盾在这一幕中得到了充分体现。说说看，他们之间具体的矛盾是什么？

③ 老舍先生表达含蓄、朴素，虽在事件的描写上惜墨如金，却不着痕迹地展现了人物冲突：耿直的常二爷，鄙薄朝廷当差二德子的"嘴脸"，也看不惯洋人的做派，因而分别"得罪"了二德子和马五爷；二德子不敢得罪为洋人做事的马五爷，偃旗息鼓；做着不法生意的刘麻子逼着贫苦农民康六卖自己的亲生女儿……话剧继续演下去，随着更多人物的出现，人物之间错综复杂的关系相互交织着更大的冲突与矛盾。

（2）老舍善写人，最善于描写老北京性格各异的市民形象，通过人物形象的成功塑造来反映现实、表现主题。（出示一组老北京的图片）可有似曾相识的感觉？

《茶馆》中裕泰茶馆的原型在老北京到处可见，老舍善于观察并把他们提升为艺术形象。他对人物形象的刻画，完全是建立在他自己对生活的独到观察、分析和体验上，因此里面没有口号式的对话，没有英雄式的人物。虽然不像小说有完整的章节，但是人物依然站立在貌似破碎的文段中，生动、形象。

五、课程小结

正如曹禺先生所说，老舍"使中国话剧艺术在国际上焕发了夺目的光彩。"老舍先生以其幽默细腻的笔锋描写了群众最熟悉、最真实的生活，现实矛盾自然流露，人物形象个性鲜明、形散神聚，语言简练亲切、京味十足，完全无愧于"人民艺术家"的称号。

六、课程结语

"寸楷含幽默，片言振聩聋。"

"道理扼要，深入浅出，笔下生风。"

"闪烁着智慧和哲理的警句。"

"没有一句华丽的词藻，但是感动人心，其深厚美妙，常常不可言传的。"

在中国现代文学史上，老舍是一个大师级的作家。借其博大的胸怀、渊博的学识在他的那个时代独树一帜，他的作品以旧北京下层平民生活为背景，凸显出浓郁的京味和市井气息，幽默中饱含悲凉，塑造的人物鲜活生动，并以简洁淳朴的语言感动过许多读者。但就是这样一个被后人称为"语言大师"的作家，却是一位虚怀若谷、谦虚豁达、童心未泯的"可爱的人"。但望我们还有机会再一次走近大师。

小学语文"微课程"——基于文化名人研究

境在画中，意在言外
——印象丰子恺

（小学语文六年级下册配套使用）

深圳市龙华新区民顺小学　肖丽芳

> **人物小传**
>
> 　　丰子恺（1898年11月9日—1975年9月15日），浙江省嘉兴市桐乡市石门镇人。中国现代漫画家、散文家、教育家、书法家和翻译家。他的绘画、文章在几十年沧桑风雨中保持一贯的风格——雍容恬静，其漫画更是脍炙人口。原名丰润，又名丰仁、丰仍，号子觊，后改为子恺，笔名TK，以中西融合画法创作漫画以及散文而著名。
>
> 　　丰子恺入选小学课本的作品有《手指》《白鹅》等，初中有《山中避雨》《竹影》《给我的孩子们》和《黄山松》等，高中有《云霓》《送考》等。

一、设计微理念

　　丰子恺是集绘画、文学、翻译、音乐和教育于一身的艺术大家。他的一生始自晚清，下迄文革末期，现代中国社会的跌宕起伏，皆一一亲历。漫画与随笔，是丰子恺一生中成就较显著的两个方面。无论是绘画创作还是写文章，他都善于观察生活并取材生活细节，人们评价他的创作风格"最喜小中能见大，还求弦外有余音"。朱光潜评价丰子恺的散文、诗与画"有至性深情的流露"。他喜欢孩子、热爱孩子，《子恺漫画》中有许多以他的孩子为原型所描绘的儿童生活画，同时他也创作了许多的儿童文学作品，有童话集《小钞票历险记》，有以自己孩子为对象而写的散文集《给我的孩子们》等，无论是漫画还是文章都包含着浓浓的童心、童真、童趣；他敬重师长、信守承诺，用近半个世纪完成《护生画集》；他豁达乐观、向往平和与纯真的世界，笔下始终蕴藏禅意。他的作品构思巧妙，见解独特又不乏幽默风趣。如《白鹅》《渐》《吃瓜子》《手指》等。

　　希望以"境在画中，意在言外"这一微课程为载体，引领学生观其画、读其文、识其人，走近这位了不起的艺术大师——丰子恺，了解他的一生，领悟他的意趣和思想以及他对生命的叩问。

二、教学目标

（1）观画：淡在其色，浓在其味。
（2）读文：小中能见大，弦外有余音。
（3）识人：无常的人生，非常的境界。

三、教学准备

采用多种方法了解丰子恺。

四、学习微课时

建议阶段性学习，课内外相结合。

五、课程微设计

❀ 第一阶段　观画：淡在其色，浓在其味 ❀

【教学内容】

本阶段引导学生了解、赏析丰子恺的漫画。根据人生经历与所处时期不同，丰子恺的漫画从主题上分为古诗词漫画、儿童相漫画、社会相漫画、战争相漫画和自然相漫画。

【教学目标】

根据学生的认知特点与情感共通点，本阶段漫画赏析教学目标为：
（1）以儿童相漫画为主线，由"色"入"味"。
（2）通读其他主题漫画，初涉丰子恺的人生。

【教学过程】

一、观画：谈画意，初着"色"

（1）师：同学们，今天的语文课，咱们不读文章来看漫画。（简单介绍丰子恺是中国漫画的创始者）

（2）PPT出示丰子恺的漫画作品：《锣鼓响》《阿宝赤膊》。你看到了什么？

（3）预设学生回答（看图说话式的汇报）。《锣鼓响》：一个小男孩拉着一位老奶奶，手指着外面。《阿宝赤膊》：一个穿裙子的小姑娘双手交叉撘在胸前。

二、想象：解画风，细品"味"

（1）仔细观察这两幅漫画与别的漫画有什么不一样？

预设：

生：这些画上的人没有五官，只有一个大致的轮廓。

师：有人戏称"丰子恺画画不要脸"。可你们怎么能分清这里面的人物性别和年龄特征呢？

生：是从他们的服装和发型来猜的。

（2）师：同学们，咱们看漫画，不仅要抓住特点来猜，更要发挥想象，透过画面联想画中人物的语言和动作。

（3）生想象、交流、汇报。

预设：《锣鼓响》：门外锣鼓喧天，十分热闹。小男孩拉着奶奶的手，着急地说："奶奶，快点快点，好戏就要开场了。"奶奶不紧不慢地答应着："别急别急，等等奶奶。"

《阿宝赤膊》：小女孩刚洗完澡，妈妈给她套上一条小裙子，便忙着去收拾了。她打着赤膊还没有穿衣服，不由得双手交叉在胸前，怕人看见。这个三四岁的小女孩已经懂得害羞了。

（4）通过想象，你们描述的并不完全相同，却都生动有趣。别看孩子的头只画一绺头发，头发下面一片空白，可是看上去却同有脸一样，我们甚至可以想象出她的表情来呢！如果你想用笔去补画一张小脸，把眉、眼、鼻、嘴都画出来，请你试试看，你就会觉得画出来反而不好，还是空着美。泰戈尔说："丰子恺用寥寥几笔，写出人物个性。脸上没有眼睛，我们可以看出他在看什么。没有耳朵，可以看出他在听什么。"这就是丰子恺漫画的特点：意到笔不到。

（5）继续赏析丰子恺的儿童相漫画，如：《瞻瞻的车》《爸爸回来了》《饼干里有骨头》《茶壶不肯走过来》等。丰子恺以自己的孩子为主角的漫画作品还有很多很多，学生自主选择有兴趣的交流汇报。

（6）我们看着这些充满童真童趣的漫画时都情不自禁地笑了，那是丰子恺以一颗父亲的拳拳之心记录下来的珍贵瞬间。他用"儿童"无瑕的视角观察世界，他对儿童不仅是爱，更是崇拜。他说："成人的心都裹着皮，我家三岁瞻瞻的心什么也不包，是天地间最纯洁的精灵。"

三、链接：拓主题，涉人生

（1）丰子恺是我国现代第一位漫画家，根据人生经历与所处时期不同，丰子恺的漫画从主题上分为古诗词漫画、儿童相漫画、社会相漫画、战争相漫画、自然相漫画等。

（2）介绍丰子恺不同时期的代表作：早期古诗词漫画《人散后，一钩新月天如水》、社会相漫画《柳荫》。1937年日本全面侵华，丰子恺带领全家开始了颠沛流离的逃难生活，期间画了很多战争相的作品，最让人触目惊心的是《轰炸》。他的自然相漫画属于文人抒情漫画，代表作品有《生机》等。

（3）《护生画集》是一部奇书，更是丰子恺与其师父弘一法师半个世纪的承诺，这本画集以尊重生命为主题，护生即护心，他希望人们看了他的画，能够保护好自己善良的心。

（4）丰子恺自己说："自己的画，要让人既能看看，又能让人想想。"丰子恺的画，让我们看到了他跌宕起伏的一生，看到了他对孩子的热爱，对纯真世界的向往，也让我们看到了一份坚守了半个世纪的承诺。

❧ 第二阶段　读文：小中能见大，弦外有余音 ❧

【教学内容】

郁达夫早在半个多世纪前就认为丰子恺首先是位散文家，他说："人家只晓得他的漫画人物，殊不知他的散文清幽玄妙，灵达处反远出他的画笔之上。"本阶段由画入文，分两课时赏析丰子恺的散文，由课内到课外，由浅入深，小中见大，循序渐进，品味丰子恺散文中的趣、情、意。课堂教学《白鹅》及《给我的孩子们》，课外推荐阅读《手指》《华瞻的日记》《儿女》《送阿宝出黄金时代》《从孩子得到的启示》等文章。

丰子恺曾说："漫画这个'漫'字，同漫笔、漫谈的'漫'字用意相同，漫笔、漫谈，在文体中便是一种随笔和小品文，大都随意取材，画幅短小，而内容精辟。"他将散文与漫画两者相融相化，使得散文充满漫画色彩，正所谓"画中有文，文中有画"。

【教学目标】

（1）课内学习：析《白鹅》读《手指》，感文之趣。

（2）课外阅读：读丰子恺儿童文学作品，悟文之情。

（3）赏读延展：涉略漫画风显著代表作，品文之意。

【教学过程】

❧ 第一课　神思妙语话白鹅——言内之意，言外之趣 ❧

《白鹅》

一、观画，谈"鹅"之初印象

（1）出示《白鹅》中的插图：我们之前欣赏过丰子恺先生的许多漫画，今天要欣赏的这幅漫画是他给自己的宠物画的。

（2）生谈鹅之初印象（可爱、骄傲等）。

师：丰子恺不仅给鹅配了画，他还给这只白鹅写了一篇文章呢。

二、初读，识"鹅"之个性

初读全文，找中心句"鹅的高傲，更表现在它的叫声、步态和吃相中"，整体感知鹅的高傲。

三、品言，赏"鹅"之高傲

通过品读文段，感受作者语言的生动精妙、诙谐有趣。在对比、反语等表达方式中体会鹅的高傲。

1. 一咏三叹读叫声

一读：通过"厉声呵斥、厉声叫嚣、引吭大叫"理解鹅的叫声之大，引导学生读句子，读出叫声之大。

再读：围绕"音调严肃郑重"再次引导学生读出鹅叫声之严厉。
三读：透过鹅"严肃郑重"的叫声，你知道鹅好像要说什么吗？

2."大模大样"说步态
一说对比："大体与鸭相似，但鸭的步调急速，有局促不安之相。"
二说比喻："鹅的步调从容，颇像京剧里的净角出场。"
学生表演读，读出鸭的局促不安与鹅的大模大样，从中体味语言文字的精妙。

3."三眼一板"学吃相
吃法有规矩："需要三样东西下饭：一样是水，一样是泥，一样是草。先吃一口冷饭，再喝一口水，然后再到别处去吃一口泥和草。"
吃相有架子："这样从容不迫地吃饭，必须有一个人在旁侍候。"
吃饭有脾气："鹅便昂首大叫，似乎责备人们供养不周。"
这样的鹅，让你想起了什么人？

四、拓展，送"鹅"之不舍
出示原文《沙坪小屋的鹅》结尾：
"……在送出的几天之内，我总感觉与一位朋友诀别了，心中十分留恋……"
作者在留恋什么？白鹅在丰子恺爷爷的笔下已然不是动物，而是一位率真、可爱的儿童。所有的明贬实褒都写出了他对白鹅深深的喜爱。
推荐篇章《手指》——不只白鹅这么有意思，在咱们六年级下册还有一篇《手指》一样的生动有趣，简简单单十根手指，在丰子恺笔下又会有怎样的神采呢？建议大家课外读一读。

⌘ 第二课　童心童趣话童真——情浓意无穷 ⌘

《给我的孩子们》

一、赏画入境，破题入文解儿童
（1）在《童年》的音乐声中欣赏《子恺画集》：丰子恺先生喜欢儿童、热爱儿童，画集中的画都取自于他孩子的日常生活。
（2）题中的"我"是谁？（丰子恺）"孩子们"是谁？（瞻瞻、阿宝、软软）

二、初读课文，整体感知见童心
（1）自由读文，初感知。
（2）讨论交流，谈印象。

三、研读品析，"憧憬"之中享童趣
（1）齐读语段，抓文眼。
"我的孩子们！我憧憬于你们的生活，每天不止一次！"
作者憧憬什么？（天真活泼、调皮可爱、热情率真的童心）

（2）文中哪些事情让你感受到了童年乐趣？

瞻瞻：为小失意哭昏，抱泥人喂泥人，用芭蕉扇做脚踏车，争着要到月亮上去，紧张爸爸剃头被吓哭，裁破爸爸的好书……

阿宝：给凳子穿鞋子。

软软：摆弄爸爸的羊毫笔。

引导学生在读一读、议一议中感受乐趣。

（3）文中哪些语句使你感受到了作者对童真世界的憧憬之情？

"外婆普陀去烧香买回来给你的泥人，你何等鞠躬尽瘁地抱他，喂他。"

"你何等激昂地同她争，说瞻瞻要上去，宝姐姐在下面看！甚至哭到漫姑面前去求审判。"

"有一晚你拿软软的新鞋子，和自己脚上脱下来的鞋子，给凳子的脚穿上，得意地叫'阿宝两只脚，凳子四只脚'"……

（4）回眸童年，你有过这样的趣事吗？

生回忆童年往事，谈"趣"事。

四、质疑问难，"悲哀"之余明父爱

过渡语：让我们带着童真，一起深情地朗读课文最后两个自然段。

（1）质疑：既然是对孩子们童真世界的"憧憬"，作者为什么还在文中提到了"悲哀"呢？

生经过讨论，得出：岁月无情、俗务缠身、社会风气、世俗生活等会摧残孩子的天性，使他们失去本真与自我。

（2）读句："且到你们懂得我这片心情的时候，你们早已不是这样的人，这是何等悲哀的事啊！"

总结：作为父亲，丰子恺是多么希望自己的孩子不要长大，让生命一直浸润在童心世界的快乐和本真中，相较于成长世界的复杂与虚伪，他满怀惆怅。

五、赏读延展，观人省己守真心

丰子恺爱孩子，对儿童的纯真世界充满憧憬，但却为孩子们即将逝去的童年感到悲哀，现实生活中的他又是如何守住这份"真心"的呢？我们可以到他的作品中去寻找，去感知，如《吃瓜子》《渐》《山中避雨》《谈自己的画》等。

∽ 第三课　识人：无常的人生、非常的境界 ∽

【教学内容】

本阶段将结合学生前两个阶段所学内容以及丰子恺的其他作品，辅以讲述丰子恺生平的视频，引领学生走进丰子恺的人生，走进丰子恺的内心。

【教学目标】

（1）读出发现，说说学生心中的丰子恺。

（2）讲述故事，了解丰子恺无常的人生。

（3）解读内心，感悟丰子恺非常的境界。

【教学过程】

一、众说纷纭，交流丰子恺杰出的成就

（1）在丰子恺的漫画和文章中，哪些作品给你留下了深刻的印象？

生围绕丰子恺的作品分享交流。

（2）观了丰子恺的画，读了丰子恺的文，他在你心中是怎样的一个人呢？

（幽默风趣、充满童心、才华横溢、热爱孩子、好爸爸……）

（3）补充资料：丰子恺不仅是一位好爸爸，还是一位好老师。他的才华横溢不仅仅是会画漫画、会写文章，他会的东西可多啦！他会英语、俄语，更精通日语。他善作画、喜书法、会弹风琴、拉小提琴。丰子恺教过大学、中学，偶尔还客串教教小学。当然，他当老师可不是只教画画、唱歌这么简单，他想把艺术的精神和思想撒播到孩子们的心里去。他曾编译过四十多本音乐书、二十多本美术书，叠起来差不多有一个小孩子那么高。

二、回首往事，体验丰子恺无常的人生

可就是这么一位了不起的大师，他的人生却是跌宕起伏、历尽沧桑。

（1）观看丰子恺视频《大师》。

网址：http://tv.sohu.com/20110808/n315739647.html

人生的两次大劫难：第一次1937年日本发动全面侵华战争，他带着全家老小颠沛流离逃亡近十年，家园被毁，如亲人般的两位恩师相继离世。第二次是他人生最大的浩劫——文化大革命。日复一日无休止的折磨开始朝这位已六十多岁的老人蜂拥袭来，"造反派"不仅抄了他的家，还日日批斗他，使他受尽了非人般的不公虐待。

（2）这样的丰子恺又给你留下了什么印象？

师：如此坎坷无常的人生，丰子恺却依然笑对人生，他的手中之笔一天没有停下过，文章照写，漫画照画。这些画与文，既有对过往温暖生活的描绘，对沿途大好河山的赞美，又有为抗战呐喊、对侵略者的控诉，将"国家有大难，匹夫有小责"的知识分子情怀展露无遗。孩子们，这样的丰子恺又给你留下了什么样的印象呢？

（坚强、乐观……）

三、品读名言，见证丰子恺乐观的豁达

（1）尽管人生是无常的，但在丰子恺的笔下，我们看到的却是乐观豁达、恬静淡泊。他的文章中有许许多多的佳句名言，给了我们很多启示。（出示名言）

不乱于心，不困于情，不畏将来，不念过往，如此，安好！无愧于天，无愧于地，无作于人，无惧于鬼，这样，人生！

你若爱，生活哪里都可爱。你若恨，生活哪里都可恨。你若感恩，处处可感恩。你若成长，事事可成长。

心小了，所有的小事就大了；心大了，所有的大事都小了；看淡世事沧桑，内心安然无恙。

　　凡事顺其自然；遇事处之泰然；得意之时淡然；失意之时坦然；艰辛曲折必然；历尽沧桑悟然。

　　人生有三层楼：第一层是物质生活，第二层是精神生活，第三层是灵魂生活。

　　（2）学生读丰子恺的名言，尝试着把你喜欢的背下来。

　　（3）交流在丰子恺的其他作品中给你带来启示的名言佳句。

　　四、咀嚼作品，感慨丰子恺"出世"的情怀

　　（1）日本汉学家川吉次郎这样评价丰子恺（出示）：

　　"我觉得，著者丰子恺，是现代中国最像艺术家的艺术家。这并不是因为他多才多艺，我所喜欢的，乃是他的像艺术家的真率，对于万物的丰富的爱，和他的气骨。"

　　再次咀嚼丰子恺的作品，我们的感受也许会更深刻，收获应该会更多。

　　（2）独树一帜的漫画：《子恺漫画》画尽世间万物、人生百态，意蕴深刻又充满意真与豁达。"这样的画，在他之前，没有人画过，之后也没有人画过。"后人这样评价丰子恺独特的漫画。

　　（3）清幽玄妙的文字：丰子恺的散文随笔涉及社会人生的方方面面，有佛性禅悟，有童真童趣，有艺术教育，有苦学经验，都是小中能见大，弦外有余音。

　　（4）半个世纪的约定：《护生画集》宗旨——"护生者，护心也。支除残忍心，长养慈悲心，然后拿此心来待人处世。这就是护生的主要目的。"1927年，丰子恺为庆恩师李叔同即弘一法师50寿辰，丰子恺对恩师做了承诺：到大师百岁之时，共绘六册，每册增加10幅。后来，尽管弘一大师去世，尽管自己历经坎坷，并在政治运动中遭受迫害，但他依旧坚守承诺。1973年，《护生画集》第六集100幅终于画成。

　　"我敬仰我的老师弘一大师，是因为他是一个像人的人。"做一个像人的人，这便是丰子恺一生的追求，而他用生命完成了这一追求。

小学语文"微课程"——基于文化名人研究

"民族魂"鲁迅

（小学语文六年级上册配套使用）

深圳市龙华新区上芬小学　马强国

人物小传

> 鲁迅（1881年9月25日—1936年10月19日），原名周樟寿，后改名周树人，字豫山，后改豫才，"鲁迅"是他1918年发表《狂人日记》时所用的笔名，也是他影响最为广泛的笔名，浙江绍兴人。著名文学家、思想家，五四新文化运动的重要参与者，中国现代文学的奠基人。毛泽东曾评价："鲁迅的方向，就是中华民族新文化的方向。"
>
> 鲁迅一生在文学创作、文学批评、思想研究、文学史研究、翻译、美术理论引进、基础科学介绍和古籍校勘与研究等多个领域具有重大贡献。他对于五四运动以后的中国社会思想文化发展具有重大影响，蜚声世界文坛，尤其在韩国、日本思想文化领域有极其重要的地位和影响，被誉为"二十世纪东亚文化地图上占最大领土的作家"。

一、设计微理念

鲁迅先生被誉为"现代中国的民族魂"，文学界以其名于1986年设立中国最高的文学奖项之一"鲁迅文学奖"。毛泽东曾说："鲁迅在中国的价值，据我看要算是中国的第一等圣人，孔子是封建社会的圣人，鲁迅是新中国的圣人。"可是当代作家王朔却说："我从来没有觉得鲁迅的小说写得好，他的小说写得过于沉闷。"中国近代史上，从来都没有哪一位文人像鲁迅先生一样备受各界的赞誉和谩骂，也从来没有哪一位作家能像鲁迅先生一样其作品入选大学、中学和小学教材总数最多。

在成年人的眼中，鲁迅的文学成就和思想高度均堪称伟人。但是，在我们（小学生）看来先生究竟是一个怎样的人？本课程基于学生的视觉，通过自主选择探究话题，开展故事会、课本剧、办画展等利用多元空间和跨学科整合等综合性实践活动，来初步认识和了解鲁迅先生，并培育学生的语文综合素养。

二、课程微目标

（1）读其文（群文阅读），认识鲁迅先生的文学成就；

（2）观其影（影视文化），领会鲁迅先生的精神高度；

（3）画其像（课程整合），感悟鲁迅先生的大师风骨。

三、学习微课时

建议6个课时。

四、课程微设计

第一课　鲁迅大探秘

（建议1课时）

【教学内容】

引导学生自主确定探究目标和问题。

【教学目标】

（1）学生自主完成课程任务设计及实施措施。

（2）开展互动活动，提升学生解决问题的综合素养。

【教学过程】

一、设计探究问题

（1）预习交流。（注：课前需要求学生自由查阅和了解鲁迅先生的相关信息，摘录要点做成读书小卡片）

生：自由汇报预习所得。

师：适时评估，鼓励和表扬学生课前预习提取重要信息的能力。

（2）完成问题卡。附："走近鲁迅"探究问题卡。

"走近鲁迅"探究问题卡

提问学生：_____

序号	我的疑问或想知道的信息	同学答疑
1		
2		
3		

二、"纸团大战"，互动传阅完成问题

（1）互动作答——"纸团大战"。该活动分三步完成，要求同学每次完成1~2个问题。

第一步：自由抛撒问题纸团，每人只捡一个，作答等候下一轮抛撒。

第二步：再次抛撒纸团，每人只捡一个，阅读问题和同学作答，可以补充已回答问题，也可以新作答，然后等候。

第三步：纸团复位。先抛撒纸团，每人只捡一个，阅读问题和答案。将纸团归还提问学生。

（2）各自阅读自己的探究提问卡，并将未回答完全的问题卡交还老师处。

（3）解难答疑，筛选价值问题。

师：展示学生互动之后还未完成的问题，现场筛选出有价值的探究问题。

三、问题认领，独立探究问题

（1）给现场筛选出来的问题进行分组，要求每个学生可以选择其中的一个问题做细致探究，并积累过程资料，要求课后以自己的方式展示问题的探究。

拟探究问题展示：

① 不拿枪的鲁迅怎么就成了"革命家"？

② 鲁迅先生的发型和胡子造型为什么几十年都一个样？

③ 为什么鲁迅先生死前和死后都在挨骂？

（2）读书要求。要求：学生能准备且阅读一本鲁迅先生的书。

（3）推荐书目。《鲁迅的胡子》《周家后院》《笑谈大先生》等。

（4）准备"鲁迅故事会"。评价标准和办法：人人能讲一个关于鲁迅先生的故事，按标准获星，数多者优胜。

附：星级评价标准

★ 故事演讲完整

★ 情感丰富，打动听众

★ 特别能表现故事人物的精神风貌

第二课　鲁迅故事汇

（建议1课时）

【教学内容】

以自主阅读和群文阅读的方式让学生全方位了解鲁迅先生。

【教学目标】

（1）在问题探究中深入了解鲁迅先生。

（2）以故事会的形式培养学生的综合语文素养。

【教学过程】

一、故事菜单

（1）每位同学在黑板上依次板书自己的故事名称，同学们板书的故事名依次抄录。要求不重复，若有重复可以不板书。

（2）全班推荐5个拟讲故事。

（3）五位同学依次讲自己准备好的鲁迅故事，且用一句话表达自己的感受。

二、群文超市

（1）老师推荐鲁迅的群文短故事，有条件的可以用平板电脑进行推送。

群文一：《鲁迅小故事七则》《鲁迅弃医从文的故事》《鲁迅刻"早"字的故事》《鲁迅喝茶吃辣椒读书》《鲁迅为何拒绝诺贝尔奖》《鲁迅的遗憾：六部长篇未写成》《鲁迅与胡适》；

群文二：《怀鲁迅》（郁达夫）《"盗火者"鲁迅》《语文教材鲁迅"大撤退" 今天还需不需要鲁迅作品》《周海婴先生美丽的"镜匣人生"》《鲁迅与周作人之间》。

（2）阅读交流。主题：鲁迅印象。

三、精品赏析

例文一：《鲁迅的重生——弃医从文的故事》

鲁迅的重生
——鲁迅弃医从文的故事

鲁迅是我国现代最伟大的文学家、革命家和思想家，早年在日本仙台医学专科学校学习。

一天，在上课时，教室里放映的片子里一个被说成是俄国侦探的中国人，即将被手持钢刀的日本士兵砍头示众，而许多站在周围观看的中国人，个个无动于衷，脸上是麻木的神情。这时身边一名日本学生说："看这些中国人麻木的样子，就知道中国一定会灭亡！"鲁迅听到这话忽地站起来向那说话的日本人投去两道威严不屈的目光，昂首挺胸地走出了教室。他的心里像大海一样汹涌澎湃。一个被五花大绑的中国人，一群麻木不仁的看客——在脑海闪过，鲁迅想到如果中国人的思想不觉悟，即使治好了他们的病，也只是做毫无意义的示众材料和看客。现在中国最需要的是改变人们的精神面貌。他终于下定决心，弃医从文，用笔写文唤醒中国老百姓。

从此，鲁迅把文学作为自己的目标，用手中的笔做武器，写出了《呐喊》《狂人日记》等许多作品，向黑暗的旧社会发起了挑战，唤醒了数以万计的中华儿女，起来同反动派进行英勇斗争。直到生命的最后一刻，他仍夜以继日地写作。

（1）自由创作思维导图，用上"被砍头的中国人、日本学生、围观的中国人、鲁迅"这四个角色说一说短文的大意。

（2）例句评析："一个被五花大绑的中国人，一群麻木不仁的看客——在脑海闪过，鲁迅想到如果中国人的思想不觉悟，即使治好了他们的病，也只是做毫无意义的示众材料和看客。"

①怎样的人才叫"看客""示众材料"？

②结合你的阅读经历，说说在鲁迅脑海中——闪过的还有哪些画面？

③这群看客的"病"是什么？

（3）"重生"的含义是什么？

（4）文章推荐：《朝花夕拾》，更多地了解鲁迅先生留日的生活经历和思想变化。

（5）课后探究热点：最近网民都在质疑"鲁迅先生从来没有骂过日本人"，有兴趣的可以去探究了解。

例文二：《鲁迅的风骨——鲁迅为何拒绝诺贝尔奖》

鲁迅为何拒绝诺贝尔奖
作者：佚名

1927年9月17日，鲁迅收到北京自己的学生台静农的信件，信里面提到瑞典人斯文·赫定在上海的时候听说鲁迅的名字，想请刘半农帮助，提名鲁迅作为诺贝尔文学奖的候选人。

鲁迅当即回复了上述这封信，那信里的态度丝毫也不暧昧，表达得非常诀然。先把鲁迅致台静农的原信抄录一下：

静农兄：

九月十七日来信收到了。

请你转致半农先生，我感谢他的好意，为我，为中国。但我很抱歉，我不愿意如此。

诺贝尔赏金，梁启超自然不配，我也不配，要拿这钱，还欠努力。世界上比我好的作家何限，他们得不到。你看我译的那本《小约翰》，我哪里做得出来，然而这作者就没有得到。

或者我所便宜的，是我是中国人，靠着这"中国"两个字罢，那么，与陈焕章在美国做《孔门理财学》而得博士无异了，自己也觉得好笑。

我觉得中国实在还没有可得诺贝尔赏金的人，瑞典最好是不要理我们，谁也不给。倘因为黄色脸皮人，格外优待从宽，反足以长中国人的虚荣心，以为真可与别国大作家比肩了，结果将很坏。

我眼前所见的依然黑暗，有些疲倦，有些颓唐，此后能否创作，尚在不可知之数。倘这事成功而从此不再动笔，对不起人；倘再写，也许变了翰林文字，一无可观了。还是照旧的没有名誉而穷之为好罢。

未名社出版物，在这里有信用，但售处似乎不多。读书的人，多半是看时势的，去年郭沫若书颇行，今年上半年我的书颇行，现在是大卖《戴季陶讲演录》了（蒋介石的也行了一时）。这里的书，要作者亲到而阔才好，就如江湖上卖膏药者，必须将老虎骨头挂在旁边似的。请勿采集。

还有一些琐事，详寄霁野信中，不赘。

迅上，九月二十五日。

鲁迅先生诺贝尔文学奖提名确有其事，但不是官方正式邀请。据台湾传记作家蔡登山所记载，北大任教的瑞典人斯文·赫定是诺贝尔奖金的评委之一，他想为中国作家争取一个名额。当时有人积极为梁启超活动，很多人以为不妥，倒是觉得鲁迅才是理想的候选人，才有写信给鲁迅先生之事。

然而，2005年《南方周末》的记者夏榆在瑞典斯德哥尔摩采访诺贝尔文学奖评委会主席埃斯普马克时，这位主席曾经说过这样一段话："二十世纪三十年代中期，学院曾经派人给鲁迅带话，传给他一个讯息，就是想提名他。但是鲁迅自己认为他不配，他谢绝了。"

（1）思考。鲁迅先生拒绝诺贝尔文学奖提名邀请的原因是什么？

（2）讨论。为什么鲁迅先生要拒绝参加诺贝尔文学奖的提名？从中可以看出他具有怎样的风骨和人格？

（3）课后探究。诺贝尔文学奖1901年设立并颁奖至今，中国除莫言之外还有哪些文学家曾与此奖有过故事？

❧ 第三课　鲁迅文学路 ❧

（建议2课时）

【教学内容】

鲁迅先生的文学成就和贡献。

【教学目标】

（1）了解鲁迅先生的文学成就和思想高度。

（2）以群文阅读的形式培养学生的语文综合素养。

【教学过程】

一、翻译家——鲁迅

例文一：

"盗火者"鲁迅

王秉钦

鲁迅在一生的文学活动中，几乎用大半生的精力从事翻译、介绍和研究外国文学，借外国的火，来照明中国的黑夜，他是光明的引路人；是中国译论的奠基人。他一生共翻译介绍了14个国家近一百多位作家的二百多部作品，印成了33种单行本。鲁迅说过："人往往以神话中的Prometheus（普罗米修斯）比革命者，以为窃火给人，虽遭天帝之虐待不悔，其博大坚忍正相同。但我从别国里窃得火来，本意却在煮自己的肉的，以为倘能味道较好，庶几在咀嚼者那一面也得到较多的好处，我也不枉费了身躯。"（《鲁迅全集》第四卷，第209页）

鲁迅本人无愧为普罗米修斯式的"盗火者"。从他开始将外国文学翻译给国人时，他就扮演了"盗火者"的角色，真正实现了将盗来的火既"煮自己的肉"，又为别人带来正确的思想武器的目的。他在生命的后10年里发现了真理之火马克思主义学说，成了革命文学的盗火者，为革命文学盗来马克思主义之火，曾以日文版为底本翻译了卢那察尔斯基的《艺术论》《文艺与批评》，普列汉诺夫的《艺术论》等书，为建立中国马克思主义文艺思想体系奠定了基础。鲁迅作为普罗米修斯式的马克思主义的"盗火者"，功不可没。

普罗米修斯被马克思称为"最高尚的圣者和殉道者"。在古希腊神话中，他是作为人类的保卫者出现的。普罗米修斯是人类的救星，于是他由最初天上火神的形象一跃成为了希腊神话中一位最光辉的形象——仇视暴虐、争取正义，为理想而经受过最残酷惩罚的提坦神的形象。

在中国人民的心中，鲁迅也是这样的，如马克思所说的"最高尚的圣者和殉道者"。历史永远记住鲁迅。

（1）资料袋。鲁迅先生的译文著作有两百多部，三百多万字，数量比他的杂文集和小说集加起来还多。鲁迅先生译介的作品有以下几类：一是短篇小说（包括童话、科幻作品），二为随笔，三是美术史著作，四是美学专著，五为长篇小说，六为剧本。先后翻译过俄苏、日本、德国、法国、西班牙、奥地利、匈牙利、罗马尼亚、保加利亚、荷兰、美国等国家的作品。比如《死魂灵》《毁灭》《浊流》都是其中的代表作，还有大量日文版科幻小说，如《月界旅行》和《地底旅行》等。

（2）思考与讨论。神话中普罗米修斯盗的是自然生存所需要的"火种"，让人类告别了像动物一样生食的生活习性。鲁迅先生被誉为"盗火者"，他盗的是什么"火"？给当时苦难中的中国又带来了什么？

（3）课后探究。鲁迅先生翻译的作品多数很难再版，甚至远远不如他弟弟周作人翻译的作品一版再版，这是为何？

二、小说家——鲁迅

例文二：

《狂人日记》（节选）

一

今天晚上，很好的月光。

我不见他，已是三十多年；今天见了，精神分外爽快。才知道以前的三十多年，全是发昏；然而须十分小心。不然，那赵家的狗，何以看我两眼呢？

我怕得有理。

二

今天全没月光，我知道不妙。早上小心出门，赵贵翁的眼色便怪：似乎怕我，似乎想害我。还有七八个人，交头接耳的议论我，张着嘴，对我笑了一笑；我便从头直冷到脚跟，晓得他们布置，都已妥当了。

我可不怕，仍旧走我的路。前面一伙小孩子，也在那里议论我；眼色也同赵贵翁一样，脸色也铁青。我想我同小孩子有什么仇，他也这样。忍不住大声说，"你告诉我！"他们可就跑了。

我想：我同赵贵翁有什么仇，同路上的人又有什么仇；只有廿年以前，把古久先生的陈年流水簿子，踹了一脚，古久先生很不高兴。赵贵翁虽然不认识他，一定也听到风声，代抱不平；约定路上的人，同我作冤对。但是小孩子呢？那时候，他们还没有出世，何以今天也睁着怪眼睛，似乎怕我，似乎想害我。这真教我怕，教我纳罕而且伤心。

我明白了。这是他们娘老子教的！

……

吃人的是我哥哥！

我是吃人的人的兄弟！

我自己被人吃了，可仍然是吃人的人的兄弟……

（1）资料袋。白话文——白话文相对于文言文，即用白话写成的文章，也称语体文。文言文虽为官方语言但是难懂不易普及，白话文更接近老百姓生活，容易被大众接受。白话文是自唐宋以来在口语的基础上形成的，起初只用于通俗文学作品，如明、清时代的《西游记》《水浒传》等小说，清末开始的文体改革，到"五四"新文化运动以后才在全社会上普遍应用的。1920年1月，依当时的教育部颁令，凡国民学校年级国文课教育也统一运用语体文（即白话文）。胡适为白话文运动的首倡者，李大钊、鲁迅、周作人、刘半农、钱玄同等都是"五四"白话文运动的主将。

（2）思考。文中的主人公是一个患有迫害狂恐惧症的"狂人"，所以做出了和常人不一样的事，说了和常人不一样的"狂语"——动不动就说谁吃人，谁要吃他。事实上据史政考究吃人已是远古时代的事情了，鲁迅先生笔下的狂人实际上是一个象征性的形象，其目的是要借"狂人"之口揭露几千年来封建礼教吃人的本质，表达对愚昧国民的同情和鞭挞。请找出狂人违反常理的事和所说的话，体会鲁迅的深刻用意。

（3）课后探究。请阅读鲁迅先生的《阿Q正传》，想想鲁迅刻画"阿Q"这一形象的目的又是什么。

三、骂将——鲁迅

例文三：

鲁迅骂胡适

在鲁迅笔下，胡适整一个"叭儿狗"形象！1933年3月22日，据《申报·北平通讯》报道，胡适说："（日本）只有一个方法可以征服中国，即悬崖勒马，彻底停止侵略中国，反过来征服中国民族的心。"在不知报道的真假和不查这话在什么场合所说的情况下，鲁迅立即在《算账》《关于中国的两三件事》等文章中臭骂胡适。他在用"何家干"笔名发表的《出卖灵魂的秘诀》中，用上了这样的语言："胡适博士不愧为日本帝国主义的军师。但是，从中国小百姓方面说来，这却是出卖灵魂的唯一秘诀。"（节选自《胡适的谦和雅量》，作者：黄团元，出版社：湖北人民出版社）

被鲁迅骂过的名人有多少

鲁迅因其文风泼辣、力透纸背，经常在文坛犀利地批评和自己不同见解的人和事物。随手一列，他骂过或者冷嘲热讽过的人有吴稚晖、陈源、徐志摩、章士钊、胡适、林语堂、梁实秋、郭沫若、周扬、成仿吾、章克标、邵洵美等，与他打过一点笔墨官司的人里甚至还有夏衍、朱光潜、李四光、施蛰存等。甚至还有京剧大师梅兰芳，鲁迅先生曾骂，男人看见"扮女人"，女人看见"男人扮"，所以就永远挂在国人的心中了。

鲁迅挨骂录

钱杏（笔名阿英）："鲁迅的创作，我们老实的说，没有现代的意味，不是能代表现代的，他的大部分创作的时代是早已过去了，而且遥远了。""鲁迅所看到的人生只是如此，所以展开《野草》一书便觉冷气逼人，阴森森如入古道，不是苦闷的人生，就是灰暗的命运；不是残忍的杀戮，就是社会的敌意；不是希望的死亡，就是人生的毁灭；不是精神的杀戮，就是梦的崇拜；不是咒诅人类应该同归于尽，就是说明人类的恶鬼与野兽化……一切一切，都是引着青年走向死灭的道上，为跟着他走的青年掘了无数无数的坟墓。"［载1928年3月1日《太阳月刊》三月号］

邵冠华："鲁迅先生是文坛上的'斗口'健将。""不顾事理，来势凶猛，那个便是鲁迅先生的'战术'。""然而，他的滑稽是狂暴的，我不得不说他是在狂吠！"［载1933年9月上海《新时代》］

陈源（笔名西滢）："鲁迅先生一下笔就想构陷人家的罪状。他不是减，就是加，不是断章取义，便捏造些事实。他是中国'思想界的权威者'，轻易得罪不得的。""他的文章，我看过了就放进了应该去的地方……"［载1926年1月30日《晨报副刊》］

（1）思考：在骂人与被骂中，你看到了一个怎样的鲁迅？
（2）课后探究：鲁迅先生为什么专骂文人和名人？

四、鲁迅的永生——《怀鲁迅》（郁达夫）

例文四：

怀鲁迅
郁达夫

真是晴天霹雳，在南台的宴会席上，忽而听到了鲁迅的死！

发出了几通电报，会萃了一夜行李，第二天我就匆匆跳上了开往上海的轮船。

二十二日上午十时船靠了岸，到家洗了一个澡，吞了两口饭，跑到胶州路万国殡仪馆去，遇到的只是真诚的脸，热烈的脸，悲愤的脸，和千千万万将要破碎似的青年男女的心肺与紧捏的拳头。

这不是寻常的丧事，这也不是沉郁的悲哀，这正像是大地震要来，或黎明将到时充塞在天地之间的一瞬间的寂静。

生死，肉体，灵魂，眼泪，悲叹，这些问题与感觉，在此地似乎太渺小了，在鲁迅的死的彼岸，还照耀着一道更伟大、更猛烈的寂光。

没有伟大的人物出现的民族，是世界上最可怜的生物之群；有了伟大的人物，而不知拥护、爱戴、崇仰的国家,是没有希望的奴隶之邦。因鲁迅的一死,使人自觉出了民族的尚可以有为,也因鲁迅之一死,是人家看出了中国还是奴隶制很浓厚的半绝望的国家。

鲁迅的灵柩,在夜阴里被埋入浅土中去了;西天角却出现了一片微红的新月。

(1)资料袋。郁达夫(1896年12月7日—1945年9月17日),名文,字达夫,出生于浙江富阳满洲弄(今达夫弄)的一个知识分子家庭,是一位为抗日救国而殉难的爱国主义作家。中国现代著名小说家、散文家、诗人。郁达夫通五门外语,分别为日语、英语、德语、法语、马来西亚语。郁达夫在文学创作的同时,积极参加各种反帝抗日组织,先后在上海、武汉、福州等地从事抗日救国宣传活动,并曾赴台儿庄劳军。1938年底,郁达夫应邀赴新加坡办报并从事宣传抗日救国,星洲沦陷后流亡至苏门答腊,因精通日语被迫做过日军翻译,其间利用职务之便暗暗救助、保护了大量文化界流亡难友、爱国侨领和当地居民。1945年8月29日,他在苏门答腊失踪,终年四十九岁。

(2)结合自己的阅读经历说说对"没有伟大的人物出现的民族,是世界上最可怜的生物之群;有了伟大的人物,而不知拥护、爱戴、崇仰的国家,是没有希望的奴隶之邦"这句话的理解。

(3)仿写300字的《忆鲁迅》,现场交流和诵读。

(4)背诵短文。

第四课　再"见"鲁迅

(建议2课时)

【教学内容】

演鲁迅、画鲁迅,再现鲁迅先生风骨。

【教学目标】

(1)内化鲁迅的文学高度和精神高度。

(2)实践跨学科课程整合,提升学生的综合素养。

【教学过程】

一、再"见"鲁迅——演鲁迅

1. 视频推荐

(1)观看视频:2005年版《鲁迅》。

链接网址:http://www.360kan.com/m/harpY0kqSHb8SR.html

(2)观看1999年版大型纪录片《鲁迅之路》。

链接网址:http://www.360kan.com/m/fqbjZRH1SHP6UR.html

2. 短剧本创作和编演

(1)主题选择:鲁迅作品或者鲁迅故事,每个作品不超过10分钟;

(2)小组创作:全班分成八个小组,以小组合作的方式完成剧本的创编(含道具的制作和购买),故事导演和公开演出。

（3）评价标准和办法：各小组互相评分（不评自己小组作品），每个作品最多可获五颗星，累计获星数量，决出优胜奖三个。

附：星级评价标准

★ 能完整演绎作品
★ 主题鲜明，能再现文学作品内涵
★ 人物精神风貌栩栩如生
★ 团队分工有序，合作成功
★ 服装和舞台道具设计有创意

二、再"现"鲁迅——画鲁迅

（1）鲁迅肖像画欣赏，共七幅。见下图：

鲁迅素描画 　　鲁迅木刻画 　　鲁迅雕塑 　　鲁迅油画

鲁迅漫画 　　鲁迅版画 　　鲁迅照片

（2）引导学生找共同特征（即鲁迅的标志性特色），并说说在这些一成不变的特征中透射出鲁迅先生什么样的风骨和精神内涵。

（3）自由创作。要求学生能抓住鲁迅的某一特征即可。

（4）展示交流，创作展出。

有趣的苏东坡

（小学语文六年级下册配套使用）

深圳市坪山新区实验学校　庄泳程

人物小传

　　苏轼（1037年1月8日—1101年8月24日），字子瞻，又字和仲，号东坡居士，世称苏东坡、苏仙。北宋眉州眉山人，北宋著名文学家、书法家、画家。

　　苏轼是宋代文学最高成就的代表，并在诗、词、散文、书、画等方面取得了很高的成就。其诗题材广阔，清新豪健，善用夸张比喻，独具风格，与黄庭坚并称"苏黄"。词开豪放一派，与辛弃疾同是豪放派代表，并称"苏辛"；其散文著述宏富，豪放自如，与欧阳修并称"欧苏"，为"唐宋八大家"之一；苏轼亦善书，为"宋四家"之一；工于画，尤擅墨竹、怪石、枯木等。有《东坡七集》《东坡易传》《东坡乐府》等传世。

一、设计说明

　　居庙堂之高，心忧黎民，勤于政务；处江湖之远，尽职尽责，为善一方。在朝期间，他直言敢谏，不惧权贵；在贬期间，他抗洪灭蝗，赈贫救孤，颇多政绩。他俯仰无愧于天地，心无名利杂念，遂有闲心领略江山风月，写下无数传世杰作。（2000年法国《世界报》对苏东坡的评论）他就是苏东坡。苏东坡不仅是奇才，是全才，更是一个可亲可敬的人。余秋雨认为，苏东坡身上体现的是一个可亲可爱的形象。选择"有趣"作为走近苏东坡的视角，不仅为了让学生"趣"中得学，学中得"趣"，更是为了让学生触摸一个可亲可爱的苏东坡形象，让一代文人的气息更接地气。整个设计体现由扶到放的梯度，在阅读教学中知趣，在实践探究中品趣，在展示交流中得趣。

　　阅读教学课，以"志趣""雅趣""情趣"为纲，以苏轼各个时期的代表作品为目，借由具体的文学作品让学生感知苏轼之人品与文品。"志趣"以《江城子》为切入口，适时渗透苏轼的人生遭遇及文学成就，在人品与文品俱佳的感知中，托起一个志趣高远、才华横溢的天才形象；"雅趣"通过走进苏轼的红梅诗，在梅格与人格并举的感悟中，勾勒一个精致高雅、亦庄亦谐的文人形象；"情趣"则通过两首反映生活画面的小诗，在情趣与意趣相得的感受中，丰盈一个乐观豁达、亲切宽和的居士形象。

实践探究课，以"读万卷书，行万里路"为实践探究活动口号，展开阅读之旅，甚或开展实地观摩之旅。追寻苏东坡的足迹，撷取苏轼人生中的点滴火花，了解其趣事逸闻，搜集其画作，鉴赏其书法，阅读民间对于苏轼的凭吊文章，就近实地探访惠州西湖等活动，品苏轼其人其文之趣。并通过制作手抄报、电子报、阅读笔记等进行梳理展示。

展示交流课，以"东坡留响"为主题，通过吟诵东坡诗、饰演东坡剧、临摹东坡字、东坡诗词大赛等活动形式，展示学习探究成果，达成对苏东坡作为华夏文化符号的圆融理解。传承东坡诗，镌刻东坡魂！

二、学习目标

（1）阅读教学课：阅读东坡诗词，知诗书东坡之趣；
（2）实践探究课：追寻东坡足迹，品人文东坡之趣；
（3）展示交流课：分享探究心得，得华夏东坡之趣。

第一部分　阅读东坡诗词

【设计理念】

走近苏东坡最好的载体，无疑是那些流传千古的经典。而经典教学最好的方式则是"经典思维"。"口而诵，心而惟，朝于斯，夕于斯。"告诉我们要读思结合；"博学之，审问之，慎思之，明辨之，笃行之。"（《中庸》）告诉我们要博学笃行，学有所用；"引而伸之，触类而长之，天下之能事毕矣。"（《周易·系辞上》）告诉我们要以点带面，触类旁通。阅读苏东坡，阅读经典，就是要重视读中的思考、读中的运用，重视通过读一首诗，进而读遍一组诗。

❀ 第一课　苏轼的志趣 ❀

【教学内容】

《江城子》。

老夫聊发少年狂，左牵黄，右擎苍。锦帽貂裘，千骑卷平冈。为报倾城随太守，亲射虎，看孙郎。酒酣胸胆尚开张，鬓微霜，又何妨，持节云中，何日遣冯唐？会挽雕弓如满月，西北望，射天狼。

【教学目标】

在具体的诗意中品味苏轼志在家国的高尚志趣，并借由资料的适时渗透，了解苏轼人品与文品俱佳的人生际遇，从而达成对苏轼天才形象的整体感知。

【教学预设】

一、细读《江城子》，品味"壮志豪情"

1. 古今文对照，触摸一个人

（1）读原词。要求：读出节奏和韵味。

（2）读译文。思考：你读到了一个怎样的场面？看到了一个怎样的人？

出示：我姑且施展一下少年时打猎的豪情壮志，左手牵着黄犬，右臂托起苍鹰。随从将士们戴着华美鲜艳的帽子，穿着貂皮做的衣服，带着上千骑的随从疾风般席卷平坦的山冈。为了报答满城的人跟随我出猎的盛情厚意，看我亲自射杀猛虎，犹如昔日的孙权那样威猛。我虽沉醉但胸怀开阔胆略兴张，鬓边白发有如微霜，这又何妨呢？什么时候皇帝会派人下来，就像汉文帝派遣冯唐去云中赦免魏尚一样？我将使尽力气拉满雕弓就像满月一样，朝着弓矢西北瞄望，奋勇射杀西夏军队！

（3）交流点拨：①场面之壮：场面热烈、气概豪迈、慷慨激昂。这种壮情豪气，一洗绮香罗泽之态，使词从传统的花间月下、浅斟低唱中，走向广阔的生活天地。由此也开创了词的一种流派——豪放派。②豪情之"狂"：一个有宏图大志的"老夫"形象跃然纸上。

2. 咀嚼"狂"字，感悟一种形象

（1）质疑：词中哪些细节具体描写了"狂"？

（2）梳理：形象之"狂"——左牵黄，右擎苍；姿态之"狂"——亲射虎，看孙郎；豪情之"狂"——鬓微霜，又何妨；志向之"狂"——会挽雕弓如满月，西北望，射天狼。

（3）立象：这是一种怎样的形象？渴望亲赴前线抗敌卫国、报国立功，字里行间无不透露出一种热血沸腾的豪迈形象。

二、泛读苏轼遭遇，品味"人品"与"文品"

1. 感知人品

30多岁的时候，苏东坡因为与王安石政见不同，自行到密州为官，写下了《江城子》，发出了"会挽雕弓如满月，西北望，射天狼"的豪情；40多岁的时候，苏东坡因为"乌台诗案"被流放至黄州，写下了《念奴娇·赤壁怀古》，吟诵着"江山如画，一时多少豪杰"的壮志。即使在他被一贬再贬、生活无从着落、身体每况愈下的时候，他仍然没有丧失生活的信心，他耕作、唱歌、思考、创作，流连旖旎山水，穿梭阡陌田间。他淋着小雨，拄着竹杖，穿着蓑衣，边走边唱"竹杖芒鞋轻胜马，谁怕？一蓑烟雨任平生"；他喝着小酒，倚着拐杖，听着江声，微醺中呢喃着"夜阑风静縠纹平。小舟从此逝，江海寄余生"……透过这些遭遇，你看到的又是一个怎样的苏轼？

2. 对比文品

伟岸的人格造就了伟岸的文格，苏轼在宋代文学上的成就是空前的。苏诗代表了宋诗的最高成就；苏词开拓了宋词的豪放派；苏文向来与韩愈、柳宗元、欧阳修并称为"唐宋八大家"之一；苏的书法是宋代四大书法家之首；苏画首倡"人文画"，自成讲究神似、写意的一派……他是中国数千年历史上被公认文学艺术造诣最杰出的大家之一。

三、总结

苏东坡志趣高远、才华横溢，更难得的是，他的人品与他的文品相得益彰。这一切使他成了一代天才作家，成了古代文人立身处世的楷模。

第二课　苏轼的雅趣

【教学内容】

《红梅》。

怕愁贪睡独开迟，自恐冰容不入时。故作小红桃杏色，尚余孤瘦雪霜姿。寒心未肯随春态，酒晕无端上玉肌。诗老不知梅格在，更看绿叶与青枝。

【教学目标】

在对比阅读中品味诗意，了解梅花形象与意象，并借由相关背景资料的渗透，体味梅格与人格相得益彰的深刻内涵，达成对苏轼高雅精致的精神世界的感知。

【教学预设】

一、背景导入

1. 林逋咏梅

在宋代，梅花成为一种淡雅精神的缩影与象征，成了诗人们的最爱。有"梅妻鹤子"之称的林逋，写下了《山园小梅》：众芳摇落独暄妍，占尽风情向小园。疏影横斜水清浅，暗香浮动月黄昏。霜禽欲下先偷眼，粉蝶如知合断魂。幸有微吟可相狎，不须檀板共金尊。（读）这首诗被苏轼评价为"神清骨冷""高节""绝俗"。"疏影横斜水清浅，暗香浮动月黄昏"两句成为千古咏梅绝调。

2. 石延年咏梅

与此同时，有一个叫石延年的诗人也写了一首《红梅》：梅好唯伤白，今红是绝奇。认桃无绿叶，辨杏有青枝。烘笑従人赠，酡颜任笛吹。未应娇意急，发赤怒春迟。他认为，辨认梅花与桃花、杏花的区别是"无绿叶，有青枝"。苏轼认为这是有形无神之败笔，完全忽略了红梅最重要的特点，讥之为"至陋"的"村学究体"，并写了一首词来反对他。

二、探寻梅格

（1）出示《红梅》，引导读出节奏和韵味。

（2）"诗老不知梅格在。"梅格，即梅花的格调，梅花最本质的特征。你认为诗中哪些字眼写出了梅格？结合学生发言，适时点拨。

① 玉洁冰清，不流世俗："怕愁贪睡独开迟，自恐冰容不入时。""冰容"二字写出了什么特点？用一个成语来形容。为何而"愁"？"独开迟"又告诉我们什么？——小结：玉洁冰清的梅花之所以迟迟开放，恰恰表现它不与万物争春、不流世俗的性格。拟人化的手法，赋予了梅花以生命和情感。

② 孤傲瘦劲，斗雪凌霜："故作小红桃杏色，尚余孤瘦雪霜姿"。"孤瘦"是一

种怎样的姿态？"雪霜姿"又表现了红梅怎样的特点？——小结：虽然也有红红的桃杏色，但梅花骨子里是孤傲瘦劲的，是斗雪凌霜的，这才是她真正的姿态。

③ 不流俗作，未坠孤洁："寒心未肯随春态，酒晕无端上玉肌。""春态"应该是一番怎样的景象？红梅有别于这春态的又是什么？——小结：百花盛开、姹紫嫣红中，红梅仍然保持着她孤洁的本性。

（3）对比石延年的《红梅》，你更喜欢哪一首诗？

三、体味人格

（1）情景交融悟人格。俗话说，一切景语皆情语。此时的苏轼，身陷"乌台诗案"，屡遭贬谪，就是在这样的逆境中，他写出了"拣尽寒枝不肯栖"的千古名句，寓意自己身处穷厄而不苟于世、洁身自守的人生态度写照。那么，在这首诗中，苏轼借写红梅，要表达的又是怎样的一种心境呢？

（2）物我交融悟人格。读着读着，诗歌仿佛已不是在写红梅，而是在写作者自己。"自恐冰容不入时"，他想表达的是什么？"尚余孤瘦雪霜之"，他想倾诉的是什么？"寒心未肯随春态"，他所选择的又是什么？

（3）小结。苏轼这首《红梅》诗品出自人品，梅格照映人格，诗人自己也引为得意之作，还稍加损益，填为《定风波·咏红梅》："好睡慵开莫厌迟。自怜冰脸不时宜。偶作小红桃杏色，闲雅，尚余孤瘦雪霜姿。休把闲心随物态，何事，酒生微晕沁瑶肌。诗老不知梅格在，吟咏，更看绿叶与青枝。"

四、总结

苏轼《於潜僧绿筠轩》可谓淡雅精神有名的宣言诗："可使食无肉，不可使居无竹。无肉令人瘦，无竹令人俗。人瘦尚可肥，俗士不可医。旁人笑此言：'似高还似痴？'若对此君仍大嚼，世间那有扬州鹤。"竹以挺拔有节，有高洁之风，为树中君子；鹤以瘦劲孤高，有凌云之意，称禽中雅士，它们都是超凡脱俗文化精神的最佳写照。而这，也是苏轼精神人格的写照。

第三课时　苏轼的情趣

【教学内容】

（1）《临江仙》。

夜饮东坡醒复醉，归来仿佛三更。家童鼻息已雷鸣。敲门都不应，倚杖听江声。长恨此身非我有，何时忘却营营？夜阑风静縠纹平。小舟从此逝，江海寄余生。

（2）《定风波》。

莫听穿林打叶声，何妨吟啸且徐行。竹杖芒鞋轻胜马，谁怕？一蓑烟雨任平生。料峭春风吹酒醒，微冷，山头斜照却相迎。回首向来萧瑟处，归去，也无风雨也无晴。

【教学目标】

在诗句的吟咏中读出一幅画，读出一个鲜活的人，感悟苏东坡闲适生活中怡然自乐的生活情趣，进而品味一种热爱生命、乐观豁达的意趣。

【教学预设】

一、背景引入

苏轼因为"乌台诗案"被贬到黄州。来了黄州后，原先住在馆驿里，但后来不能住了。苏东坡就请求官家拨给他一块地皮，用来做房子等。大雪天，房子盖好了，苏东坡亲自给房子刷了白色的油漆。吃饭问题，很简单，自己种！朝廷给苏轼拨了五十亩荒地。他特别喜欢白居易，白居易曾有诗《东坡种花》，现在好了，苏轼把东坡这个名字借过来了，给自己的地皮取名"东坡"，自己呢，号称"东坡居士"。"苏东坡"这个名字，就是这么来的。自此，苏东坡过上了悠闲的居士生活，这些生活画面借由他的文字流传下来。

二、学习《临江仙》：微醺中的惬意

1. 读诗品悟

读诗并思考："醒复醉"，诗中哪些细节告诉你苏东坡醉了？

（1）醉眼朦胧："归来仿佛三更。""仿佛"二字，传神地画出了词人醉眼蒙眬的情态。这开头两句，先一个"醒复醉"，再一个"仿佛"，就把他纵饮的豪兴淋漓尽致地表现出来了。

（2）醉身歪斜："家童鼻息已雷鸣。敲门都不应，倚杖听江声。""倚杖"暗示诗人醉了。走笔至此，一个风神潇洒的人物形象，一位襟怀旷达、遗世独立的"幽人"跃然纸上，呼之欲出。其间浸润的，是一种达观的人生态度，一种超旷的精神世界，一种独特的个性和真情。

（3）醉里呢喃："长恨此身非我有，何时忘却营营？夜阑风静縠纹平。小舟从此逝，江海寄余生。"想象苏轼倚杖听涛，醉里蒙眬的姿态，他会如何呢喃自语？读出这种感觉。

2. 拓展知趣

苏轼诗名满天下。"其为文章，才落笔，四海皆已传诵，下至闾巷田里，外及夷狄，莫不知名，其盛盖当时所未有。"（《东坡全集》李绍序）据说这首歌第二天就传遍黄州，这下可把黄州太守吓坏了，因为他有看管苏东坡的职责（苏东坡此时是个犯官），苏东坡要真是"江海寄余生"，逃跑了的话，他得吃不了兜着走。急急忙忙带人到苏东坡家去找，结果发现苏东坡正呼噜声如雷鸣。

3. 小结

这就是苏东坡，他带给我们的形象永远是那么亲切可近。

三、学习《定风波》：雨中的淡然

1. 读诗品悟

《临江仙》中我们领略了苏东坡的醉态，《定风波》这首词又让我们看到了一个怎样的苏东坡呢？

2. 想象悟趣

脱下长袍，穿上短打，带着蓑衣，穿着草鞋，自在地走在田间地头。这时突然一场雨来了，同行的人都忙着避雨，而苏轼却纵情地享受雨的清凉、雨的抚摸。想一想，面对雨中失落、雨中慌张的人，他是如何安慰他们的呢？

（1）"莫听穿林打叶声，何妨吟啸且徐行。"告诉我们姿态要优雅，生活要悠闲，风雨无惧，且行且乐。

（2）"竹杖芒鞋轻胜马，谁怕？一蓑烟雨任平生。"建议联系苏轼的风雨人生谈谈你的感受。"谁怕"体现出的是一种无畏，"竹杖芒鞋"展现的是一种淡然。

（3）"料峭春风吹酒醒，微冷，山头斜照却相迎。回首向来萧瑟处，归去，也无风雨也无晴。""回首萧瑟"展示的应该不仅是风景，还有苏东坡的人生。"萧瑟"的人生是怎样的一种人生？"归去"的路在作者的眼中又应该是怎样的？

四、拓展：一个有趣的苏轼

苏东坡虽然被贬，但他仍然保持积极的心态和乐观的生活态度。苏东坡在黄州忙得不亦乐乎：种地，盖房，做菜，酿酒，念佛，读书，交友，串门，取外号，开party，下馆子，夜游，写诗，填词，写书……

苏东坡是个美食家。他在黄州，做出了东坡肉，还写出了配方，就是《猪肉颂》：净洗铛，少著水，柴头罨烟焰不起。待他自熟莫催他，火候足时他自美。黄州好猪肉，价贱如泥土。贵者不肯吃，贫者不解煮，早辰起来打两碗，饱得自家君莫管。他还做了东坡羹，配方比较麻烦，这里就不说了。总结来说，可能就像我们现在的"盖浇饭"一样。有了饭，有了肉，还差一杯酒。东坡自己酿酒。配方呢，是自己的道士朋友杨世昌提供的。苏东坡因此写了一篇《蜜酒歌》记载自己酿酒的过程。除了吃，老本行不能落下，那就是写书。苏东坡在黄州完成了对《论语》和《周易》的注释工作，还写了《论语说》五卷，《易经》九卷，《书传》，等等。写书的同时，依旧博览群书。黄州气候不好，苏东坡觉得需要健身强体。于是就写了《书四戒》，编成顺口溜，写在小纸条上，然后贴在墙上、茶几上等地方，时刻提醒自己健身。他还喜欢和别人开玩笑，给别人取外号。他有个好朋友叫陈慥，特别怕老婆。苏东坡就写了首诗和他开玩笑：龙丘居士亦可怜，谈空说有夜不眠。忽闻河东狮子吼，拄杖落手心茫然。（《寄吴德仁兼简陈季常》）"狮子吼"本是佛家语言，"河东"，是他夫人的籍贯地。他这一说，陈慥老婆"河东狮吼"的"美名"就远扬了。"河东狮吼"一词也一直流传到现在，成为了女汉子们的雅号。苏东坡开玩笑的本领真是高啊……

（节选泊静居士《可爱的苏东坡》）

五、总结

这就是苏东坡——才华横溢、生性豁达，富有生活情趣，令人可亲可敬！

第二部分 追寻东坡足迹

❀ 第一课 读万卷书鉴赏东坡作品 ❀

【学习目标】

通过大量阅读苏轼作品及其相关评论,深入而全面地了解苏轼其人、其文、其字、其画之趣,并通过摘抄、背诵、制作学报等方式积累学习成果。

【学习时间】

3课时。

【教学预设】

一、明晰活动建议

1. 导入

苏东坡的才华,深深印在他写的每一行诗上,时至今日,依然光耀照人;苏东坡的事迹,深深留在各种史料之中,流传至今,浩繁而多姿。俗话说,读万卷书,行万里路。就让我们到文字里去走近苏轼,走进他多姿多彩的人生。

2. 出示阅读建议

(1)认真读读"阅读材料"中的文章,并尝试通过搜集相关的鉴赏作品,了解苏轼作品的艺术特色;

(2)搜集苏轼各个时期的代表作,开展苏轼诗词背诵比赛;

(3)搜集有关苏轼的奇闻轶事,开展讲苏轼故事比赛;

(4)搜集有关苏轼字帖、画作等相关作品,尝试练习写苏字、画苏画;

(5)通过其他活动,体会苏轼作品的瑰丽与神奇。

二、东坡作品鉴赏

月夜与客饮酒杏花下

杏花飞帘散余春,明月入户寻幽人。褰衣步月踏花影,炯如流水涵青苹。
花间置酒清香发,争挽长条落香雪。山城酒薄不堪饮,劝君且吸杯中月。
洞箫声断月明中,惟忧月落酒杯空。明朝卷地春风恶,但见绿叶栖残红。

阅读要求: 有人评论此诗富有仙气,且诗歌主题是写月亮与酒,是否让你想起了诗仙李白?回忆一下,你都读过李白哪些关于月亮与酒的诗歌?想一想,与李白的诗相比,苏轼的诗有什么不同?

水调歌头

明月几时有?把酒问青天。不知天上宫阙,今夕是何年。我欲乘风归去,又恐琼楼玉宇,高处不胜寒。起舞弄清影,何似在人间?

转朱阁,低绮户,照无眠。不应有恨,何事长向别时圆?人有悲欢离合,月有阴晴圆缺,此事古难全。但愿人长久,千里共婵娟。

阅读要求：背诵这首词。有兴趣的同学找来王菲的歌练一练。

念奴娇·赤壁怀古

大江东去，浪淘尽，千古风流人物。故垒西边，人道是，三国周郎赤壁。乱石穿空，惊涛拍岸，卷起千堆雪。江山如画，一时多少豪杰。

遥想公瑾当年，小乔初嫁了，雄姿英发。羽扇纶巾，谈笑间，强虏灰飞烟灭。故国神游，多情应笑我，早生华发。人生如梦，一尊还酹江月。

阅读要求：背诵诗词。上网搜索作者写作此词的历史背景及相关评价材料。

记承天寺夜游

元丰六年十月十二日夜，解衣欲睡，月色入户，欣然起行。念无与为乐者，遂至承天寺寻张怀民。怀民亦未寝，相与步于中庭。庭下如积水空明，水中藻、荇交横，盖竹柏影也。何夜无月？何处无竹柏？但少闲人如吾两人者耳。

阅读要求：袁宏道认为，"此文似约而丰，似寂寥而醋足，笔情萧闲，其原盖出《檀弓》，意在笔先，神余篇终。"细读此文，你认为苏轼写此文其意是什么？其神又表现在哪里？"宠辱不惊，闲看亭前花开花落，去留无意，漫观天外云卷云舒"，你认为这两句话是否能够表达此文的内在含义？

三、东坡字画欣赏

渡海帖 　　　　弯竹图

知识链接：苏轼的书法被称为苏体，与黄庭坚、米芾、蔡襄并称"宋四家"，而且成就最高。他的书法重在写"意"，寄情于"信手"所书之点画。苏轼的字看似平实、朴素，但有一股汪洋浩荡的气息，就像他渊博的学问一样，神龙变化不可测。他长于行书、楷书，笔法肉丰骨劲，跌宕自然，给人以"大海风涛之气""古槎怪石之形"的艺术美感。明朝董其昌盛赞他"全用正锋，是坡公之兰亭也"。传世书迹有《前赤壁赋》《黄州寒食诗帖》《洞庭春色赋》《中山松醪赋》等。苏轼的画首创"人文画"，自成讲究神似，写意的一派。强调神韵，不拘形似，真诚抒发胸中意趣。

四、评价苏东坡

林语堂谈苏东坡

节选自《苏东坡传》，林语堂著

我们未尝不可说，苏东坡是个秉性难改的乐天派，是悲天悯人的道德家，是黎民百姓的好朋友,是散文作家,是新派的画家,是伟大的书法家,是酿酒的实验者,是工程师,是假道学的反对派,是瑜伽术的修炼者,是佛教徒,是士大夫,是皇帝的秘书,是饮酒成瘾者,是心肠慈悲的法官,是政治上的坚持己见者,是月下的漫步者,是诗人,是生性诙谐爱开玩笑的人。可是这些也许还不足以勾绘出苏东坡的全貌。我若说一提到苏东坡,在中国总会引起人亲切敬佩的微笑,也许这话最能概括苏东坡的一切了。苏东坡的人品,具有一个多才多艺的天才的深厚、广博、诙谐,有高度的智力,有天真烂漫的赤子之心——正如耶稣所说具有蟒蛇的智慧,兼有鸽子的温柔敦厚,在苏东坡这些方面,其他诗人是不能望其项背的。这些品质之荟萃于一身,是天地间的凤毛麟角,不可数数见的。而苏东坡正是此等人!他保持天真淳朴,终身不渝。政治上的勾心斗角与利害谋算,与他的人品是格格不入的;他的诗词文章,或一时即兴之作,或是有所不满时有感而发,都是自然流露,顺乎天性,刚猛激烈,正如他所说的"春鸟秋虫之声";也未尝不可比做他的诗句:"猿吟鹤唤本无意,不知下有行人行。"他一直卷在政治旋涡之中,但是他却光风霁月,高高超越于苟苟营营的政治勾当之上。他不伎不求,随时随地吟诗作赋,批评臧否,纯然表达心之所感,至于会招致何等后果,与自己有何利害,则一概置之度外了。因是之故,一直到今天,读者仍以阅读他的作品为乐,因为像他这一等人,总是关心世事,始终抗言直论,不稍隐讳的。他的作品之中,流露出他的本性,亦庄亦谐,生动而有力,虽胥视情况之所宜而异其趣,然而莫不真笃而诚恳,完全发乎内心。他之写作,除去自得其乐外,别无理由,而今日吾人读其诗文,别无理由,只因为他写得那么美,那么逎健朴茂,那么字字自真纯的心肺间流出。

阅读要求:读课文,透过林语堂的评价,想想,你心目中的苏轼形象此时是怎样的?你还能上网搜集其他名家对苏轼的评价作品吗?

五、搜集东坡轶事

吟诗赴宴

苏轼二十岁的时候,到京师去科考。有六个自负的举人看不起他,决定备下酒菜请苏轼赴宴打算戏弄他。苏轼接邀后欣然前往。入席尚未动筷子,一举人提议行酒令,酒令内容必须要引用历史人物和事件,这样就能独吃一盘菜。其余五人轰声叫好。"我先来。"年纪较长的说,"姜子牙渭水钓鱼!"说完捧走了一盘鱼。"秦叔宝长安卖马!"第二位神气地端走了马肉。"苏子卿贝湖牧羊!"第三位毫不示弱地拿走了羊肉。"张翼德涿县卖肉!"第四个急吼吼地伸手把肉扒了过来。"关云长荆州刮骨!"第五个迫不及待地抢走了骨头。"诸葛亮隆中种菜!"第六个傲慢地端起了最后的一样青菜。菜全部分完了,六个举人兴高采烈地正准备边吃边嘲笑苏轼时,苏轼却不慌不忙地吟道:"秦始皇并吞六国!"说完把六盘菜全部端到自己面前,微笑道,"诸位兄台请啊!"六举人呆若木鸡。

出人头地

苏轼在京城会考时,主审官是大名鼎鼎的北宋文学名家欧阳修。他在审批卷子的时候被苏轼华丽绝赞的文风所倾倒。为防徇私，那时的考卷均为无记名式。所以欧阳修虽然很想点选这篇文章为第一，但他觉得此文很像门生曾巩所写，怕落人口实，所以最后评了第二。一直到发榜的时候，欧阳修才知道文章作者是苏轼。在知道真实情况后欧阳修后悔不已，但是苏轼却一点计较的意思都没有，苏轼的大方气度和出众才华让欧阳修赞叹不已："这样的青年才俊，真是该让他出榜于人头地啊（成语出人头地就是从这儿来的）！"并正式收苏轼为弟子。

家庭聚会

苏轼高中榜眼后，苏氏三父子加上以三难秦少游而闻名的苏小妹一家齐聚在花园里庆祝，苏轼之父苏洵命题定以"冷、香"两个字，每人写两句诗，要求都结合当时的情景。为起带头作用，苏老泉缓步踱到花池边，吟道："水自石边流出冷，风从花里过来香。"子由站起来摘了瓣馨香腊梅，弹了下手指，曰："冷字句佚不可知，梅花弹遍指头香。"小妹也去摘花，子由笑他要摹仿自己，小妹却云："叫日杜鹃喉舌冷，宿花蝴蝶梦魂香。"说完摊开手掌，一只蝴蝶已被捏死。女儿特点毕露，大家都齐声叫好。苏轼却用袖子一拂石凳，骑着马就走，苏老泉叫道："我儿，答不出也不要走啊。"话音未落，苏轼已长声飘来两句："拂石坐来衣带冷，踏花归去马蹄香！"

生死一线

苏轼入狱后，神宗皇帝为了试探他有没有仇恨天子之意，特派一个小太监装成犯人入狱和东坡同睡。白天吃饭时，小太监用言语挑逗他，苏轼牢饭吃得津津有味，答说："任凭天公雷闪，我心岿然不动！"夜里，他倒头睡，小太监又撩拨道："苏学士睡这等床，岂不可叹？！"苏轼不理不会，用鼾声回答。小太监在第二天一大早推醒他，说道："恭喜大人，你被赦免了。"要知道，那一夜可是危险至极啊。只要苏轼有一点牢骚和吃不香睡不稳的异样举动，就危在旦夕。其实神宗皇帝也是糊涂人，派个太监去，凭苏轼的才智又怎么可能瞧不出来呢？

其人之计

苏轼挚友佛印，虽是出家人，却顿顿不避酒肉。这日，佛印煎了鱼下酒，正巧苏轼登门来访。佛印急忙把鱼藏在大磬（木鱼）之下。苏轼早已闻到鱼香，进门不见，想起当日遭黄庭坚诈戏，心里一转计上心来，故意说道："今日来向大师请教，向阳门第春常在的下句是什么？"佛印对老友念出人所共知的旧句深感诧异，顺口说出下句："积善人家庆有余。"苏轼抚掌大笑："既然磬（庆）里有鱼（余），那就积点善，拿来共享吧。"

阅读要求：

（1）都说东坡有"趣"，通过阅读上面的材料，你认为东坡之"趣"趣在何处？

（2）苏轼的趣事中经常会出现苏小妹的身影，历史上是否真有苏小妹这个人呢？请上网确认一下。

（3）你还知道哪些东坡趣事，跟同学交流一下。

第二课　行万里路探访东坡足迹

【学习目标】

通过网络旅行或者实地探访，撷取东坡在全国各地留下的印记，达成对民间苏轼较为深入的了解，并通过适当的方式向同伴展示。

【学习时间】

1课时。

【教学预设】

一、明晰活动建议

（1）苏轼在华夏大地上留下了众多的足迹，给当地留下足以光耀千古的文化印记。让我们阅读所提供的材料，再搜集更多的资料，了解苏轼走过的地方和活动。

（2）搜集苏轼在各地写下的光耀千古的文章，读读这些文章背后发生的故事。

（3）如果有条件，策划一次实地探访活动，比如杭州西湖、惠州西湖，调查苏轼在当地的活动及留下的文化印记。写一篇情真词切的游记。

（4）苏轼的字是宋代四大书法家中写得最好的，有兴趣的同学，可以尝试练练苏体毛笔字。

二、网阅东坡足迹

1. 谈话导入

苏东坡的一生波澜壮阔、异彩纷呈。仕途的不顺，让他一再遭贬，从而使他在文化成就上获得了一次次的突围。而他所到之处，无不留下深深的印记，成为千百年来文人骚客、黎民百姓凭吊的文化印记。让我们继续走近苏东坡，去追寻他的足迹，感悟他的情怀，加深对苏东坡的了解。

2. 示例展示

（1）东坡亭。

东坡亭位于广西廉州大东门街合浦师范学校内，建于乾隆四十一年，歇山顶二进亭阁式砖木结构建筑。东坡亭主亭正门上端挂着"东坡亭"的大字匾额，为广州六榕寺铁禅和尚所书，正面壁上嵌有苏东坡石刻像及其他诗文碑刻十余件。东坡亭东面约30米有东坡井，为廉州四大名井之一，井水清澈甘美，相传为苏东坡亲自所挖，喝井中之水后，赴考文士可金榜题名。据记载，苏东坡62岁时，因"乌台诗案"而坐牢，从广东惠州贬到海南岛，三年后（宋元符三年，即公元1100）召回合浦，受廉州名士邓拟热情接待，安排在风景秀丽的清乐轩居住，虽只待了两个月，他却写了《廉州龙眼质味珠绝可敌荔枝》《雨夜宿净行院》等诗篇和《记合浦老人语》等札记，给当地文化艺术留下深刻影响。东坡在离开合浦的第二年病逝，后人为了纪念他，便在清乐轩故址上修建起一座亭子，命名为"东坡亭"。

（2）东坡赤壁。

北宋元丰三年（1080年）春，著名文学家苏东坡因乌台诗案贬来黄州，常在赤壁逸兴吟哦并写有流传千古的一词（《念奴娇·赤壁怀古》）两赋（前、后《赤壁赋》）和其他名篇佳作，后人因此将赤壁和苏东坡的名字联在一起，名曰东坡赤壁。

（3）苏堤。

宋熙宁十年（1077年）8月21日，洪水直扑徐州城下。苏轼通知大家"备畚锸，蓄土石，积刍茭"，同时急调5000人加固城基、高筑城墙。苏轼在水情严峻的城南，组织徐州军民修筑了一条防洪长堤，"首起戏马台，尾属于城"，全长984丈。刚刚修筑好的长堤及时挡住了凶猛而来的大水，徐州安定，人民平安。这便是最早的"苏堤"。后来徐州人感念苏轼，便以"苏堤路"命名在原防洪大堤上修成的道路。

（4）惠州东坡纪念馆。

惠州西湖苏东坡纪念馆位于广东省惠州市惠州西湖孤山上，馆前有东坡居士像，收集与苏东坡有关的历史文物一百多件，供游人鉴赏。

（5）杭州东坡纪念馆。

杭州西湖苏东坡纪念馆位于杭州西湖苏堤南端的映波桥旁，毗邻雷峰塔、净寺、花港观鱼，与章太炎纪念馆、张苍水祠、太子湾公园隔路相望。其占地面积4200平方米，建筑面积550平方米，建成于1988年12月28日，2004年重整开放。纪念馆一楼展出了苏东坡家谱、年表和生平介绍，突出反映了苏东坡两次来杭担任地方官的政绩及其在杭的文学艺术成就；二楼展出了苏东坡的诗文著作、书画手迹复制品及当代书画名家以苏东坡诗为题材而创作的书画作品等。整座展厅融书画、楹联、像碑为一体，并配以古筝弹唱。后院的东坡艺苑内，陈列着苏东坡书画的拓片、复制品及诗意画等，可供游人参观与选购。碑廊中陈列了他那首著名的《赤壁赋》和《游虎跑泉水》等40件书法精品，还有《三苏图》《修竹图》《自画像》三件作品。

3. 提供途径

（1）过渡：阅读完以上材料，你是否想更多了解苏轼的足迹？读万卷书不如行万里路，且让我们踏上网络阅读之旅，去追寻苏轼的足迹吧。

（2）提供路径：

① 华夏苏东坡：http：//www.hxsdp.org/

② 苏东坡居士故事趣闻：http：//blog.sina.com.cn/s/blog_5c749ed80100jfr2.html

③ 苏轼轶闻趣事：http：//www.gs5000.cn/gs/wenhuamr/895.html

④ 苏轼作品风格及作品鉴赏：http：//www.ruiwen.com/news/58655.html

（3）明晰要求：建议带着一定主题阅读，比如图片归类与整理、苏轼作品归类、苏轼轶事整理等，并通过电子小报等手段加以呈现。

三、实地探访凭吊

如果以上网络之旅尚不能满足你的好奇心，有条件的同学不妨实地探访，仿照古人来一番实地凭吊。惠州似乎离深圳最近，周末的时候可以和家长一起去哦。

路线参考：

第三部分　分享探究心得

【学习目标】

通过吟诵东坡诗、饰演东坡剧、临摹东坡字、东坡诗词大赛等活动形式，展示学习探究成果，达成对苏东坡作为华夏文化符号的圆融理解。传承东坡诗，镌刻东坡魂！

【明晰活动目标】

（1）通过展示活动，准确形象地传递你对于苏东坡其人、其作品的了解；

（2）借助展示活动，熟悉了解吟诵、饰演话剧等多种展示形式；

（3）发挥团队合作精神，以小组为单位进行展示与竞赛，在此过程中学会与人共享，学会合作交流。

【活动展示】

一、吟诵东坡诗

（1）导入：吟诵，是汉文化圈中的人们对汉语诗文的传统诵读方式。汉语的诗词文赋，大部分是使用吟诵的方式创作的；通过吟诵的方式，能更加深刻地体会其精神内涵和审美韵味。由此，记住苏轼、传承苏轼最好的方式，是吟诵他的诗词。

（2）观看视频：http：//v.ku6.com/show/Bih4NMuRe8v_nZ54it4mqA...html

（3）选择自己喜欢的作品练习吟诵。

知识链接："吟诵"这个词，根据文献记载，一般认为出现在晋代以后。其意既可指吟，也可指诵；或者两者兼有，泛指用抑扬顿挫的声调有节奏地诵读。在吟诵这个词出现前后，存在各种不同的叫法，古人并没有统一称谓，如吟、吟咏、吟哦、朗吟、朗读、读等。吟诵合称，表明至少有两种方式，即吟和诵。从有利于传承的角度说，概念或者叫法还是统一为好。台湾统一叫吟唱，大陆统一叫吟诵。吟诵的叫法，好在把吟和诵组合在一起，提醒人们：吟是从诵之中来的。吟唱的"唱"也并非一般的歌唱，是从吟读之中自然生发出来的，且不受固定乐谱束缚的自由唱。或许，比较方便简单的分类有三：诵、吟、唱。这当中，"诵"为基础，"吟"是结果，"唱"是升华。

二、饰演东坡剧

（1）导入：东坡的奇闻轶事太多太多，每一个故事都可以写成一个精致的剧本进行演示。通过饰演东坡剧，身临其境，更能表现你对苏轼的了解。

（2）尝试撰写剧本，并根据角色安排自行组合、练心表演。

（3）参考剧本：（用平板自行登录网络阅读）http://bbs.voc.com.cn/topic-1570298-1-1.html

知识链接：剧本主要由台词和舞台指示组成。对话、独白、旁白都采用代言体，在戏曲、歌剧中则常用唱词来表现。剧本中的舞台指示是以剧作者的口气来写的叙述性的文字说明。包括对剧情发生的时间、地点的交代，对剧中人物的形象特征、形体动作及内心活动的描述，对场景、气氛的说明，以及对布景、灯光、音响效果等方面的要求。

三、东坡诗词大赛

（1）比赛规则：分为五个小组，每个小组推选一人参赛，组成五位挑战者，参加个人追逐赛的比拼，其他学生通过举牌板的形式与挑战者共同答题，每个小组选出一个记分员。每位挑战者最多可答十道题，五位挑战者中总分最高的一位，与其他学生中答题正确率最高的选手，将进入擂主争霸赛，争夺诗词大赛擂主。

（2）逐一出示比赛题目：（比赛篇目出自阅读课、探究课中出现过的作品）

1. 苏东坡在密州时怀着安祥平和的心境，越发爱好（　　）的诗。
   A.杜甫　　　　B.李白　　　　C.孟浩然　　　　D.陶渊明
   答案【D】

2. 苏东坡诗中拿（　）开玩笑，"忽闻河东狮子吼，拄杖落地心茫然"。
   A.徐大受　　　B.陈慥　　　　C.马梦得　　　　D.朱寿昌
   答案【B】

3. 以下哪位是苏轼的好友又是高僧（　　）
   A.黄庭坚　　　B.佛印　　　　C.范仲淹　　　　D.苏辙
   答案【B】

4. 苏东坡《江城子·十年生死两茫茫》反映了他（　　）
   A.热爱生活　　B.情感丰富　　C.幽默刚直　　　D.看破红尘
   答案【B】

5. "老夫聊发少年狂，（　　），右擎苍。"中间一句是什么？
   答案：左牵黄

6. "故作小红桃杏色，尚余（　　）瘦雪霜姿。"空格处是什么字？
   答案：孤

7. "夜饮东坡醒复醉，归来仿佛三更。家童鼻息已雷鸣。"一句选自（　　）
   A.《临江仙》　　　　　　B.《定风波》
   答案【B】

8. "明月几时有？把酒问青天。"写于哪个节日？
   答案：中秋

9. 请说出"三苏"的名字。
   答案：苏洵、苏辙、苏轼

10."欲把西湖比西子，淡妆浓抹总相宜"写于（　　　）

A. 杭州西湖　　　　　　　　　B. 惠州西湖

答案：【A】

四、临摹苏轼字

课前准备，课堂展示。

五、总结

正如林语堂所说："苏东坡是个秉性难改的乐天派，是悲天悯人的道德家，是黎民百姓的好朋友，是散文作家，是新派的画家，是伟大的书法家，是酿酒的实验者，是工程师，是假道学的反对派，是瑜伽术的修炼者，是佛教徒，是士大夫，是皇帝的秘书，是饮酒成瘾者，是心肠慈悲的法官，是政治上的坚持己见者，是月下的漫步者，是诗人，是生性诙谐爱开玩笑的人。可是这些也许还不足以勾绘出苏东坡的全貌。"阅读苏东坡，光靠几节课是远远不够的；苏东坡，是可以常读常新的。希望此次的学习仅是一个起点，让我们用一生的时间，用全副的身心，去阅读苏东坡吧。

第三辑

微课程之"程"

常常有一种"喜欢"留在心上，就像喜欢茶香在舌尖喉际回绕，喜欢和一二知己促膝谈心一样，我喜欢走进课堂看生命的涌动，喜欢与古灵精怪的孩子们"斗智斗勇"，喜欢这教育工作的节奏，喜欢有机会思索与研究……

走进课堂，我就"活"了；研讨语文，我就"疯"了！

是的，眼前的一切我喜欢，喜欢生命是这样真实，喜欢语文是这样温暖，喜欢每天与生命对视，喜欢看课、研讨、思考、阅读，喜欢语文带给我的清醒和无奈。我思故我在，今生他世，永远都喜欢或巧或不巧地撞见了迎面而来的那人或那事，还有那课。

真的喜欢！

佛说，看得破的人，处处都是生机；看不破的人，处处都是困境。语文路上，我们且行，且看，且思……

寻找幸福的语文学堂

深圳市龙华新区民顺小学　张德芝

一

一直在思考：怎样的课堂才是让师生幸福的语文课堂？《窗边的小豆豆》里的镜头总在脑中闪现：

六辆报废的电车，四五十个天真烂漫的孩子，怀着爱心和梦想，留学归来的小林宗作先生创办了这所简陋的学校。这是一所怎样的学校啊！没有醒目的校名，两株矮矮的树直接成了"校门"，而且树上还长着绿色的叶子！几辆真正的电车被改装成了教室，就像是一边学习一边旅行一样！这样的学校让小豆豆一看就情不自禁地喊："我喜欢！"还暗暗决定"这么好的学校，我一定不缺课，每天都会来的。"

教室是真正的电车，座位可以根据自己的心情选择，连上课也可以从各自喜欢的开始：在第一节课开始的时候，女老师就把当天要上的所有的课和所有的问题点，满满地写在黑板上，然后说："下面开始上课，从你喜欢的那门课开始吧。"于是，喜欢作文的在写作文，喜欢数学的在做算术，喜欢物理的点燃酒精灯，把烧瓶烧得"咕嘟咕嘟"冒泡……每一天都从喜欢的科目开始，每一天都会觉得非常开心，连不喜欢的科目也能在放学前完成。随着年级的升高，老师就能够逐渐掌握每一个学生的兴趣所在，了解每一个学生的个性，熟悉每一个学生的思考方式……这才是真正的学习！

毋庸置疑，巴学园里的孩子们是幸福的，电车改装成的教室是他们幸福的学堂。

英国哲学家休谟说，一切人类努力的伟大目标在于获得幸福。美国宗教哲学大师詹姆斯·威廉说，如果我们要问：人类主要关心的是什么？我们应该能听到一种答案：幸福。尼尔指出，生活的目的是寻求幸福；亚里士多德认为，"幸福是终极的和自足的，它是行为的目的"；人民教育家陶行知也认为，"一切所教所学所探讨，为的都是人民的幸福"。

自20世纪末以来，人类步入了一个理性至上、意义缺失、精神危机、社会生态失衡的特殊历史时期，"全球重大事件发生的节奏和频率加快，社会中各种时尚来去匆匆""价值观迅速漂移""家庭的上空始终笼罩着阴影"（谢登斌《21世纪学校道德捍卫的使命》）等，人的幸福感在下降，人际间的亲密感在消失，人的精神支柱在微倾……

著名关怀伦理学家、美国斯坦福大学教授内尔·诺丁斯在这样的背景下出版了《幸福与教育》一书，提出"应在教育的'七条基本目的'（1918年克拉伦斯·金斯利在其著名的《基本原则报告》中提出教育的七条基本目的，即：健康、基本学习过程管理、可敬的家庭成员、职业、公民资格、有效应用闲暇和道德品格）之上再加一个——幸福"，同时指出"幸福不是教育或生活的唯一目的，但它是核心目的"。换言之，教育活动的其他目的要围绕"为了幸福"这一核心目的来安排，其他目的是帮助学生间接实现幸福的手段和工具。"好教育就应该极大地促进个人和集体的幸福。"

"学校生活是人，尤其是学生获得幸福的主要领域。在学校中，教师尊重学生的兴趣和选择，给学生以热情的鼓励，参与学校的各项教学活动等都充满着学生与幸福相遇的契机。"诺丁斯这样说。

二

我以为，幸福的语文学堂首先指向"幸福"。

课堂教学以"幸福"为目标，为人生的未来幸福而学习，是一段师生共度的幸福时光，是"学得愉悦，教得快乐"的教学过程。并在此过程中逐步达成教师、学生自我需要的实现。在童话《吹小号的天鹅》中有这样一个近乎理想的教学场景：

吹号天鹅路易斯的人类好友萨姆回到五年级后，老师教他们数学。老师问："萨姆，如果一个人一小时能走三英里，四小时他能走多少英里？"

"这要看他走完第一个小时后有多累。"萨姆回答说。

其他学生吵起来了。斯纳格小姐叫大家安静下来。

"萨姆说得对，"她说，"这个问题我以前倒是没有考虑过。我一直认为那个人四小时可以走十二英里。不过萨姆说不定是对的：走完第一个小时后，那个人可能不会觉得那么精神十足了。他可能拖着腿走。他可能慢下来。"

艾伯特比奇洛举手："我爸爸认识一个人，那人想走十二英里，结果心力衰竭死了。"

"天哪！"老师说，"我也认为这是可能发生的。"

"四小时里什么事情都可能发生，"萨姆说，"脚后跟可能走出水泡。路边可能长出浆果，他停下采浆果吃。这样他就算不累，或者脚后跟没有走出水泡，也会让他慢了下来。"

多么宽容的老师，多么幸福的场景啊！老师对小学生的同情心，让人油然而生敬意。她不仅宽容，而且自省，并用深入细腻的情感和自己班上的孩子交流。换作别人，早就冒火了：还学什么数学，这不是捣乱吗？孩子们因为得到尊重与理解而享受到了"幸福的教育"，教师因为对孩子的呵护与交流也感受到了"教育的幸福"。

其实，只要我们留心，有许多优秀的影视作品也是充满了教育智慧的，比如《功夫熊猫》。按说，中华文化的核心理念，理应由我们中国人自己阐述。但这部由全美班底打造的动画大片在内地上映时却是十天票房超亿，风靡一时。这其中闪烁的教育智慧值得我们去玩味。

人物是中国的熊猫，功夫是中国的功夫，甚至连故事情节也都跟周星驰的《功夫》差不多，影片的精神仍然是中国传统最迷人的天人合一、有教无类、止于至善。熊猫阿宝是一个小业主的后代，肩负着延续鸭子老爸小面馆的传家重任。但他是一个功夫迷，渴望拥有不平凡的人生。同时他又是一个好吃懒做、身体肥胖、活动迟缓的熊猫，通常看来不适合修炼功夫。特别是跟五大高手——虎、鹤、猴、蛇、螳螂相比，差距太大了。可是，当他遇到一个好的精神导师之后，这一切都变了。如果你还记得乌龟大师对他的点化，还记得狐狸大师利用他贪吃的特点因材施教，那么你就明白原本艰苦的练功为什么会变得那么幸福快乐。

三

幸福的语文学堂其次指向"学堂"。

"学"有动词和名词两种词性，"壆"作声符，像双手构木为屋形；加"子"为义符。子，孩子。小孩子是学习的主体。"学"作动词讲，有学习、模仿、讲述、讲学之意；"学"作名词讲，有学校、学问、学科之意。"学堂"是旧时对学校的称呼，暗含了学生是学堂的主人之意。怎样的课堂是"学堂"？试举两例：

例1：

夏天，萨姆带着吹号天鹅路易斯到安大略森林深处的一个湖边夏令营去度假，营主任宣布聘请路易斯（是一只会吹小号的天鹅）为少年辅导员，大家都高兴地鼓掌欢迎这个特殊的辅导员。

一个叫平果·斯金纳的孩子站起来。

"布里克尔先生，"他说，"我怎么办？我不喜欢鸟。我从来不喜欢鸟。"

"好吧，平果，"布里克尔先生说，"你不喜欢鸟。如果这是你的想法，你就继续不喜欢鸟好了。每个人都有他喜欢或者不喜欢的权利，有保持他的偏见的权利。试想一想，我不喜欢吃冰淇淋。我不知道我为什么不喜欢吃，可我就是不喜欢吃。但不要忘记了，路易斯是你的辅导员之一。不管你喜欢它不喜欢它，你都必须尊重他。"

——《吹小号的天鹅》

例2：

《望庐山瀑布》这首诗，孩子们耳熟能详，早已经熟读成诵。如何带领二年级的孩子们去领略这首经典古诗的美呢？课堂上该如何"忽悠"他们一遍遍地读呢？在网上搜集资料时我突然冒出一个想法：把书法引入课堂。

想不到古人如此厚爱这首诗，小篆、隶书、楷书、行书、草书，历朝历代几乎所有字体的书法作品都会写这首诗，可见它受欢迎的程度。我把它们一一找出来，每种字体选一幅作品，从端庄的楷书到秀美的隶书，从飘逸的行书到狂放的草书，从好认到不好认，到最后完全不认识（如狂草）……

面对"挑战"，孩子们完全不认输，边读边笑，一脸的兴奋，不但显摆了自己"真的会背诵"，还连猜带蒙地认识了不同字体的诗句，发现了书法作品没有标点的特点，感受了书法的图画美！更妙的是居然可以竖着写字，一行行从右往左排列……孩子们读得一遍比一遍好。

从我们的习惯思维来说，少数服从多数，作为极少数不爱鸟的平果（例1）就应该闭嘴乖乖地一边待着了。营主布里克尔先生不但没有抨击他，居然说"每个人都有他喜欢或者不喜欢的权利，有保持他的偏见的权利"，并且用自己不喜欢吃冰淇淋来加以说明。在尊重孩子的"偏见"的前提下，请他学会尊重辅导员。这种尊重、这种关心个人权利的教育，何尝不是"以学定教"的智慧闪现？

我忍不住为例2中的陈老师鼓掌，为这群幸运的孩子鼓掌。观课的老师也拍手叫好！东坡先生云："博观而约取，厚积而薄发。"我们只有重视课外的功夫，时时注意自己知识的"厚积"，当时时惦记着孩子们的需求时，当课堂上有所触动时，智慧便会自然而然地喷发出来。

"学"是形声字，"子"为它的形旁，意指小孩子是学习的主体，即学生才是课堂的主人。课堂上要时刻关注孩子们"学"的情况，掌握"学"的契机，以学定教，顺学而导。学生学习的方式是多样的，倾听是学习，体验是学习，动手是学习，练习是学习，模仿也是学习。早在1919年（差不多一百年前了），陶行知先生就提出"教学合一"的主张，可以让我们对"学堂"有更深刻的认识。

现在的人叫在学校里做先生的为教员，叫他所做的事体为教书，叫他所用的法子为教授法，好像先生是专门教学生些书本知识的人。他似乎除了教以外，便没有别的本领，除书之外，便没有别的事教，而在这种学校里的学生除了受教之外，也没有别的功课。先生只管教，学生只管受教，好像是学的事体，都被教的事体打消掉了。论起名字来，居然是学校，讲起实在来，却又像教校。这都是因为重教太过，所以不知不觉地就将他和学分离了；然而教学两者，实在是不能分离的，实在是应当合一的。

在陶行知看来，"教学做"是要"合一"的。什么是"教学做合一"？陶先生举了一个例子：游泳是在水里做的，便须在水里学，在水里教。也就是说，老师关于游泳的讲解，不是为讲解而讲解，而是为了学生学会游泳而讲解；学生看关于游泳的书，不是为看书而看书，而是为学会游泳而看书。老师讲解是"做"，学生看书也是"做"，下水练习更是"做"，不"做"就肯定学不会。所以"做"是学的中心，也是教的中心。所以陶行知强调"我们要活的书，不要死的书；要真的书，不要假的书；要动的书，不要静的书；要用的书，不要读的书"。

四

课堂是学生生命成长的原野，是学生学习的场所，学生是学习的主体，是学习的主人。如果不能做到乐学，学生对上课缺乏兴趣，学习就会变得很被动，教师固然能用强硬的手段甚至用填鸭式的方法逼学生学,但这样只会造成学生厌学。同时教师自己也会不快乐,或许回到家还会将这种不愉快转移到家人身上。如果老师稍微改变教学的方法,能够从学生的角度出发,用学生能够接受的方法,联系生活实际,而不是单纯地使用枯燥的文字来教学,这样就能激起学生的兴趣。学生学得快乐,教师教得也轻松,教学不再是教师一个人的独角戏,而是师生互动的活动,其乐无穷。

开学第二周,到一(4)班听美术课,执教的是新来的刘老师。今天的课题是《圆圆、方方和尖尖》,就是引导孩子们认识生活中的图形,并用这些图形画画。坐在我旁边的一个小男孩注意力集中不了三分钟就会分神。一会儿摸摸前面同学的后背,一会儿站起来东张西望,一会儿又跑来跑去。坐在他旁边,我得不时地提醒他坐下来听课。

画画是这节课的重头戏。刘老师指导完毕,孩子们开始了创作。大家都认认真真地画起来,这个孩子却坐在凳子上继续玩,刘老师及时发现了,只见她微笑着走过来,蹲下身子问:"小朋友,你怎么不画画呀?"

"不想画!"男孩看也不看刘老师。

"为什么不想画呀?"

"不知道。"男孩也不看她,眼神茫然,到处张望。

老师愣了一下,很快又说:"那我们一起画好吗?"

男孩无所谓地点点头,看得出来,他的注意力还没集中起来。

老师拿起笔问:"我们先画什么呢?"

"不知道。"男孩还是不看老师。

"先画一座房子吧!它是什么形状的呢?圆圆的,方方的,还是尖尖的?"老师不厌其烦,边说边画起来。

"下面是方方的,上面是尖尖的。"男孩的思绪终于回来了。

"好!"老师边画边说,"再画一棵树吧!它长什么样儿呢?"

"高高的!上面像把伞……"男孩的眼睛终于落在纸上了。

"那这个你来画吧!"似乎很随意地,老师顺手把笔放到了男孩手中。

奇迹出现了!在后面二十多分钟的时间里,男孩一直在认真地画着,画着,老师不时走到他身边,给他肯定,给他帮助。

教育是人与人心灵上最微妙的接触。学生是否能受到感化,启迪智慧,全在于教师。可以说,教师幸福是课堂幸福的源头,学生幸福是课堂幸福的核心。

学校是学生幸福的来源地之一,教师是学生幸福的源泉。助人为乐,成人之美,教人有幸,育人是福。学而不厌,诲人不倦,成就学生,幸福自己。老师和学生的关系永远就像一首歌里唱的那样:"你是快乐的,我就是幸福的。"

"鲸吞"与"牛嚼"

——我的读书生活

深圳市龙华新区民顺小学　张德芝

说起读书生活，我先想起两则笑话。一是当年我只用了两年时间就完成了中山大学的汉语言文学本科自学考试，看着我三科、四科轻松过关，同事们出了一道填空题："我们学校谁最会考试？"答案当然是我！二是每当我在评课、备课研讨时滔滔不绝、侃侃而谈时，年轻人就笑："你真的是一台复印机啊！"

其实，我自己心里最清楚，与现在动不动就是本科、硕士的年轻人相比，中师出身的我时常感觉底气不足。我得靠读书来"补气"呀！先学、多学，方能"厚学"，于是，读书便成了我的习惯。

一、"鲸吞"

鲁迅先生说："采过许多花，才能酿出蜜！"这正如我的读书——广读、泛读，像鲸一样，在书的海洋中，张着大口，任成群结队、成千上万的鱼虾成为我的腹中餐。

和鲸一样，有什么吃什么，遇着什么吃什么。所以我读书是没有系统的。我觉得读书是我自己的享受，别人无权干涉，也没法干涉。觉着感兴趣的，我读；感觉有用的，我读；能打发时间的，我读；有些趣味的，我也读。完全没有章法。

大多数时候，我是兴之所至，无所不读。我喜欢古典文学，于是《红楼梦》我读了六七遍，每读一遍，感受不同。我热爱外国文学，家中藏有好几十本，《呼啸山庄》《苔丝》读了不下三遍，但《复活》却读不下去。一到暑假寒假，我便不知疲倦，一本又一本，日以继夜、夜以继日地读得昏天黑地。记得读《罪与罚》的时候，跟着拉斯科利尼科夫哭了又哭，急了又急，我真的被折磨得不行，精神差点崩溃了！《读者文摘》自然是每期必读；因为兼管着妇女工作，《中国妇女》居然也成了我的心爱之物……

"被动的任务导致主动的学习。"这话可是真理！我是深有体会的，比如，每期的《人民教育》我是必看，但不是杂志一来我就看，因为这份杂志太有思想含量了。我都是在学期末要做总结了，或者是又要写什么报告了，我就背一大摞回家，一本本地细看，一篇篇地琢磨，总能触动我的写作灵感，写出来的东西还真有点"思想"！再比如，每每有大型教研活动，我要上台评课啊，要讲座啊，我就抓紧时间读相关的专业书籍，什么《小学语文教师》啊，《听名师讲课》啊，一本本读下来，教育动态了解了，自己的想法也就有了。最能触动我主动读书的，是研究课例。同事们常笑我是个"教研狂"，这话可真不假，比如去年我上《长征》，我先是买《长征》电视剧来看，然后钻进书店读美国特里尔的《毛泽东传》、读李讷的《我的父亲毛泽东》、读毛新宇的《爷爷毛泽东》，把毛主席的诗词全部整理出来阅读，把毛主席的书法搜索出来欣赏……这样的例子实在太多，《落花生》让我去读许地山，《怀念母亲》催我读季羡林……这样的读书最主动、最积极，也最刻骨铭心。

二、"牛嚼"

"不能让书管着我！"感谢老舍先生说出了我的真心话！的确，读书足以怡情，足以博彩，足以长才。但每个人的性情不同、才干各异，读书当然也会因人而异。不喜欢的不读，读不懂的不读，没趣味的也不读。总之，不能让书管着我。

我的"牛嚼"有三种：

一是"跳读"。毕竟我们是社会人，同时又是为人师者，于是有的时候，也不能完全由着我们的性情而来，于是我就练习"跳远"。读不懂的学术专著，跳吧！不合我意的，跳吧！没有趣味的，跳吧！总比没有读的好啊！比如前段我在看《语文教育智慧论》，很多大段大段的论述，真是不读不知道，越读越糊涂。于是我就练习"跳远"，拣看得懂的读，拣感兴趣的章节读，一遍下来，倒也大概把握了语文教育智慧的轮廓，真有找到源头的感觉。

二是"快读"。苏霍姆林斯基的《给教师的一百条建议》，躺在我的床头柜上最少有一年了，我实在读不下去，但又想到这书名气大啊，念过的没人说它坏，教授专家们总是荐了又荐，必定是好书啊！可是，怎么我一读就头疼呢？于是，我就"快读"——只看标题，然后联想教育实际中我自己怎么做的，再去对照，也算在其中走了一回。

三是"精读"。人的一生总有几本书是要精读的，尤其是当你感觉到需要的时候。需要精神慰藉的时候，我读文学书；需要写作、研课的时候，我读专业的书；在精神萎靡需要激励的时候，读名人传记……我精读的书首推《红楼梦》，不但读原著，更读相关的评论，读《红楼梦引论》，读《红楼梦诗词研究》《红楼梦饮食文化研究》《红楼梦建筑文化研究》……越读得多，越能体会到曹雪芹的伟大。时尚的书当然也读，我很迷易中天的《品三国》和《读城记》，于丹的《论语心得》《庄子心得》也至少看了两三遍……

三、"传染"

如养花一样，我的读书生活也是"有喜有忧，有笑有泪"，但乐趣总是最多的。把读书的乐趣传染给更多的人，这本身就是很有乐趣的事。

首先当然是"传染"儿子。记得儿子小时候，对电视剧《西游记》迷恋不已，不论是真人演出的，还是动画版的，都爱看，唯独不读原著。有一次，在他看完《车迟国斗法》那一集，看他意犹未尽地沉浸在乐呵呵的情绪之中，我故意让他复述一遍，可怎么也逗不笑我。于是我拿出原著，找到相关的那一段，绘声绘色地朗读起来，惹得他一把夺过书去，摇头晃脑地自己读起来……从此，边看电视剧边读原著成了他的必修课。

其次是"传染"给同事。我常常和老师们共同研究一课，有意无意地，我会去找相关的书籍做研究。比如教学《儒林外史》的选段《临死前的严监生》，我想到了西方的吝啬鬼《葛朗台》，认真细读、比较，倒品出了不同的味道——封建末期的小商人严监生，纵有万贯家财，却也没办法守住——他在不停地花钱花钱花钱：老婆生病花钱，小老婆扶正花钱，亲戚们趁机敲诈他，当官的找机会盘剥他……他唯一能做的是克扣自己，舍不得吃舍不得穿，他"守财"却充满了人情味。而处于资本主义萌芽时期的守财奴葛朗台，却是那么贪婪、嗜财如命，连亲情都不要，临死还要对女儿说："你在这边好好守着，到那边给我报账……"这样的共同研究多了，我读书的乐趣也就成功地"传染"给同事了！

读书吧！尽情地享受读书的乐趣吧！你可以像我一样地"鲸吞"与"牛嚼"，你也可以学学杰克·伦敦的"饿狼法"——像一头饿狼，把牙齿没进书的咽喉，凶暴地吮尽它的血，吞掉它的肉，咬碎它的骨头，直到那本书的所有纤维和筋肉成为他的一部分！

用终生的时间来准备
——例谈新课改背景下备课的变革

深圳市龙华新区民顺小学　张德芝

苏霍姆林斯基讲过这样一件事：一位有30年教龄的历史老师上了一节公开课，极其成功。课后有人问他："您这堂课讲得这样好，请问备课用了多长时间？"他说："对这节课，我准备了一辈子。而且，总的来说，对每一节课，我都是用终生的时间来准备的。不过，对于这节课的直接准备，或者说现场准备，只用了大约15分钟。"

"用终生的时间来准备"，初听有点哗众取宠之嫌，但细究起来，的确如此。"如果今天你还在为明天的上课而准备的话，那么你就不是一个合格的老师。"苏氏还这样说，"备课是一生备课与当下备课的结合。"所谓"一生备课"，就是教师本身的阅读经历、生活阅历以及所处的社会环境，甚至他的休闲娱乐，一一沉淀下来，成为自己上课的文化背景和能为上课所用的备课资源。怎样用一生备课？笔者想从几个故事中寻找灵感。

一、阅读功底奠定备课的底色

解读文本是备课的第一步。毫无疑问，阅读功底决定语文教师解读文本的水平，直接影响其对文本的个性理解。阅读功底既要靠博览群书，大量地"鲸吞"（即海量浏览），又要靠细心涵咏，有针对性地"牛嚼"（即读深读透）。我个人认为，语文教师至少应该有三五本自己特别喜爱、能够反复阅读的好书。比如，笔者特别喜欢《红楼梦》，每隔一段时间就要再读一遍，到现在至少读过七遍了。因年龄、阅历、心境不同，每一次读的感觉都不一样。

为加深对作品的理解，我还喜欢阅读相关的评论书籍，如《红楼梦引探》《红楼梦中人》《红楼梦诗词曲赋》《红楼梦饮食》……这些评论专著提高了个人的鉴赏能力，也奠定了备课的底色。比如在备《"凤辣子"初见林黛玉》（人教版五年级下册）一课之前，我已经对文中主要人物凤辣子、林黛玉、贾母有了比较深入的了解，所以备课时直奔主题——对"凤辣子"这个不识字的聪明人，我们将带孩子们从何"品"起？王昆仑说："恨凤姐，骂凤姐，不见凤姐想凤姐。"凤辣子俊俏风流、八面玲珑、机关算尽，优点和缺点一样突出，选择观其"神"（即紧扣她的出场、她的"笑"感受凤辣子之"威"）、听其"言"（即八面玲珑、讨好巴结），引发孩子对阅读名著的兴趣。

二、人生阅历丰富备课的内涵

2012年新春张纪中版《西游记》首播，我本是对此不屑一顾的。然而当我无意间看到第一集时，立刻就喜欢上了，不为它排山倒海的震撼气势，也不为它上天入地的精彩打斗，而是因它忠于原著——我眼中最真实的《西游记》。

整整六十集！一个月下来，我居然不知不觉又读了一遍《西游记》——每天晚上手捧原著倚在沙发上，看电视，读原著，那真是神仙般的日子！电视剧播放时聚精会神地观看，插播广告时急急忙忙地翻阅原著：哪里删改了？哪里保留了原样？下一节故事是什么？简直回到了儿童时代，深切感受到了这"成人童话"的魅力！

因为有了新鲜热辣、温故知新的原著之旅，解读《猴王出世》（五年级下册），我的目光不只停留在课文那区区一千多字上，而是放眼整部《西游记》。我在追寻它几百年的成书历程，探索它巨大的艺术成就，了解它四百多年的研究历史……心里装下了这么多的东西，再回头读课文的时候，我便有了新的感悟。小说写了什么是妇孺皆知，但吴承恩是怎么写的，对于大多数人来说，却是秘密——不是不能解的秘密，而是"没往那儿想"的惯性思维。

当人人都在关注故事情节的时候，我的目光转向了文本的语言——尤其是原著的语言。清代著名学者张书坤先生说："《西游记》是一部奇书。环境皆奇地，人物皆奇人，故事皆奇事，时空皆奇想，书中的诗词歌赋，学贯天人，文绝地记，左右回环，前伏后应，皆奇文也！"因了一个"奇"字，吴承恩使西游故事奇幻浪漫、神采飞扬、焕然一新！于是，我的教学设计豁然开朗：第一步，梳理课文，读出"事儿"；第二步，聚焦"奇书"，品出"味儿"；第三步，回归原著，勾出"魂儿"。一句话，把学生的目光引向原著。这便是生活阅历对备课内涵的丰富。

三、休闲娱乐迸发备课的灵感

备课与看电视、休闲娱乐，似乎风马牛不相及的两件事。其实不然，它也可以成为备课的一部分，这是前两周听课时的一个感触。

那是一节习作指导课。讲台上老师准备的教具很特别——透明的玻璃杯装了满满一杯水，旁边的纸盒里还有满满一盒钉书针。这是要干什么？我与孩子们一样，心里嘀咕着。

老师一开口，更是吊起了我们的胃口——如果把这些钉书针放进杯子里（大约两百枚），水会溢出来吗？孩子们立刻热烈地讨论起来，我在想，老师既然这么做，那水一定是不会溢出来的，否则就没意思了。但是以我的人生经验，这怎么可能？！

老师先是小心地放进几枚钉书针，再是放进一长串，最后居然是一下子放进一大坨——目测至少有一百根，从头到尾，水居然没有溢出来，只是杯口的水鼓起来了，圆圆的，仿佛一个透明的盖子！

为什么？为什么？趁孩子们写作的空当，我连忙用手机百度，无果。连我这个做老师的都不知道答案，三年级的孩子们自然也不知道。好奇心让这节课赚足了孩子们的眼球，吊足了孩子们的胃口，那作文自然是水到渠成，写得棒极了！

一下课，执教老师过来要我评课，我说："你先告诉我为什么水不会溢出来？为什么会想到这样上课？"她笑了："那天看电视节目《是真的吗》，做的正是这个实验，我觉得挺好玩，一下子有了灵感！"

《是真的吗》是中央电视台的一档热播栏目，无意中让教师迸发了备课的灵感，真是"世上无难事，只怕有心人"！同样的道理，网络流传的漫画视频《来一斤母爱》可以催生出习作指导课，纪录片《舌尖上的中国》可以设计出饮食文化欣赏课，《再说长江》也可以成为课外阅读的源泉……也许，一次春游能促使你备出口语交际课《找春天》，一场电影能成为你《开国大典》的备课资料……只要你有心，备课无处不在。

四、社会生活增添备课的亮色

习近平在2014年出国访问七次，与我们备课有关吗？奥巴马签署日美合作协议，与我们备课有关吗？移动互联网时代，微信的广泛使用，与我们的课堂有关吗？回答是肯定的！在这个"互联网+"的时代，我们无时无刻不被网络所包围，可以说互联网已经成为我们生活必不可少的"水"和"电"。这些形形色色的社会生活能为我们的备课增色。

比如手机是未来世界的中心，有人提出，一部手机，改变了我们的生活，云服务就在我们身边——微信。用手机微信，是当下人们交流思想、表达心情的重要方式。于是，习作指导课《微写作，边写边"享"》便呼之欲出了。阅读几则微信，能明白微信的写作特点；欣赏微信图片，能激发孩子们学习写微信的欲望；参与点赞评论，能切身感受到分享微信的乐趣……在分享、交流中，既能体验微信的神奇，又能学会微写作（精练地使用语言），何乐而不为？

在这个互联网时代，有人已经总结出了"互联网+教学"生态链，如果我们还不能适应，还不能把它作为备课资源，那真的"out"了！当别人开始了手机与电子屏幕同步，直接把学生作品传到大屏幕上；当别人能够运用"微弹幕"，实现所有学生与教师现场互动；当别人运用"创客教学法"开辟新的教学天地的时候，我们的备课不是也该与时俱进吗？

当课文内容被否定时
——三年级上册《盘古开天地》教学随笔

深圳市龙华新区民顺小学　张德芝

真是老教师遇上了新问题！

今天上《盘古开天地》，本来信心满满的，因为这一课太熟悉了，前几年曾经潜心研究过，设计理念、教学过程都在心里了，怎么上也是手中轻拿的。

可是，刚刚读完两遍课文，一双双小手便如林般地举起：

"老师，我发现矛盾了！你看，盘古不是已经把天和地分开了吗？不是'重而浊的东西慢慢下沉，变成了地'吗？怎么后来又说盘古的身体变成了大地？""坐不住"的蓝浩第一个发问。

"老师，不是盘古开天地吗？那么他自己从哪儿来？他的母亲是谁？"两个孩子几乎同时问。

"对呀对呀，天地哪里是盘古开的？谁不知道这世界是本来就有的，地球是宇宙的一员而已！"杨宁远也毫不示弱。

……

孩子们的问题越提越怪，话越说越刁钻，直接把课文给否定了！怎么办？怎么办？我满怀的激情瞬间被这些问题稀释了，只好一边满面笑容地听着，一边紧张地思索着。这么多的问题，一一作答的话，十节课也讲不完，何况孩子们也听不懂啊！真是一不小心，便被他们带沟里去了！

在听完十多个问题后，我果断地掐断话头："孩子们，你们的问题这么多，我只要一个词就回答了！"在孩子们惊异、怀疑的眼神中，我故弄玄虚，在黑板上工工整整地写下了两个字：神话！简言之，这只是一个传说而已！

"老师，那你的意思是这一课是假的？"平常不怎么讲话的金语嫣一脸认真地发问，马上引来第二轮潮水般的追问："课文是假的，为什么还要上？"

真是一波未平一波又起！

看来，不认真对待这个问题不行啊！孩子们不是故意捣乱，他们是真的有困惑啊！生活在这个信息时代，孩子耳濡目染的东西太多了，以他们的心智和水平，无法判断真伪。于是，我从远古开始讲起，那时候科学技术很不发达，人们对自己生活的这个世界充满好奇，不知道人从哪里来，这个世界从哪里来，于是创造了神话。中国人认为"盘古开天地"，西方人却认为是"上帝"创造了这个世界……我又从"地心说"讲到"日心说"，当我讲到为了勇敢地捍卫和发展哥白尼的"日心说"，意大利思想家、科学家布鲁诺被当时的宗教判为"异端"，活活烧死在罗马鲁花广场时，孩子们终于真正地安静下来了，一脸严肃地端坐着。

我真心想不到，八九岁的孩子，居然开始追问生命的起源，只差直接问"我是谁？我从哪里来？要到哪里去？"这些连哲学家都难以解答的问题了。

后面的课就好上了，按照原计划，以"创造"为核心，我引领着孩子认认真真地进入神话的世界，真真切切地感受着盘古"用自己的身体创造了这个美好的世界"。

上完这一课，我由衷地感叹：如今的孩子，真是不好"忽悠"啊！上每一节课，都是挑战！

当我写到这里，冷静下来思考的时候，心里并不轻松。我想，我该为这些"吃不饱"的孩子做点什么？比如开展一次人类起源的综合性学习？要不进行中西方神话的对比阅读？也许，这正是孩子们所需要的"微型课程"。

讲故事VS学课文

——《女娲补天》教学随笔

深圳市龙华新区民顺小学　张德芝

今天心情格外好，因为我们班两位同学在学校举行的讲故事比赛中获得了一等奖，校长刚刚为他们颁了奖。回到教室，孩子们还抑制不住兴奋，叽叽喳喳地议论着。趁着他们的兴奋劲，我开腔了：

"同学们，宋仕轩和高亦心在学校的讲故事比赛中获奖了，为我们班争得了荣誉。你想不想试一试，在咱们班也来一场讲故事比赛？就讲今天要学的《女娲补天》？"

"好啊好啊！"孩子们兴奋得大叫起来。

"要想赛出水平赛出成绩，应该先干什么？"我问。

"把课文读熟！""把故事弄明白！""还要记下好词好句，才能讲生动！"孩子们争先恐后地喊着。

"那好！就用你们的方法，认认真真读课文！"随着我的一声令下，孩子们马上读起课文来，那个认真劲，别提了！

第一轮比赛开始，大家居然一致推选刚刚获奖的两位选手来讲，这让我很是意外，可孩子们的说法也有理：让他们先给我们做个榜样吗！

宋仕轩勇敢地打了头阵："自从女娲创造了人类，大地上到处是欢歌笑语，人们一直过着快乐幸福的生活……"

"不好听不好听！"不等他讲完第一段，孩子们纷纷举手提意见，"这哪是讲故事呀，这是朗诵！"

"朗诵跟讲故事有区别吗？"我故作不解地问。

"当然有啦！老师，讲故事要很亲切很生动，有娓娓道来的感觉。他这样慷慨激昂的，是朗诵，不是讲故事！"

这孩子说得太对了！宋仕轩的强项就是朗诵，他讲故事总也改不了朗诵的腔调，这是他急需改掉的毛病。

"哦，原来语气不对！接下来的选手可要注意了啊！"

第二个选手是高亦心，她的语气很自然，讲得也很生动，可是讲了不到一半就停下来了，红着脸说："老师，课文我不熟，讲不下去了……"

"原来，要想讲好故事，还得要让故事烂熟在心里呀！我们还要——"

"读课文！"孩子们异口同声地回答，然后不约而同地捧起书，再读！

三分钟后，我们的比赛继续进行。这次上场的是廖欣祺，只见她胸有成竹，表达流畅，三言两语就把故事讲完了。

"不行不行！老师，她讲得太简单了！故事情节一点也不生动啊！"

"是啊，这么有趣的故事，她讲得太平淡了。"

廖欣祺不好意思地低下头："课文才读两遍，我只记得个大概，细节全忘记了……"

"哦！要把细节讲生动才行啊！现在应该怎么办？"我问。

"再读书……"孩子们再次捧起了课本，认认真真地读起来。

这次读完，很多人不敢贸然举手了，却是很自觉地与自己的同桌先试讲了起来。我满意地巡视着，偷偷地观察着，耐心地等待着，期待着奇迹出现。

五分钟过去，终于有人信心满满地举起了手。一只，两只……当十几个孩子的手自信地举起的时候，我们的比赛又一次继续。

先是盛宇宸，接着是侯国钦，然后是林桦楠、吴乐文……一个比一个神采飞扬，一个比一个讲得生动，课文的语言完全内化为他们自己的语言，甚至添加了一些新词，还有一个个细节，一串串想象，女娲的形象逐渐生动、明朗。

真是一次奇妙的神话故事之旅！不需要我一段段地讲解，也无须我一句句地分析，女娲补天的故事自然而然地扎根于孩子们的心中了！

美哉，笋芽儿
——《笋芽儿》备课思考

深圳市龙华新区民顺小学　张德芝

语文总是与审美如影随形的，比如《笋芽儿》（人教版二年级下册第3课）就是一篇美到骨子里的小童话，不但有着诗一般的语言美，更有着画一般的情境美、几何一般的结构美。紧扣一个"美"字，本人感觉可以从如下几个方面着手备课：

一、感受几何般的结构美

美学家M.李普曼曾说："结构是一切意思和意义的基础""没有结构任何东西都不存在，都不可设想。"的确，结构是非常重要的。文章的结构也是如此，如果说中心思想是文章的灵魂，材料是文章的血肉，那么结构就是文章的骨骼。简而言之，文章的结构就是文章内容的组织和排列形式。

"像首饰匠打金锁链那样……把一个个小环非常合适地连接起来"，德国文学家歌德的话道出了"结构"的秘密。《笋芽儿》一文有着金锁一般的精致，在结构上有着统一、变化的美。所谓"统一"，就是用典型的"三段式"，把春雨姑娘、雷公公、竹妈妈这几个人物引入童话，段式、句式比较整齐、匀称，体现了和谐对称的美。如春雨沙沙沙地弹奏着乐曲低声唤醒（柔弱之美），雷公公轰隆隆地重重敲鼓用粗重的嗓音呼唤（阳刚之美），竹妈妈忙着给笋芽儿穿上一件又一件衣服，一遍遍地叮嘱（细致之美）……所谓"变化"，就是避免因"统一"而死板，追逐活泼、流动而生机勃勃之美，如笋芽儿的不同表现：先是"揉了揉眼睛，伸了伸懒腰，撒娇地说……"，然后"一个劲儿地向上钻"，最后是"看看这儿，看看那儿，怎么也看不够"……使全文既有着回旋往复、一唱三叹的旋律美，又有着变化万千、摇曳多姿的参差美，形成几何般的结构美。

二、领略画一般的情境美

童话是写给孩子们看的，所以它有着很多超自然的人物，如会说话的动物、精灵、仙子、巨人、巫婆等，也有着美得炫目的情境，还有令人快乐、积极向上的美好结局。在《笋芽儿》里，有稚嫩的笋芽儿娃娃，有温柔的春雨姑娘，有大嗓门的雷公公，还有慈爱的竹妈妈。春雨的声音是春姑娘弹奏的乐曲，春雷的声音是雷公公敲响的大鼓，一层层的笋皮是竹妈妈给笋芽儿穿上的一件件衣服，交织成一幅幅美妙的情境。

走进童话，孩子们可以看到怎样的画面呢？可能是细细的春雨中，美丽的春雨姑娘弹奏着乐曲，轻轻地呼唤着笋芽儿醒来，引发她向住春天、钻出泥土的生命力；可能是隆隆的雷声中，雷公公重重地敲着鼓，急急地催着笋芽儿快快长大；也可能是当笋芽儿钻出地面时，迎接它的是那明亮、美丽的世界……笋芽儿真幸福啊，"春雨姑娘爱抚着她，滋润着她。太阳公公照射着她，温暖着她"。笋芽儿勇敢地"脱下一件件衣服，长成了一株健壮的竹子"。画一般的情境中，幼小的笋芽儿在大家的关心帮助下不断努力，终于成长为健壮的竹子。

三、品味诗一般的语言美

童话通过丰富的想象、夸张和象征来塑造形象，反映生活，它曲折离奇的故事情节、通俗易懂的语言文字，深深吸引着孩子们。童话又往往采用拟人的方法，从风霜雨雪到星辰日月，从花木草石到鱼鸟虫兽，对大自然的一切事物都可注入思想感情，使它们人格化，使它妙趣横生，符合儿童爱幻想、好奇、天真的年龄特点。

而《笋芽儿》全文仅二百来字，却描绘出四个栩栩如生的人物来，且这四个人物个性鲜明，绝不雷同，得益于准确、鲜明、生动、形象化、个性化的语言。你最喜欢哪些语句？是"沙沙沙、轰隆隆"这样的象声词，还是"桃花笑红了脸，柳树摇着绿色的长辫子"这样的排比句，抑或是"笋芽儿扭动着身子，一个劲儿地向上钻"这样的拟人句？引导孩子们画一画，读一读，演一演，说一说，用心品味诗一般的语言美。

记得特级教师王崧舟也强调："语文学习必须同时睁大两只眼睛，一只眼睛注视思想内容，一只眼睛聚焦语言形式，得意又得言。"然而，"得意"易，"得言"难，课堂上教师少问几个"为什么"，少探究一些"反映了什么""说明了什么"，在语言表达处、在文本秘妙处、在遣词造句处、在谋篇布局处下足功夫，唤醒孩子的语言生命力，真真切切地感受童话的美好，学一课，得一"言"，岂不美哉？！

"比"出来的"文化味"

——听一年级上册《比一比》有感

深圳市龙华新区民顺小学 张德芝

在许多老师的眼中，低年级识字课，尤其是一年级识字课，就是识字，大不了读读儿歌，归归类。但今天嘉佳的《比一比》，让我们真切地感受到，一年级的识字课，一样可以有深意，一样可以上出"文化味"。

一、追根溯源"比"文化

人教版一年级上册识字课《比一比》，以韵文识字为核心，编排非常之巧妙：以农家小院为情境，以韵文（儿歌）的形式，围绕"比一比"这个中心，让识字与认物（"黄牛"等8个事物名称）天然浑成，还把反义词"大小""多少"和量词的学习巧妙地融了进来。

百度一下，你会惊讶地发现，"比"是个很有意思的会意字。从甲骨文到金文到小篆，"比"描绘的都是一前一后、一大一小紧紧相随的两个人（如图），大的、男的在后面护着小的、女的同行，以之表示亲密。正如唐兰先生所说："文字本于图画，最初的文字是可以读出来的图画。"这紧紧相随的两个人也能读出比较、较量的意思。

俗话说："不怕不识货，就怕货比货"。任何两样东西放在一起便具有了可比性，譬如悠闲的"黄牛"与淘气的"猫"本风马牛不相及，但放到一个农家小院的背景中，便有了"大小"之比较。同样，鸭子和鸟也有了"多少"之比较。

二、情趣盎然"比"量词

"思想如钻子，集中到一个点上，才能钻得深，钻得透。""量词"的学习突显了识字课的"文化味"。嘉佳做得细，做得透，紧扣量词步步为营。首先是引导孩子们从朗读中直观感受"头""只""群""堆""颗"等量词，再通过具体的事物比较"一群"与"一只""一颗"与"一棵"的细微区别。然后从生活中常见的量词感受准确性，如"一栋学校"与"一所学校"的区别。最妙的是看图填量词的环节，让孩子们从直观的图片中直接感受到：同样是苹果，可以用"一个苹果"，也可以用"一盘苹果""一堆苹果""一箱苹果"，体会到同一事物搭配不同的量词，表达的内容也不一样！

三、天马行空"比"创意

生活中，不仅能"比"大小、"比"多少，还能"比"高低、"比"长短、"比"远近、"比"好坏……这也正是创编儿歌的好支点。如何引导呢？可以从身边出发：看看我们的教室，有什么东西也可以"比一比"？"一个长一个短，一排书包柜一块板。"再想看我们的校园，有什么也可以"比一比"？我们的家里呢？

为让孩子们感受儿歌的韵律美，在这里，可以做得更细腻些。课堂上有孩子这样编儿歌："一个大，一个小，一头大象一只鸡。"儿歌编得不错，既认识了新的事物：大象和鸡，又比出了它们的大小，但是读起来却是很别扭，没有"一个大，一个小，一头黄牛一只猫"那么顺溜、舒服，什么原因？因为它不押韵！通过比较，孩子们马上知道了，换一换就可以了："一个大，一个小，一头大象一只鸟。"

你看，简简单单的《比一比》，就有着如此丰富的汉语文化，如果把这个思想放大开去，每一节课都可以上得更有文化味。

比如一年级上册，学完汉语拼音，第一课就是《一去二三里》。课文极简单：一去二三里，烟村四五家。亭台六七座，八九十枝花。因为这是一年级第一篇课文，也因为左上册明显地标记着"识字（一）"，于是很多老师把它定位在"识字"：认识"一、二、三、四、五、六、七、八、九、十"和"去"而已，这几个字会读、会写，能考试，也就满意了。

殊不知，这是一首古代童谣，它向我们呈现了一幅郊外的美景：在不远的地方，有一个小山村，炊烟袅袅，住着几户人家。山里几座亭台错落有致地排列着，树上、路边盛开着各种美丽的花。多么美丽的场景，多么静谧的乡村生活！这首童谣巧妙地把一至十的数字镶嵌其中，随便换一个都不行！不信你试试。

六年级下册的综合性学习里面有一篇文章，是刘绍棠先生的《老师领进门》，也讲到了他的老师教这一首童谣：

开学第一天，我们排队进入教室。田老师先给二年级和四年级同学上课，让三年级的学兄把着一年级学弟的小手描红。

红蓦纸上是一首小诗：一去二三里，烟村四五家。亭台六七座，八九十枝花。

轮到给一年级上课，田老师先把这首诗念一遍，又串讲一遍，然后编出一段故事，娓娓动听地讲起来。我还记得，故事的大意是：

一个小孩儿，牵着妈妈的衣襟儿，去姥姥家，一口气走出二三里。眼前有一个小村子，只有四五户有人家，家家炊烟袅袅。娘儿俩走累了，看见路边有六七座亭子，就走过去歇脚。亭子外边，花开得正茂盛，小孩儿越看越喜爱，伸出指头点数儿，嘴里念叨着："……八枝，九枝，十枝。"她想折一枝来，戴在耳丫上。妈妈喝住了她，说：

"你折一枝,他折一枝,后边歇脚的人就不能看景了。"后来,这里花越开越多,数也数不过来,变成了一座大花园……

我听得入迷,恍如身临其境。田老师戛然而止,我却仍在发呆,直到三年级的学兄捅了我一下,我才惊醒。

这可是1942年的课堂,距今六七十年了,我们的语文教材仍然选编了这一课,然而课堂上的感觉却是变了味。绍棠先生回忆:"田老师每讲一课,都要编一个引人入胜的故事。我在田老师门下受业四年,听到上千个故事。这些故事,有如点点春雨,滋润着我。从事文学创作,需要丰富的想像力,在这方面,田老师培育了我,给我开了窍。"

紧接着这一课的是《口耳目》,一样的是识字课。但如果单单是识字,那也就无趣了。我们看看陈琳老师的教学反思:

《口耳目》一课是一年级学完拼音后的识字第2课,这些生字对于孩子们来说都不陌生,基本都会。所以老师们教得没激情,孩子们学得没兴趣,只是会认会写即可,其实是在炒剩饭。怎样才能更加吸引他们,让他们感觉学到点"高级"的东西呢?做课后习题的时候,孩子们发现:老师,这两个鱼字怎么不一样呢?一语惊醒梦中人,是啊,课本为什么要以图加甲骨文的形式呈现呢?用意何在呢?我发现这12个汉字都是象形字,以图文结合的方式呈现在刚接触汉字的一年级的孩子面前。"一个汉字一幅画呀!"我恍然大悟,马上给孩子们讲起了结绳记事、仓颉造字的故事,引出了象形字的造字法,指导孩子边看图,边想象,看汉字的演变,12个象形字深深地印在了孩子们的心中。我意犹未尽,继续让孩子们从十二生肖象形字里找找自己的属相,从象形字里找找自己的姓氏……这一课,孩子们学得很开心,老师亦很幸福。

陈老师认为,教生字不只是教生字,更是传递汉语言文化。所以她一直对汉字文化很敏感,凡教生字都会想想它的源头。回头再看看这个课堂细节,我特别想跟低年级的老师说一句:我们不能因为身处低年级,而把对字、词、句的理解简单化。只要你有了这方面的意识,你就会不断地去琢磨,就会在"咬文嚼字"中体会汉字的可爱,才会在课堂上享受智慧的乐趣。

没错,作为母语的语文教学,不仅仅是识字,更重要的是播种文化。

低年段古诗教学要把握好三个"贯通"
——以《所见》（人教版一年级下册）为例

深圳市龙华新区民顺小学　张德芝

牧童骑黄牛，歌声振林樾。意欲捕鸣蝉，忽然闭口立。

——《所见》清·袁枚

　　《所见》是一首充满田园风光的古诗，寥寥二十字，勾勒出一个活灵活现的牧童形象——他时而高骑黄牛，且行且歌；时而屏气凝神，意欲捕蝉。动则逍遥自在，静则憨态可掬。在低年段教材里，这样耳熟能详的古诗俯拾即是——《春晓》《村居》《小池》……它们或充满童真童趣，或通俗易懂，是让孩子们感受中国"诗教"的极佳载体。

　　低年段教材中，每学期都安排了几首古诗，再加上《古诗必背七十五首》，足以见得古诗教学的重要性。然而遗憾的是，低年段古诗教学存在着误区和偏差，很多老师在处理古诗教学时很随意——背一背，写一写，演一演，说一说，仅此而已。殊不知小学古诗教学对培养学生古文功底有着重要的作用，会影响到学生对传统文化的继承和人文素质的提高。广大教师对此缺乏充分认可，以为让孩子们狼吞虎咽地背，囫囵吞枣地学就可以了，长大后自然会明白其中的奥妙。同时，由于低年级孩子年龄小、阅历浅，课标的要求也很低，加上对"个性化阅读"的误读，以为"诗无达诂"，怎么理解都是"对"的，课堂上孩子们随心所欲、信口开河，老师也不加以引导。第二是方法问题，很多教师重字、词的释义，轻整体教学；重文字翻译，轻意境想象；尤其缺少多层次、多角度、艺术性的灵动鉴赏，从而使原本生动活泼、意境深远、内涵丰富的古诗词被翻译成索然无味的大白话，抑制了学生想象的灵性和生命的活力。

　　笔者以为，诗教的本质不在于学会、弄懂古诗本身，而在于通过对精粹文化的学习，感受汉语言的魅力。因此，低年段古诗教学要把握好三个"贯通"，引领孩子充分体味诗歌语言之精妙、韵律之优美、意象之灵动、情趣之盎然。下面以《所见》（一年级下册）为例，谈谈我对低年段古诗教学的理解。

一、贯通古今生活，让"牧童形象"历历在目

　　唐朝以来，"牧童"已成为有着特定含义的文学意象，是山水田园的象征符号之一，是隐居归退的诗人追求的精神家园。而孩子们的视角却大不相同，通过对牧童骑牛

图的观察，课堂上的精彩就在闪现：

"老师，'牧童'的发型真特别呀！头发那么少！"

"他的衣服好奇怪呀，没有扣子呢！"

"他的鞋也跟我们不一样，有好多泥巴呢！"

"牧童背上还戴着斗笠呢！手里还有鞭子呀！"

……

那个高骑牛背、背着小斗笠、引吭高歌的男孩多么自在呀！他无忧无虑、怡然自得、乐趣无穷，这与都市长大的孩子太不一样了！对比自己天天起早上学，摸黑作业，周末还得上辅导班的"学童"生活相比，孩子们羡慕"牧童"上树捕蝉、下河摸鱼、横吹短笛、枕臂酣睡，羡慕他们时而与老牛窃窃私语，时而骑牛在绵绵春雨中漫步，时而成群结队在田边打闹……诗的妙处不在于穷形尽相的工笔刻画，而在于情真意切的素描，古今生活的贯通，让一个天真活泼的牧童形象跃然纸上、历历在目。

二、贯通古今文字，让"语言文字"活灵活现

古诗的生字如何教，是老师们比较头疼的一个问题。其实，古诗中的文字是带着一定"古味"的。比如"牧"是会意字，甲骨文①就有，右边的反文旁，意为一个人手执鞭子，左边加上一个"牛"，不言而喻是放牛羊的人。学生即刻能猜出"牧童"的意思了。如果把左边换成"木"字旁呢？"枚"的意思跟什么有关？尤其是诗眼"见"字，透过甲骨文②孩子们一观察就知道，上面是一个"目"，下面是一个人，合起来就是一个人在看，这是"见"的最初本意……孩子们津津有味地猜啊，想啊，一个个生字不再是学习的障碍，反而成了乐趣的源头。贯通古今文字，了解一个个汉字的来历，想象一个个汉字的故事，这样的识字教学，再多也不会烦啊！

①

②

三、贯通古今情境，让意境、情景相互交融

牧童的生活毕竟离孩子们很远，不仅有时间上的距离（《所见》记录的是两百多年前的田园生活），也有空间上的距离（如果生在农村，也可能放学后去放牧）。如何缩短这个距离？在品味"捕"的精妙时，老师这样设问：

师：孩子们，你们捕过蝉吗？（几个学生立刻举手）

生：有！那次去姐姐家，姐姐教我捕蝉。她让我用两只手盖住蝉，可是我不敢，因为我怕痒痒……后来，我试了一下，用手盖住蝉，手也不痒痒！

师：呵呵，你这是"意欲盖鸣蝉"呀！（板书"盖"）用两只手盖也可以用一个动词，叫作"扣"。（板书"扣"）

生：我老家的哥哥教我用蜘蛛网捉蝉……早上露水很湿，蜘蛛网很粘，把它弄在棍

子顶上，一下就把蝉粘住了！

另一生（插嘴）：对对对！电视剧《雍正王朝》里面太子殿里就有个"粘蝉处"，专门拿着网子上树粘蝉……

师：哇，你们这里是"粘"鸣蝉啊！（板书"粘"）

生：我还会用弹弓打！

师：打鸣蝉！换个词好不好？

生：射！（师点头称好，板书"射"）

师：看看这么多动词——盖、扣、粘、射、捕，你觉得用哪个最合适？（孩子们纷纷说"捕"，因为比较有"文化味儿"）

妙！这个细节，与其说是孩子们在谈"捕蝉"，不如说是牧童在"捕蝉"。在老师的精心"诱导"下，孩子们不知不觉地进入了诗中的意境，课堂也呈现出令人叫绝的精彩华章！

中国是一个诗的国度，从《三字经》到《千字文》，优良的"诗教"从启蒙开始，传承了几千年，真是"不学诗，无以言"。诗词是生命的歌，是美的化身，是值得咀嚼、消化、回味的精神食粮。一首古诗，寥寥数十字，短短三五行，需要我们贯通古今生活，用心灵去捕捉诗的意象和境界，领会汉语的美妙。

我们该"给予"三年级学生什么

——三年级语文教学的要义

深圳市龙华新区民顺小学　魏畅彪

今天是新老师小徐的"招牌课",课题是《给予树》。

真是应了课题,一节课上,老师都在毫不吝啬地"给予"——给词语、给解释、给句子、给文章。一节课下来,小徐很困惑——自己在课堂上明明感觉不对,"按下葫芦起了瓢",但又不知该如何做。三年级的语文课究竟该怎么上?

其实,在我看来,小徐的课堂还是可圈可点的,比如教学思路很清晰,整节课按她自己的思路有条不紊地走了下来。再如教学视野比较开阔,能够想到推荐阅读《爱的教育》,在孩子练习写话的时候适时提供参考名言等。还有就是朗读指导花的时间比较多,尽管囿于经验的欠缺,引导的效果不太明显。

针对她的困惑,我也在思考:对于三年级的孩子,我们应该"给予"什么?

第一,缓解压力,"给予"信心

孩子升入三年级,是一次极大的跨越——识字量依然那么大,阅读量却悄然增加了;要抛下用了几年的铅笔,开始用圆珠笔写字了;课文突然增长了,理解起来也困难了;一二年级是写话,现在突然要写"文章"了……对于孩子们来说,升入三年级意味着长大了,也意味着担子更重了,压力更大了。特别是一到考试,试卷风格突变——且不说从原来的A4纸变成了A3纸,题量翻了一番,关键是这些题目主观性变强了,要写的东西更多了,不知道该如何下笔答题……于是,三年级语文成绩有了普遍的"折腰"现象,即从一二年级的班平均九十多分,呼啦一下掉到了七八十分,学习成绩明显下降。此时,家长焦急,孩子颓丧。

其实,这些都是成长中正常的烦恼。了解儿童成长关键期便可明白,孩子进入三年级,就是进入了一个文化敏感的"关键期",孩子的心智就像一块肥沃的田地,准备接受大量的文化播种。他的思维也从低年级的以形象思维为主,转到以抽象思维为主上。在这个关键期,教师、家长的引导尤其重要。在这个转折点上,孩子更需要老师的理解、鼓励和帮助。因此,我们要鼓励、鼓励、再鼓励,才能增强孩子学好语文的信心。

第二,因势利导,"给予"兴趣

地球人都知道:"兴趣是最好的老师。"三年级的语文学习变难了,孩子们的畏难情绪也很普遍，怎么办？老师很重要！培养兴趣很重要！

　　首先，让孩子喜欢读。我校虽然是新建学校，但图书馆藏书量也达到了两万多册，有足够的适合孩子们阅读的书籍。而且图书馆设置在一楼，上学来得早的孩子可以进去读书，课间时间可以进去借书，教室里也有专用的书柜。老师要有意识地利用早读、午休、课前三分钟，让"读书小明星"分享读书的快乐，或介绍一本好书，或讲讲读书的趣事，让孩子们感受到，读书的孩子才最让老师喜爱、最让同学尊敬。每逢周末，还要适时地发短信给家长，推荐一些书目，温馨提示他们要带孩子到书城去"泡一泡"。

　　其次，让孩子热爱背。"熟读唐诗三百首，不会作诗也会吟。"所谓熟读，我的理解是能背诵。季羡林先生说："一个小孩，起码要背两百首诗，五十篇古文。"背诵是中国五千年语文教学的精华，有这么多的经典"烂"在肚子里，还怕不能出口成章、下笔成文吗？我常常下大力气培养孩子们背诵的能力，因为这不仅是知识的积累，更是智力的开发，也是文化的积淀。一方面要把课标提出的《古诗75首》熟读成诵，一方面把教材的精彩篇章挑出来背诵，同时增加一些《论语》《老子》以及唐诗宋词这样的经典。记得有个中考"状元"的学生跟我说："老师，感谢你在小学时让我记了那么多东西，到了初中，一看课文是熟悉的，不少我还背诵过，理解古文那也是小意思，我基本不用学语文，我把学语文的时间花在了学习其他科目上，总成绩也就突出了。"

　　然后，让孩子不怕写。多年的教学经验让我明白，其实不是孩子们"怕"写作文，而是常常囿于"没米下锅"，所以我们需要帮孩子找找身边的"米"。我的做法是：从三年级开始，每周雷打不动地写一篇周记。每周五，我必定要拿出半节课的时间，引导孩子们回忆一下：本周，我们学校发生了哪些有趣的事情呢？我自己又遇到了哪些难忘的事情呢？趣味运动会、读书小明星评比、手抄报颁奖、新年音乐会……在这些事情中，我在哪儿？有时是主角，比如我在台上表演；有时是观众，比如观赏手抄报展览……有了"米"，哪怕它"煮糊"了，那也是"饭"哪！我是不管三七二十一，哪怕是记流水账，哪怕是东拉西扯狗屁不通，哪怕你写的是"垃圾"，只要字数够了，我就奖励一个"优"！每到周一，我就再拿半节课，大力表扬得"优+"的同学，他们可能是构思巧妙，也可能是选材新颖，可能是小标题用得好，也可能仅仅是某句话写得好……我的理念是：每天准备一百顶高帽子，让孩子高高兴兴戴回家，然后甜甜蜜蜜学语文。

　　第三，渗透方法，"给予"能力

　　（1）让孩子"爱"字典。通过低年级的学习，孩子们已经认识了近2000个常用汉字，三年级仍然有200个会认、300个会写的任务。此时孩子们掌握汉字音、形、义的能力已经有了良好的基础，那么重点就应该放在词义的教学上，即"学过的词要懂得意思，大部分会用"。针对识字量大的问题，我们要教会孩子学会使用"最好的老师"——字典。抽出一点时间，集中复习查字典的方法，教会孩子遇到不认识的字，用部首查字法去查找；遇到认识但不理解的字提醒用音序查字法。字典既可以帮助孩子读准字音，还可以帮助他们弄清意义，帮助他们理解课文。还能捎带着、有意无意地认识同音字。字典这个老师引发了孩子的自主性，让他们在老师"不教"的情况下自己"学会"，幸福体验让他们乐此不疲。同时，鼓励孩子把汉字写得端正、漂亮，在书法课上适当渗透一些书法作品欣赏，多展示、多分享写得好的孩子的"作品"，激起他们对汉字由衷的赞美和兴趣。

（2）锤炼"整体把握"的能力。三年级的阅读教学是一个过渡期，既不能沿用二年级的一些教法，也不能照搬高年级的教法。在《教材说明》里面明确地提出阅读教学"初步把握文章的主要内容，初步体会文章表达的思想感情"的学习目标，也就是要锤炼学生整体把握课文的能力，这也是归纳能力培养的起点。在二年级，读完课文孩子基本都能复述课文，上了三年级，要在复述的基础上用自己的语言概括文章的主要内容。我认为要把"整体把握"的能力作为核心目标贯穿三年级始终。每读一篇课文，都要让孩子用简洁的语言说说课文讲了谁的什么事，或者是写了哪里的什么景物。

在我看来，三年级语文应该是整个小学阶段最难教的，我们真正要给予孩子的，是面对困难的信心，是学习语文的兴趣，更是学好语文的能力。二年级到三年级是一个重要的转折，如何处理好这个转折，我们将继续学习研究、大胆实践，坚持不懈地去探索它的教学规律，把三年级的语文教学提高到一个新的水平。

我的"智慧语文"之旅
——《猴王出世》教学手记

深圳市龙华新区民顺小学　张德芝

我是央视版《西游记》忠实的观众，寒来暑往，几乎每年都要看它重播，真的百看不厌。对于2012年新春首播的张纪中版《西游记》，我是不屑一顾的，因为首先对它的人物造型就不喜欢，而且央视版的经典无人能超越。然而，当无意间看到第一集时，我立刻就喜欢上了，不为它排山倒海的震撼气势，也不为它上天入地的精彩打斗，而是因为它忠于原著——我眼中最真实的《西游记》。

整整六十集！一个月下来，我居然不知不觉又读了一遍《西游记》——每天晚上手捧原著倚在沙发上，看电视读原著，那真是神仙般的日子！电视剧播放时聚精会神地观看，插播广告时急急忙忙地翻阅原著：哪里删改了？哪里保留了原样？下一节故事是什么？简直回到了儿童时代！深切感受到了这"成人童话"的魅力！

毫不犹豫地选择《猴王出世》来阐释"智慧语文"，便是这个原因！

一、从"智慧解读"出发

因为有了新鲜热辣、温故知新的原著之旅，解读《猴王出世》，我的目光不只停留在课文那区区一千多字上，而是放眼整部《西游记》。我在追寻它几百年的成书历程（从唐玄奘取经回国口述所见，由他弟子写成《大唐西域记》到宋、金、元及明初的民间艺人创作的戏曲、平话，到明朝吴承恩的再创作）、探索它巨大的艺术成就、了解它四百多年的研究历史，从小说内容到思想、从环境到故事、从人物到语言……

心里装下了这么多的东西，再回头读课文的时候，我便有了新的感悟。小说写了什么是妇孺皆知，但吴承恩是怎么写的，对于大多数人来说，却是秘密——不是不能解的秘密，而是"没往那儿想"的惯性思维。当人人都在关注故事情节的时候，我的目光转向了文本的语言——尤其是原著的语言，于是，我有了"转识成智"的豁然开朗。

二、沿"智慧设计"前进

怎样把孩子们的目光从"故事"转向"语言"？就是在考验我的教学设计智慧。如果说，前面的解读是"深入"的话，现在我思考的是"浅出"——如何寻找一条孩子们喜闻乐见的路，把他们引向品味语言的彼岸。

当我无意中搜索到清代著名学者张书坤先生的时候，我的眼前一亮："《西游记》是一部奇书。环境皆奇地，人物皆奇人，故事皆奇事，时空皆奇想，书中的诗词歌赋，学贯天人，文绝地记，左右回环，前伏后应，皆奇文也！"因了一个"奇"字，吴承恩使西游故事奇幻浪漫、神采飞扬、焕然一新！开篇的《猴王出世》即展现出神异奇幻的动人一幕。首先是环境的奇特：奇国——傲来国、奇山——花果山、奇洞——水帘洞、奇石——吸收天地精华，孕育一只神猴！其次是人物奇特：孙悟空似人非人、似猴非猴、似仙非仙，多么奇妙的人、猴、神的融合！特别是语言，有排比，有拟人；有夸张，有想象；有工整的对仗，也有参差的错落。于是，我的教学设计经历了一次裂变：第一步，梳理课文，读出"事儿"；第二步，聚焦"奇书"，品出"味儿"；第三步，回归原著，勾出"魂儿"。一句话，把学生的目光引向原著。

三、向"智慧课堂"迈进

第一次试课，陈校长的评价是："你们见过这么苗条的'如来佛'吗？任这群'猴子'们如何兴奋，也跳不出这'如来'的佛掌！"不敢承受这么高的夸奖，但这节课的确吊足了孩子们的胃口，他们永远也猜不到我下一步要干什么，永远也想不到《西游记》居然有这么好玩！强烈的好奇心牵引着他们的心，使他们全身心地投入到课堂中，全身心地与文本对话、与老师对话，也与自己的心灵对话。教师面对孩子们热烈的响应，也无法预测孩子们的下一个提问、下一个感悟会冒出多少智慧的火花，接招、拆招、使招，我也全身心地沉浸其中了！由此我想，智慧课堂其实并不遥远，它就在我们的身边。

四、抵"智慧审美"之岸

语文教育应该使人求真、向善、爱美，应该时时刻刻渗透审美教育。审美是人的"第三只眼睛"，如果只是简单地欣赏优美的文句，想象美妙的风景或形象，那只是睁开了"肉眼"，我要打开孩子们的"心眼"。看《西游记》，人们往往被大闹天宫、降妖伏魔所吸引，忽略了猴王出世。猴王之所以与众不同，首先在于它的出世就不同凡响——不只是从石头里蹦出来，而且是"天真地秀、日精月华"孕育的。虽然是小说，但是它的语言美丝毫不亚于诗歌、散文。课文第一段长短相间，声调有轻有重，文句有长有短，语流有疾有徐，不做作，不拖沓，你若多念几遍，就会发现它是多么顺口，多么富有弹性，起、伏、顿、挫种种味道尽在其中，流转自如，富有节奏美、对仗美。

从《猴王出世》说开去，放眼整部《西游记》，环境美、人物美、情节美、语言美……真是比比皆是，在围绕奇地、奇事、奇想、奇人、奇文的交流中，"美"的信息得以广泛传递。这么美的"奇书"，引得孩子们欲罢不能、一读为快！

五、品"智慧反思"余音

就如趁兴写下这篇文章一样，反思的本质，是"妙手偶得之"。反思对这一课的研究，从文本解读到教学设计，再到课堂尝试，那真是"妙手偶得之"！

邂 逅

——解读六年级上册《怀念母亲》

深圳市龙华新区民顺小学　张德芝

无缘无故地，我喜欢上了季羡林先生的《怀念母亲》。也莫名其妙地，我居然选择它上研讨课。

这可不是我的风格呀！小姑娘们总说我是课堂煽情的高手，细想一下也不无道理：《匆匆》《长征》《索溪峪的"野"》……我拿来精雕细琢的，哪篇不是字字珠玑、华美无双的"情感型课文"？

初读《怀念母亲》，语言朴实、平淡如水，甚至连生字都没有，这样的课文有什么"嚼头"？可这是篇新选的课文，没有过人之处，怎会入选？"喜新厌旧"是我的本色，我就爱琢磨别人没有琢磨过的或者不愿意琢磨的，不想重复别人，更不想重复自己。

再读《怀念母亲》，淡淡地，有一点点——仅仅是一点点，仿佛是婴儿柔软的指尖在我的心头轻浅地探了一下，但我敏锐地感觉到了，捕捉到了！

于是，又读。

渐渐地，我有些不解。因为家里太穷，季老六岁不得不离开生母寄养到叔叔家，其间只回去过两次，都是奔丧，只住了几天。在母亲身边的日子可以计数，而且离家前太小——六岁还是读幼儿园的年龄——"连母亲的面影都是迷离模糊的，没有一个清晰的轮廓"。一个八年没回家的孩子，一个想不起母亲长什么样的青年，母亲去世居然"痛哭了几天，食不下咽，寝不安席。我真想随母亲于地下"，着实让人不解。

还有第二个疑惑。旅居海外的游子，思乡是普遍的，见过不少思乡的文章，就没见过季老这样平白如话的："我现在真是想家，想故国，想故国的朋友。有时我想得不能忍耐。"不就是想家吗？怎么就"不能忍耐"？

于是，又读。

但终究未能从课文中读出答案来，我仅仅看到了他思乡的背影——我常常不开灯，沉默地站在窗前，看暗夜渐渐织上天空，织上对面的屋顶。一切都沉在朦胧的薄暗中——一个孤独的、伤感的、凄凉的背影。

我需要去寻找，寻找解开我疑惑的答案。

上网当然是最好的捷径，居然轻而易举地收获了一篇《赋得永久的悔》和一篇《寻梦》。迫不及待地读，我早已热泪盈眶！在《赋》篇中，季老详细回忆了母亲的点点细节，有几段文字扎得我眼疼——

"我母亲一个字也不识，活了一辈子，连个名字都没有。她家是在另一个庄上，离我们庄五里路，这个五里路就是我母亲毕生所走的最长的距离。"这个可怜的母亲！

"我无论如何也回忆不起母亲的笑容来，她好像是一辈子都没有笑过。家境贫困，儿子远离，她受尽了苦难，笑容从何而来呢？"这个望眼欲穿的母亲！

"好吃的东西，几乎都与母亲无缘。她大概是毕生就与红色的高粱饼子为伍。到了歉年，连这个也吃不上，只有吃野菜了。"这个苦难的母亲！

"当我从北平赶回济南，又从济南赶回清平奔丧的时候，看到了母亲的棺材，看到那简陋的屋子，我真想一头撞死在棺材上，随母亲于地下。"这个活着饱受苦难，死去孤苦伶仃的母亲啊！

泪光里，我看到了她衣衫褴褛、满脸忧伤，我仿佛看到她拄着拐棍艰难地爬上山梁，远眺儿子归来的方向，仿佛看到她拖着虚弱的身子无力地倚着门框……贫穷、饥饿、病痛，所有的愁苦都算不了什么，彻底打垮她的，是对爱子的想念……

同为母亲，我理解她。我的儿子哪怕离开一天我也会想念。儿子都上高中了，每天早上离开时还要握握手，晚上回家来还要抱一抱。她的爱子可是六岁就离开了，有八年没回过家啊！

这样的母亲，怎能不让儿子又痛又悔，怎能不让他"食不下咽，寝不安席"！

季老留学德国的十年，是中国最痛苦、最艰难的十年。国共内战、红军被迫长征、帝国列强的瓜分，还有那八年艰苦的抗战！这一切让孤悬海外的游子忧心如焚！于是，"我现在真是想家，想故国，想故国的朋友。我有时想得简直不能忍耐。"思乡的凄凉、伤感浓浓地、黏黏地"糊"在心头，甩不掉、抹不去、扯不开！

想家！想亲人！想那个长眠于故乡地下的母亲，母亲的坟头该长满了荒草吧？清明节可有人扫墓、祭奠？她还是那样孤单吗？九泉之下该与父亲团聚了吧？

他的妻儿是他无法释怀的牵挂，连年的战争、饥饿，他们都还活着吧？叔叔年事已高，家中没有收入，一家老老小小五口人靠什么活呀？两个孩子该长大了吧？他们可知道远方有个父亲在惦记……

正如老舍先生所言："失去母亲的人就像插在瓶里的花，虽然有色有香，可是没有了根！"漂泊他乡的季老，为着追寻这"根"——亲人、祖国而魂牵梦萦，这样的乡愁如何能够忍耐？

就这样，不经意中，我邂逅了这位多愁善感的老人，一不小心，我走进了他的内心。

查阅季老的资料，敬佩之余又有意外收获。在我的印象中，有着"国学大师""学界泰斗"和"国宝"桂冠的季老，他的文字该是晦涩、深奥的吧，然而这位高手写起散文来却是别具一格。他提倡散文要抒写"真情"，写回忆录更是坚持"取真去情"的原则，为了"不让现在的情感篡改当年的感情"，这也是他选用当年日记的原因。

游弋在季老的文字里，蓦然回首，灯火阑珊处的季老——一位性情中的"本真"老人。

给课堂加点"情趣"
——听一年级上册《雨点儿》教学有感

深圳市龙华新区民顺小学　张德芝

雨点儿孩子们并不陌生，一年四季经常可见。但是在诗人金波的眼里，却如此充满诗意，如此打动人心，极富情趣，充满想象。短短103个字，却用诗一般的语言描绘出雨点儿们浪漫的人生和美好的情怀，深深打动人心。大雨点儿和小雨点儿在短暂的旅行中，出现了令人动心的一幕：一个要去有花有草的地方，让那里的花更红草更绿；一个要去没有花没有草的地方，让那里长出红的花绿的草。

多么富有诗意！多么富有情趣！如何让这种"情趣"感染孩子们呢？结合这节课，试举两例：

一、感受"飘落"的动态美

师：雨点儿怎么从空中落下来的？哪个词写出来了？

生：飘。

师：（出示生字卡）"飘"是个生字，你见过吗？在哪儿见过？

生：以前没见过这个字，但是我们经常说。比如今天早上上学，风一吹，树上的叶子就飘下来了。

师：真聪明，一下子就发现了"飘"与风有关，所以——

生接：右边有个"风"字！

师：真会学习！小朋友们还见过哪些东西只要有风它也能"飘"？

生：五星红旗在空中也能飘！

师：对，那叫"飘扬"。

生：风筝。叫"飘动"。

生：彩旗、气球……

师：对呀，还可以说彩旗飘飘、气球飘荡……

师：雨点儿的"飘"和它们一样吗？

生：不一样，雨点儿飘着飘着就落了。

师：飘着飘着就落了！课文有个词把这个意思写出来了，就是——

生：飘落。

师：对，"飘"和"落"都是动词，合在一起也是动词。你还看见过哪些东西也能"飘落"呢？

生：树叶从树上飘落下来。

师：孩子，放慢镜头，想想树叶是怎样"飘"下来的？

生：风一吹，树叶就离开大树妈妈往下飘……

师（接话）：正要落到地上，忽然一阵大风吹来……

生：树叶又往上飘去，在空中转了几圈，再慢慢地落下来。

师：哇！飘落得真美，就像在空中跳舞一样！

生：花瓣从树上飘落下来，满地都是呢！

生：蒲公英慢慢地飘落下来。

师：观察真细致，那是蒲公英的种子在飘落。

生：还有！垃圾袋从空中飘落下来。

师：是啊，我也见过呢！不过垃圾袋和树叶从空中飘落，你觉得哪个美呢？

生：当然是树叶美！

师：垃圾袋怎么就不美啦？

生：垃圾袋很脏，飘落下来污染了环境，我们不能随便扔垃圾袋。

师：是的，更不能从高楼上往下扔，它飘落下来，可就不美了！

汉语是模糊的，模糊的语言是有丰富的想象空间的，让孩子们从唾手可得的树叶、花瓣、蒲公英的种子中感受"飘落"的动态美，无疑是智举。既理解了用词的精妙，又体会了近义词的细微区别，也增添了雨点儿的情趣。

二、领悟"对话"的音乐美

作者金波是儿童诗人，他有很多作品编进了教科书。当金波以诗人的眼光看雨点儿时，童话的语言也有了音乐美。

师：听听雨点儿的声音，她们在说话呢！她们都说了什么？（播配乐朗读）

生：大雨点儿问小雨点儿："你要去哪里呀？"

师接话：我要去有花有草的地方。你呢？

生：我要去没有花没有草的地方。

师：我发现，你这个词读得好准确（板书：地方），读一遍给大家听。

生：地方（"方"读轻声）。

师：真好！"方"在"地"的后面时要读轻声。

师问生2：你要去哪里呀？

生2：我要去有花有草的地方。你呢？

师：我要去没有花没有草的地方。瞧，她问得多自然呀！大家也像她一样，同桌互相问一问吧！

生生同桌互问，练习文中大、小雨点儿的对话。再请一对同桌展示。

师：大家问得多好呀，我们再继续问吧。（问生1）我要去有花有草的地方，因为好久没下雨，花草都渴了，我要给她们浇点水。你呢？

生1：我也去有花有草的地方，我要让那里的花更红，草更绿。

师：你给花草们送来了甘甜的雨水，它们要谢谢你呢！（问生2）大雨点儿，我们要去有花有草的地方，让那里的花更红草更绿。你呢？

生2：我要去没有花没有草的地方，让那里长出红的花绿的草。

师：没有花没有草的地方很荒凉的，还是让我去吧！

生2：没有花没有草的地方需要的雨水多，还是我去吧！

师：你的心灵真美！孩子们，你们喜欢这样的一"问"一"答"吗？喜欢的话，同桌互相练一练。看看谁"问"得好，谁"答"得妙。

《教师用书》里提到，《雨点儿》是一篇科学童话。我宁愿相信她是一首散文诗，因为她有诗的情绪和幻想，有散文的外观和内涵，给读者以审美和想象，"有花有草的地方""没有花没有草的地方""花更红草更绿""长出了红的花绿的草"，这诗意的语言也不乏内在的音韵美和节奏感。在师生巧妙的"对话"中，孩子们不仅准确表达了"问"与"答"的不同语气，而且体会到了语言的音乐美。

香港著名的语言文字学家安子介先生把汉字比作一座宝山："汉字是一个阿里斯仙境的领域，每一个转弯抹角就有一段故事。"只要我们用心体悟，这段故事总在我们身边。

为"改动"叫好
——三年级上册《风筝》与原文的对比阅读

深圳市龙华新区民顺小学　张德芝

"老师，我爸爸说《风筝》这一课改得不好，原文才有意思呢！"可别说三年级的小屁孩儿啥也不懂，这么有思想的话居然也能脱口而出。原文到底如何？孩子的话勾起了我寻根问底的兴趣，我得读读。没想到，这一读，还真咂摸出了不同的味道。

《风筝》是贾平凹的作品。提起贾平凹，就想起当年风靡一时、引起巨大争议、受尽读者"捧杀"和"棒杀"的《废都》。那是我第一次接触他的作品，因为不喜欢这种粗俗的"审丑"艺术，所以一直不太喜欢他，自然也很少读他的文章。然而在当代文坛上，贾平凹的确是一个具有独特艺术个性的作家，他的作品数量之多、题材之广，都属罕见。随着近几年贾平凹的作品陆续入选教材，读者慢慢地接受了他。当我以欣赏的心态再去品味他的作品时，却发现别有洞天，值得反复赏玩，《风筝》便是一例。

《风筝》原作有近三千字，选进人教版小学三年级上册课文，删改以后，只剩下500来字，感觉是一篇条理清晰、语言朴实、笔调亲切、适合三年级孩子阅读能力和阅读兴趣的文章，也能引起他们的共鸣。但是，读原文你能清晰地感觉到，做风筝、放风筝的快乐是短暂的，甚至是一闪而逝的，而找风筝的过程却是漫长的、渺无希望的。作者似乎并不是在写童年的"幸福"或"快乐"，而是在诠释一个生命现象——童年时代，大家都是怀着美好的愿望在编织着各自的希望和梦想，尽管这梦想并不清晰，所以心里想着"做一个蝴蝶样的吧"，做出来"却什么也不像了"，但他们同样快乐着，因为这就是我的"幸福鸟"。谁都想把"幸福鸟"放飞得很高很高，谁都在为它奔跑着、叫喊着。

可当我们把"幸福鸟"放飞之后，它却突然断线，从我们的手中滑落，任凭你"大惊失色、千呼万唤"，它仍会被风吹得无影无踪。原文的后半部分，作者用了很大的篇幅写"找风筝"的过程，背景是"水磨坊"，还有一个善解人意的"老女人"，给我们成年读者带来的是一种沉重感和忧伤感。孩子们一个下午都在一起找啊找啊，没有一个人离开，没有一个人放弃。这风筝让他们紧紧连在一起，找的结果是"没有踪影""我们都哭了"。在"垂头丧气"的时候，大家看到了"我们村的水磨坊"，好像是又看到了一线希望，再去找……

"找风筝"的过程是艰难的，心情是飘忽不定的，时而充满希望，时而悲伤满怀。

这是作者对难以预测的人生命运的真实再现，是对失去生命航标和梦想的痛苦体验。联系贾平凹的童年环境就不难理解了：1952年，他出生在一个人多家贫的农民家庭，父亲是被打成"黑五类"的乡村教师，母亲是普通的农妇。他从小身体发育慢，个头低，长相丑，打架吃亏，体育课发愁，看女孩玩难为情，只好呆坐默想，去看"地缝里的一只蚂蚁，柳叶上的一个蝉壳，喇叭花上出现的白斑，向日葵上的两只彩蝶"（孙见喜《贾平凹之谜》），他开始孤僻了。他说：

我不喜欢人多，老是感到孤独，每坐于我家堂屋那高高的石条石阶上，看着远远的疙瘩寨子头顶的白云，就止不住怦怦心跳，不知道那云是什么，从哪儿来到哪儿去。

（贾平凹《自传——在乡间的十九年》）

14岁初中毕业回家当了农民，他身材瘦小、体力差、嘴笨，每天只能挣三个工分，连妇女们也不愿意和他搭帮干活。但是，他从小学习好，字写得好，在书中得到了知识、朋友，也得到了村人的尊重。他替人写信、记账，获得好评。终于，他抓住了一个偶然的机会——为水库工地写标语，并因此而改变了他的一生，被推荐到西北大学中文系学习。大学三年，他勤奋写作，在各类报刊上共发表纯文学作品25篇，并因此获得城市的"签证"，成为了一个"城里人"。

故乡是贫瘠的，风景却是美丽动人的。原文中的"老女人"，我猜想应该是贾平凹那个疼他、爱他的三婶娘。从小父母不在身边时，他在三婶娘怀里夜夜衔着她的空奶头睡觉。三婶娘勤劳善良、为人忠厚、忍耐大气、尊老爱幼，是典型的中国式贤妻良母。他挨打，她护着他，还要忍受别的家长和孩子的恶言恶语。在贾平凹孤独的童年里，她温暖了他的肌体，呵护着他的心灵，涵养着他的精神。为冻在水洼里的鱼儿解冻、屋子里一盆暖融融的旺火、窗台上一盆开了三朵四朵的白花，这不幸的老女人在水磨坊周围用爱、用热情寻找到了快乐、幸福。所以才有了最后让孩子们心灵获得慰藉的温馨一幕：

"婶婶，'幸福鸟'是走了，可它去哪儿了呢？"
"地上找不着，那就在天上吧。"
"天上什么地方？"
"什么地方它都可以去。"
"那，天是什么呢？"
"天是白的；那是它该去的地方。"
"白的？！那它不寂寞吗？"
"白的地方都不寂寞。"她说，"你瞧见那水轮下的水了吗？它是白的，因为流着叫着，它才白哩。石磨因为呼呼噜噜地响着转着，磨出的面粉才是白的哩。还有，瞧见那盆花了吗？它是开着的放着的，它也才白了呢。"

"白的地方都不寂寞"，孩子们虽然似懂非懂，虽然没有找到"幸福鸟"，但是却在这里找到了给予幸福、快乐的人以及幸福、快乐的根源。这个开放型的结尾，这个没有结果的结果，意味深长，给人留下了丰富的想象空间，孩子们的心中又充满着新的希望：

可是，我们都盼望"幸福鸟"有一天能再飞回来，让我们在它上面再写上这水磨坊老女人的名字呢。

贾平凹的《风筝》，犹如一把巧妙的"钩子"，勾起我们这代人尘封已久的童年记忆。不由得想起那些大人们忙夏收忙脱粒，我们在麦草堆上疯玩的日子；想起那些月光下在猪圈洞、阁楼上、厕所里尽情捉迷藏的夜晚……

而这些，现在的孩子们并不了解。他们的童年也有风筝，不过不是自己"在芦塘里拔几根细苇，再找来几张纸"（原文是"偷偷地撕了作业本"）做起来的，而是直接从商店里买来的。他们体会不到偷着做风筝的快乐，更不存在做风筝时的"憧憬和希望"。同样地，他们也无法体会到这样精心做的风筝没了踪影的"大惊失色"与"垂头丧气"，因为大不了再让爸爸妈妈去买一个新的。

然而放风筝的快乐却是相同的，尽管快乐的动因大相径庭，但一样能激起孩子们的共鸣。贾平凹用朴实的语言、白描的手法，天然去雕饰，展现了一幅亲切、温馨、自然的放风筝的场景，充满童真童趣，使人身临其境、如见其景、如可触摸。

不足500字的课文《风筝》，这一点保留得极其美好。编者在尽量保持原文风貌的基础上，有较大的删改，特别是"找风筝"的部分，删去了厚重的时代背景，尽可能地保留了纯净的童真童趣。

《风筝》原文固然好，但为保留童心而改动的课文不也很好吗？为这样的"改动"叫好！

既要教"内容",也要教"形式"
——《胖乎乎的小手》课堂观察

深圳市龙华新区民顺小学　张德芝

今天,晓倩的"招牌课"给了我们一个惊喜。作为一个新老师,能够如此处理教材、如此调控课堂、如此不疾不徐地按计划展开教学,难能可贵!

刘芳说:"晓倩是一支刚刚发现的'潜力股'!"她的"潜力"在哪儿?我以为,除了她的课感好,最重要的是处理教材、设计教学和课堂落实的能力。值得我们好好研究的,是低年级语文如何教。

第一,教"内容"。《教师用书》里面明确指出:"本课教学的重点是认字和朗读课文。要让学生自读、自悟,懂得文中蕴含的道理。"并从识字写字、朗读感悟、实践活动三个方面提出教学建议。不难理解,本课的"教学内容"便在于这三个方面。

我这里所说的"内容"不是指这节课的"教学内容"(即"教什么"),而是《胖乎乎的小手》这篇课文所承载的原生价值——课文写了什么?蕴含了什么道理?有多少生字需要学习?

这节课上,晓倩用比较短的时间学习生字词,得益于孩子们养成的良好的预习习惯。昨天有家长问我:孩子预习,家长应该介入到什么程度?万一都学会了,上课他不再听讲怎行办?这似乎真是个问题,但多年的教学经验告诉我:这不是问题!只要孩子们把课文读熟了,语文课就好上。孩子们把生字都预习会了,读课文不就容易了吗?课文读顺了,理解起来不就简单了吗?

其次,晓倩让孩子自由读课文,思考全家人为什么都喜欢这幅画,用"○"标出都有谁喜欢这幅画,用"＿＿"标出他们说的话。这样一个"大问题"(归根到底是课文"写什么")便让孩子们对课文有了一个整体的感知。事实证明,这些内容孩子们一读就懂,不需要花费太多的时间在"内容"上绕弯。

第二,教"形式"。首先有必要厘清"内容"与"形式",我引用李海林先生对语文教材的价值的一段精辟论述:"语文教材是由相互之间在内容上没有必然联系的若干篇文章组成的。这些文章,原本并不是作为教材而编写的,而是作为一种社会阅读客体存在的。它们原本作为社会阅读客体而存在的价值,可称之为'原生价值'。……但是,这些文章一旦进入语文教材,它们的价值便发生了增值和变化。它们原本所有的传播信息的价值仍然得以保留,但它们又增加了一种新的价值,即'如何传播信息的信息'。这种'如何传播信息的信息'即我们所谓的'教学价值'。"这些论述从学理的层面为我们诠释了"内容"与"形式"的概念以及关系。简单地说，课文"写什么"是它的"内容"，也是它的"原生价值"；而"怎么写"或者是"表达形式"是它的"形式"（我们称之为"言语智慧"），也是课文的"教学价值"。学生阅读文章的目的，本质上不在获得它们所传达的信息本身，而是这些文章在传达信息的时候所产生的'如何传达信息'的信息。如果教师在教学中不着眼于帮助学生获得言语智慧，那么语文课就会失去其本质属性。

事实证明，孩子们在读一篇课文时，"写什么"基本自己都能读懂，而"怎么写"是隐性的，是学生不会自觉关注的，是他们读不出来或者读不懂的，必须由教师来教。所以，王尚文先生讲，语文教学要始终着眼于语言文字怎么把人的情、意在作品中实现出来。

具体到《胖乎乎的小手》这一课，一年级孩子的重点在于朗读感悟，通过读好对话中的疑问句、感叹句，而感受到爸爸、妈妈、姥姥是长辈，语气和蔼可亲，对小兰发自内心的赞叹、夸奖；而小兰是孩子，天真活泼，对世界充满好奇，也不知道"我画了那么多画，为什么贴这一幅呢"。读好了这两种句式，就是间接地让孩子们感受到了语言文字的魅力。而晓倩不止于此，还通过"替、给、帮"让孩子感受到用词的灵动活泼与准确，通过"因为……所以……"和"……是因为……"两种句式的练习，加深了孩子们对课文内容的理解。所有这些，即是教"形式"。

其实，语文课"教形式"与"教内容"的讨论早几年就在进行了，但是在现实课堂上，特别是在低年级课堂上，我们仍然时常发现绕着"内容"转来转去的课为数不少，晓倩让我们看到了民顺语文课堂的未来。

关注文体，是备课的第一步
——评《雷锋叔叔，你在哪里》

深圳市龙华新区民顺小学　张德芝

今天的听、评课让我很是意外。首先，施施的公开课居然引来了除语文科组以外的英语、数学、音乐、美术、信息等学科的老师，人数达22人！刷新了我到民顺小学以来课堂观察的一项纪录——听课人数最多！要知道我们这所新生的学校满打满算才42位教师，除去14个老师同时也在上课，几乎是能来的都来了！看得出，大家对施施的期待有多高！

也正因如此，这堂课我听得相当认真，也让我萌生出了很多想法。本来是想二、三年级小范围地在我办公室研讨、评议一下，没想到下午四点半，语文科的老师全来了，连潘姐姐也亲临现场，场面可谓热闹非凡。我再一次感叹：施施的魅力真大呀！

看来，我原先设想的评议方式要改改了，这么多人，若是人人轮流发言，怕是会讲到七八点钟去。既然大家的研究热情如此之高，那干脆我就做个主持，先抛出话题：低年级教学，既要教"内容"，也要教"形式"，就此课而言，"内容"与"形式"该从何处落脚？

从"内容""形式"概念的厘清，到如何确定这一课的教学目标，从雷锋故事到雷锋精神，从课堂细节到教学设计，老师们纷纷建言，提出了很多很好的意见。总体来说，大家认可了这样一个思路：

第一，本课应该教的"内容"是什么？回顾施施的课堂，我们不难发现，这一点，她其实是很费了一番心思去做的。在第一课时，她给孩子们介绍了雷锋以及他的故事，让孩子们对这个久远的人物有了一些感性的认识；她引着孩子们学习了生字新词，为阅读铺平了道路。所以一开课，只需简单复习生字词，就进入课文的学习——听老师范读课文，思考：本文有几个小节？写了雷锋叔叔哪几件事情？这是对"内容"的整体把握。我特别欣赏这一细节，整体把握是阅读的第一步，两个小问题用时三五分钟即可解决，但效果非凡。从课堂上来看，对于课文的"内容"孩子们是一读就懂的，无需老师费太多力气。当然，课文中还有如"泥泞""荆棘"之类的生僻词语，也是需要老师教的内容，施施用几幅画就轻而易举地解决了，赞一个！

第二，本课应该教的"形式"是什么？说到"形式"，我们首先看到这一课的与众不同之处——这是一首儿童诗。作者用优美的语言、流畅的音韵娓娓地述说着，轻轻拨动我们的心弦。现在，让我们把目光集中到文体上来——"儿童诗"应该如何教学？孩子们应该从中学到什么？这也是施施的困惑。

我以为，儿童诗的教学应该突出三个字：读、赏、创。

先说"读"。这节课施施充分发挥了自己的专长——朗诵，在这方面下了不少功夫，这一点也很值得肯定。但大家觉得，好像还是少了点什么，因为除了少数孩子外，大部分学生读得还是没有感情，也就是没有进入诗中去，换句话说，诗歌并没有打动他们小小的心灵。其实，朗诵能否打动人，要看读者对作品的理解到不到位，能否把诗中的画面呈现给听众，让听众如身临其境。这首诗生字不多，孩子们基本能读懂，每个字都能认识。但问题是，诗中描写了怎样的意境，是需要老师帮忙营造，然后把孩子们带进去的。

再说"赏"。课后补充资料有"雷锋出差一千里，好事做了一火车"，读这夸张的句子，猜猜雷锋都做了哪些好事？课文为什么单讲了两件？让孩子感受以小见大、以点代面的写法。雷锋做的都是小事，我们人人能做到，但"做一件好事并不难，难的是做一辈子好事"。这是一赏。读读全诗，发现全诗朗朗上口，韵律感十足，找找秘密在哪里？引导孩子们找出韵脚，换个词语行不行？体会体会。这是二赏。还可以让全班齐读一、三、五节，指名朗读二、四两节，你发现了什么？去掉第二小节行不行？让孩子们感受诗歌的"反复"，这一咏三叹充分表达了诗人强烈的感情。这是三赏。

最后说"创"。几乎是异口同声地，大家都提到了仿写。其实这首诗的韵律感极强，很多句式都是相同的，给人"大珠小珠落玉盘"的叮叮当当之感。在充分的读、赏后，创编并不难，但也需要老师搭梯子。比如，图片出示雷锋在田野里帮农民收割的场景，仿写："田野说，昨天，他路过这里……"如此类推，场景不断变化，可以是森林，可以是公园，可以是餐厅，也可以是火车站……

真的很佩服施施，敢于挑战这样的一课！我百度了一下，上这一课的人还真不多。诗歌教学是很难的，施施却能迎难而上；今天大家七嘴八舌地说了一箩筐，施施却又勇敢地说：我还要把这课再上一次！

有师如此，我们的语文教学想不好都不行啊！

磨刀不误砍柴工

——小议语文老师的课堂常规

深圳市龙华新区民顺小学 张德芝

一走进小玲老师的课堂，我就忍不住赞叹：难为了这个刚毕业才一年的小女孩，课室环境布置得真优美，课堂常规抓得真不错，我要为她点个赞！

首先迎接我们的，是琅琅的读书声，孩子们手捧版本各异的《弟子规》，聚精会神、摇头晃脑地读着。那神情仿佛在告诉我们：读书的孩子最可爱！最快乐的事情莫过于读书啦！

收起《弟子规》，便开始了"一分钟坐姿练习"，孩子们挺直了背、抬起了头、闭上了小嘴巴，认认真真地坚持了一分钟，教室里静得可以听见心跳的声音。看得出，经过这短短的一分钟，孩子们的心回到了课堂上，精神也高度集中了，此时上课，效果不好才怪呢！

在孩子们练坐姿的时间里，我仔细地察看了一遍教室，发现所有孩子的课桌上都干净整齐，《弟子规》、语文课本、课堂作业本都整整齐齐地摆放在左上角，小铅笔也静静地躺在旁边，整装待发，只等小主人一声令下，就开始工作了。

除此之外，二（2）班的教室整体上也让人感觉清清爽爽、赏心悦目，靠走廊的过道里摆了一排绿色的盆景，后面的书包柜收拾得格外整齐，柜顶是一排绿油油的小盆栽，长势很好，小书包们都规规矩矩地躺在柜子里休息，好像在说："小主人，你放心地学习吧，我在柜子里乖着呢！"

中国有句老话："磨刀不误砍柴工。"抓常规需要时间，需要耐心，就如"磨刀"，尽管因此花费了好几分钟，但课堂实践告诉我们：值得！在这样的环境里，孩子们的心是安定的，精神是集中的，学习活动自然也是快乐的。

小玲老师执教的是《浅水洼里的小鱼》，看得出她课前是下了大力气的，解读很全面，设计很精细，课件很精致，思路很明确。课堂上孩子们也很配合、很用心地学习。但是，整节课下来，听者很疲惫，甚至想打瞌睡。这是什么原因呢？我仔细思考了一下，感觉有这么几点：

一是老师的气场不够，缺乏感染力。低年级教学对老师的要求是严苛的，既要有准确动听的声音，还要有抑扬顿挫的语调；既要极富亲和力，还要有丰富的表情；既要课前有充分的预设，还要能灵活地应变课堂上的生成。从形象到气质，从体态到语言，从表达到板书，方方面面都要有较强的综合素质，才能将孩子们好奇的目光牢牢地锁定，才能将他们善变的心稳稳地牵住。

二是老师的经验不足，启发欠火候。如读到"用不了多久，浅水洼里的水就会被沙粒吸干，被太阳蒸干。这些小鱼都会干死"时，老师问："小鱼们，你想对我说什么？"第一个孩子回答："请救救我！"第二个孩子也说"救命啊！"第三个说"再见了母亲！"第四个还是"救救我们吧！"很明显，孩子们的思维受到了局限，老师对此也是不满意的，直接给出了自己的答案："救救我吧，让我快点回到大海的怀抱吧！"

其实不难看出，老师的思维也局限于"救救我"了，这里的启发显然是没有达到她的预期效果的。怎样才能做到更好？我的回答是首先要有充分的预设，老师备课时，提出的任何一个问题自己先要预设十种答案，这样在课堂上，你把肚子里的答案随便拎一个出来就行了。其次是要及时地、巧妙地引导。当第二个孩子答案相同时，老师就要敏感地嗅到，马上进行引导：

师：我们看看"蒸"字，从这个字你想到了什么？
生：我好像看到小鱼就要被蒸死，我想小鱼肯定很难受。
生："蒸"字说明温度很高，下面有四点底表示火，像人一样感到很热。
生：我仿佛看到下面有火在烧，上面水分在蒸发的情景。
师：是啊，上面太阳熏，下面沙子烤，浅水洼里的水分很快就会蒸发干，这些小鱼就会被活活蒸死、干死，那会是一种什么样的滋味呢？
生：痛苦难受的滋味。
生：生不如死的滋味。
生：活活受煎熬的滋味。
师：那你此刻看到有个小男孩子走过来了，你会怎样说？

经过"蒸"的引导，孩子们对小鱼的危险处境有了身临其境的体会，说出来的话自然不会再是干巴巴的"救救我"了。

三是缺少"即席创作"，被自己预定的答案牵住了鼻子。记得当老师问"岸边的小男孩是怎么做的"时，有的孩子说"捡起小鱼"，有的说"他走得很慢，不停地捡起小鱼……"但都被老师否定了，并提醒孩子"请看课本，完整地把句子读出来"，当时我也有点迷糊了，老师你要的到底是什么？按道理孩子们的话是对的呀，仅仅是因为这不是老师想要的"正确答案"就被否定了。其实在课堂上，老师是需要"即席创作"的，因为孩子们的心思你不一定读得懂。就像一首小诗写的："散步的时候/我走直路/儿子却故意把路走弯/我说/把路走直/就是捷径了/儿子说/把直路走弯/路就更长了。"

有人统计过，一节课上，老师平均要做出三十多个决定。面对千变万化的课堂，我们需要足够的教学机智，而这种机智是需要长期培养、长期磨炼的。

识字课的"变"与"不变"

深圳市龙华新区民顺小学　张德芝

一走进一年级的课堂，我就乐了：《识字4》，不是那个"蜻蜓半空展翅飞"的韵文识字课吗？2004年的这个时候，我曾指导过宁宁老师上过这个课参赛，当时她可是拿了全区第一名呢！

我一下子来了兴致，十几年过去了，在轰轰烈烈的课改浪潮洗刷之下，一年级的识字课堂又会有什么变化？我期待着。

一、"不变"的是文化

今天是两位老师在上课，一位是从教五六年的文君，一位是走上讲台第二年的茜茜。同课异构，两位老师不约而同地教到了形声字，文君的引导让我颔首不止。且看课堂片断：

从直观的昆虫图片，到抽象的昆虫名字（生字"蜻蜓、蝴蝶、蚯蚓、蚂蚁、蝌蚪、蜘蛛"），几乎不费吹灰之力，孩子们兴味盎然地认识了12个生字。

师：孩子们真了不起，这么快就记住了这些这么复杂的生字。能告诉我，你们是用什么方法记住的吗？

生：我是看图片记住的。

（注：我校一年级正在进行"自主识字、同步读写"的实验，运用照相记忆法，孩子们已经快速认识了近两千个汉字）

师：这是一个不错的办法，还有别的发现吗？

生：我发现这些生字都是形声字。

师：太了不起了，你有一双火眼金睛，发现了形声字。是的，这一组字全都是形声字，这种部首表义、部件表音的字叫作形声字。

师：（出示标注了声旁的所有"虫"字旁生字）请同学们利用形声字的特点把这些生字逐个读出来。（生齐读本课形声字）

师：我们在平时学习的过程中，可以利用形声字的特点来帮助阅读，遇到不认识的生字，可以猜猜它的读音。

（出示六个形声字：蜈、虾、蚊、粮、鲤、狮）学生猜读，全对。

师：孩子们，你们都知道这些是形声字，右边表音，那这左边的虫字旁是表示什么呀？

生：（七嘴八舌）它们是虫子、昆虫……

师：看来大家都一致认为是昆虫，可是虫字旁的字都表示昆虫吗？（学生顿时议论纷纷，有同学说可以表示动物，有同学提到蛇字）

（出示"虫"字的演变，如图，引导学生发现）

师：你们看，虫字最早像什么。

生：蛇。

师：是的，虫是个象形字，古文字像弯曲的蛇形，虫的本义是指蛇，后来泛指虫类或像虫的动物。随着科学的发展，人们对生物学的分类越来越精细，现在的虫字旁多用在软体动物和爬行动物上了。

师：比如以下这组字就都不是昆虫哦。（出示生字）

生（恍然大悟）读：蛇、蜥蜴、田螺、蝙蝠。

……

"韵文识字"这种识字方法，不是一个汉字一个汉字地既教字音又教字形和字义，而是借鉴古今韵文识字的经验，遵循"教师有意教，学生无意记"的原则，采取"整体认读""循环往复"的方法，寓学于玩，循序渐进，让学生在念背韵文中学句学词，在学句学词中自由认字，提前进入阅读阶段。对开阔视野、增长知识、培养语感、发展思维、提高语文素养，都有十分重要的意义。

新课改把韵文识字引入教材，在低年级安排了好几次这样的识字课，既是归类识字的一种形式，也渗透了中华文化"对对子"的技巧。这是一首充满童趣的儿歌，写小动物在夏天的情形。在学生熟读儿歌的基础上，联系大自然和教材中的彩图，采用多种方法读准字音，认记虫字旁的字形，效率很高。

文君显然深谙其道，既让孩子们认识了形声字的规律，也让孩子们了解到形声字的特例，还联系了汉字字理，一举三得，教出了汉字的"文化味儿"。

二、变化的是朗读

在茜茜的课堂上，我欣喜地看到了对于朗读指导的新常态。且看课堂回放：

师：孩子们，儿歌大家都读了几遍了，观察一下，它们可以分成几个部分呢？

生观察，讨论，得出结论：可以分为三个部分。谁（昆虫）+在哪儿+干什么。（老师出示课件）

谁	在哪儿	干什么
蜻蜓	半空	展翅飞
蝴蝶	花间	捉迷藏
……	……	……

师：咱们玩个游戏：男女生问答读，好吗？

男：蜻蜓在哪儿干什么？
女：蜻蜓半空展翅飞。
……

如此变换问法：谁在半空展翅飞？蜻蜓半空展翅飞。蜻蜓半空干什么？蜻蜓半空展翅飞。三个部分轮流做问答，多种形式朗读练习，孩子们玩得不亦乐乎，不到五分钟，韵文就会背诵了。

老师继而又引导孩子们进行有节奏地朗读——读出节奏感，直观感受押韵；配着《小星星》的伴奏唱一唱——唱出音乐感，诗歌的音乐性也出来了；最后配上自己的舞蹈动作再演一演——演出画面感，诗歌的意境美也演绎了。孩子们把自己的十八般武艺全用上了，乐呵呵地跟着老师着着实实地赏了一次韵文。之后的仿写自然也就不成问题了，精彩的句子层出不穷：

生1：白兔地上蹦蹦跳。
生2：蜜蜂花间采蜜忙。
生3：袋鼠公园蹦得高。
生4：大象水里洗洗澡。
生5：猴子树上摘香蕉。
……

原来，每一个动物都可以成为诗歌的主人公啊！看看这些小诗人，多么精彩的诗句，多么丰富的想象！这样的朗读指导，接地气、有实效，孩子们在不知不觉中走进了老师精心设计的"圈套"，开开心心地跳进去，再高高兴兴地蹦出来，真正在语言文字里走了一回，真正把韵文内化成自己的语言了。

两节识字课，老师教得轻轻松松，学生学得快快乐乐，我想，这也许是课改带给孩子们最大的收益吧！

教学是"慢"的艺术

深圳市龙华新区民顺小学　张德芝

在北京学习，有幸去清华附小听了一位小班教学的老师的试教，课题是《小母鸡种稻子》（北师大版一年级上学期）。这堂课的大体思路是：

第一步，从图片"白米饭""稻穗"导入，板书课题中指导书写的"母"字，并认读多音字"种"。

第二步，范读课文、自读课文，认读带生字的词语，其中贯穿形近字"种"与"和"，"愿"与"意"，"猫"和"猪"的区别，还渗透重点句子"你愿意和我一起种稻子吗？"句型训练（课后作业有此项目）。

第三步，指导逐段朗读课文，最后指导书写。

说实话，对于低年级的语文课，尤其是对于这节课，我真的不知如何下手，只是感觉她这样上很常规、很平常，但找不出问题的症结在哪儿，也拿不出好的方案，似乎生字也学了，课文也学了，重点句也扣了，但总感觉少了些什么。

评课时，窦桂梅校长一语中的地指出要害：这是不是一年级的课？是啊，对于刚上小学才两三个月的孩子，一节课要认那么多生字（20个左右），还要读那么长的课文（4个自然段），实在是太难了。窦校长捉了很多"虫子"：如板书没有识字味道。以课文内容为线索（板书是：种稻子——除草——收稻子——打成米做成饭），这是高年级的教法。对于刚入学的一年级孩子，一类字必须写在黑板上，二类字混个脸儿熟就行了。而刘老师却把相当多的精力花在了二类字上，这叫"种了别人的田荒了自己的地"！再如，"自学提示"是写给听课老师看的，一年级的孩子看不懂。

鉴于此，窦校长提出三个问题：一是课文是干什么用的？对于一年级的孩子，课文是识字的载体，本课更是借助生动的童话识字。识字的同时让孩子们初步感受到童话有趣，童话注重反复叙事，进而懂得一点道理（劳动最光荣）就可以了。第二，小班化教学有哪些特点？这次现场会的重点在展示小班化教学的特点，所谓小班化教学的优点就是最起码要让"每个孩子都能读一次、都能答一次、都能写一次"，小班化就要发挥小组内的合作，发挥孩子们的主体作用，可惜这些都没有做到。第三，识字课究竟该怎么教？

窦校长讲，一年级的识字课，就要敲准一类字！具体到本课，这是学生第一次接触到这么长的课文，依然要落实识字。如何落实？根据清华附小多年的研究，窦校长认为，一年级识字课一定要逻辑清晰，根据识字规律，采取音、形、意分步走的策略。

第一步：音。先读课文，这是孩子们面对的第一篇长课文，首先要教"自然段"，让学生数清四个自然段，并做上序号。整体自由读完课文后，就可以分段读了，此时拎出本段中带生字的新词，读不准没关系，回到课文找一找再读。因为课文是有拼音的，联系上下文也能猜一猜，这就叫情境中识字。一段一段地读完四段后，再把全课的生字一股脑儿打出来，考考孩子们：能不能横着读？竖着读？跳着读？如此等等。

在学生熟读的基础上，擦掉多余的字，只剩下一类字，如"母、自、己、和"等，再让学生认一认。

第二步：形。教低年级语文，一定要把握好阅读的"度"。读了课文，理解了字义，接着就该抓字形、练写字了。家常课上，一类字必须要一个一个排着写，每个字都要让孩子们明确地掌握字形、写好生字。但公开课要有所取舍，要找有规律的、有代表性的生字来写。比如"自己"，"自"在田字格里怎么占位置？最关键的是哪一笔？"己"字可不好写，中间那一横特别重要，它的位置决定这个字的好坏。可以编编顺口溜"最后一笔要写好，一弯弯到右上格"等。还得提示，小母鸡"自己"种稻子，这些生字宝宝还得我们"自己"写好它。

第三步：意。这一步要再回到课文，理解一类字。如"你愿意和我一起种稻子吗？"这一句，刘老师把重点放在"愿意"和问句、感叹句的朗读上，而窦校长却创造性地提出此时应该抓"和""自己"（要注意的是，并不是所有的一类字都要这么重锤敲打的，有的要借助语言环境讲，有的不必要讲）。在此童话中，问句"你愿和我一起……"和感叹句"……太辛苦，我怕……"连续出现了三次，相应地，小母鸡连续三次"只好自己去……"，童话的反复叙事让孩子们体会到小伙伴们都怕吃苦不愿意"和"小母鸡一起劳动，小母鸡只好"自己"一个人干了。

学习童话，一定要体验童话的趣味，此处可以适当地穿插小句子的练习，为课堂增添情趣。比如，在课文最后一段，小母鸡把做好的米饭"送给小鸭，小鸭低下了头；送给小猫，小猫羞红了脸……"，如果老师巧妙引导，小鸭低下了头，轻轻地说："不好意思，我要是能和你一起种稻子就好了！"如此等等。老师这样引导，满堂的小鸭们、小猫们、小猪们一定会七嘴八舌地说个不休，"我们也要爱劳动"的认识不就水到渠成了？

另外，为集中孩子的注意力，活跃课堂气氛，务必要做做课中操，务必要多"整事"。比如，学完生字可以跟学生玩玩猜字游戏——你把生字藏兜里，跟学生玩"猜一猜，猜一猜，我这儿藏着什么字？它是'和'？不是'和'！它是'种'？不是'种'！它是……"再如"左手一个'禾'，右手一个'口'，合起来就是'和平'的'和'"……还可以放放诸如"天阳天空照，花儿对我笑……"之类的儿歌，让童话的价值在歌声中得到提升。

窦校长特别提到，上课要不为游戏而游戏。那些游戏就像衣服上的点缀，像做菜中的勾芡。就好比你身上的那件衣服，领口的那个小虎皮毛毛，没有它这衣服还是衣服，主旋律没变，但有了它就不同，衣服就有特色了，就丰富多彩了。说的就是这个理儿。

教学是慢的艺术，低年级语文教学，真是急不得。

朗读的温度

——与青年教师聊聊朗读指导策略

深圳市龙华新区教育科学研究管理中心　路成书

作为教研员，每个学年初我都会到各校了解新教师的工作状况和课堂教学，走进他们的课堂，能感受到青春飞扬的张力和喷薄而出的激情。教育，实在是一个"沉舟侧畔千帆过"的事业。很为他们高兴，也对他们充满了期待。在看到他们思维活跃、课堂灵动的同时，也能感受到他们在朗读指导上的手足无措。主要体现在：比较重视朗读量的积累，但缺乏质的飞跃；重视朗读的形式，而忽略朗读的内容；强调朗读的情感，却缺乏指导的策略；重视朗读的技巧，而忽略朗读的实质。

朗读指导，是引导孩子透过语言文字走进作者内心，与文本情感达成和谐共融，并能以自己的朗读展示学习成果的过程。从根本上讲，朗读既是学生感悟文本的手段，又是展示学习成果的舞台。新课程标准指出：教师应加强对学生阅读的指导、引领和点拨，但不应以教师的分析来代替学生的阅读实践，不应以模式化的解读来代替学生的体验和思考。但实际上，我们的年轻教师往往因为缺乏指导朗读的策略，而把自己对文本的理解标签式地要求学生以何种语气朗读，造成学生不明就里，浮浅地拿腔作调，造成了朗读的表面化、庸俗化和功利化。

那么在阅读教学中，教师应该如何有效地进行朗读指导呢？我觉得可以从"抓词句、用补白、巧引入、重意象"四个方面入手。

词语，作为汉语的基本语义单位，承载着语境表达的首要职责。一篇文章中的重点段落，尤其是重点词句，往往是我们深入走进文本的"金钥匙"，抓住这些重点词句仔细地品读、推敲、置换、对比可以感受汉语的用词之美、之准、之巧，体现语文的语用功能，同时还可以透过对这些重点词句的品读和咀嚼，使学生切近文本情感，从而提升对文本的认知，达成朗读目标。

如《慈母情深》中对母亲得知"我"到来之时"背直起来了，我的母亲。转过身来了，我的母亲。褐色的口罩上方，一堆眼神疲惫的眼睛吃惊地望着我……"，非正常的语序表达，连续性的慢动作设置，作者以一组慢镜头似的白描，一个"直"，一个"转"，一个"吃惊"传神地刻画出了在那样恶劣的工作环境中母亲呆滞、艰辛的状态，与后面"母亲说完，立刻又坐了下去，立刻又弯曲了脊背，立刻又将头俯在了缝纫机板上了，立刻又陷入了忙碌……"形成了鲜明的对比。通过对这两组句子的比较阅读，我们不难发现母亲的苍老、辛苦和木偶般的生存状态。有了透过语言文字的品读体验到的这份情感，学生再朗读起来自然能得心应手、水到渠成。同时，在对这些词句的品读中，还能进一步感受语言文字的魅力——较短的句式，不合常规的语序，快慢镜头的轮番交替，连续动作的快速呈现，都暗含着作者高超的写作技巧，对学生语言文字积累和写法提升大有裨益。

文学作品的表现形式，往往以虚实结合为美。实的，我们可以通过正面的敲击、咀嚼、品读突破；而虚的，总是充满了余味悠长的含蓄美，但对学生而言，有时却未必能顺利走进作者情感。在学生遇到感悟困难时，我们需要采用一些迂回战术，加之以巧妙的文本补白，加深学生理解的深度，扩大学生感悟的广度，进而提升对学生朗读指导的效度。

如在贾平凹的《风筝》一文中，主要是以作者描述童年做风筝、放风筝的快乐为内容，如果我们只是标签式地提醒甚至告知学生"快乐、快活"，学生对文本的理解就会浮于表面。所谓"读出快乐的语气"，也只能是无可奈何的应声之虫罢了。如果我们在关注文本时，加入孩子们自己的生活经验，就会有效地加深学生对文本的理解。比如"我们精心做着，心中充满了憧憬和希望"，这句话看似平常，却是做风筝和放风筝时快乐的主要体现。可以引领学生谈谈，你做风筝，会有哪些憧憬和愿望？是挣脱束缚飞向蓝天的自由，还是空中俯瞰大地的豪迈？是与其他风筝一起飞行的快乐，还是体验被人牵引着的踏实？还是自己有什么心事和愿望赋予了可爱的"花蝴蝶"？有了这样的补白，才能真正理解风筝做成了"四不像"还"依然单纯地快活"，才能真正体会放飞风筝时那种"凌空飞起"的愉悦和酣畅淋漓，再让学生带着这种情绪去朗读，就很容易与文本情感达成一致了。

又比如《孔子拜师》，如果我们在教学时能够把"风餐露宿，日夜兼程"八个字充分地丰盈，让孩子们充分发挥想象，以生动的语言进行表达，就可以更好地体会孔子风尘仆仆、不远千里求学的艰辛和专注了。朗读建立在这样的感悟基础上，情感自然也会更好地与文本零距离，也能让学生对语言文字更有抓铁有痕的感悟和触动。

巧引入，指的是文本故事背景和作者人生经历的课堂引入。文学作品是作家非常个性化的个体表达，他与作者的性格、人生经历、写作的背景有着千丝万缕的联系，甚至直接相关。所以，作家的生平材料、家族变迁也是文学史的重要内容。如果我们脱离作者和背景以文会文，难免走入误区。而在课堂上，恰当巧妙地引入相关资料，会有效加深学生对文本的感知度，拉近与文本的距离感，切近文本情感而提升朗读的实效性。如古诗《泊船瓜洲》，如果我们抛开王安石这位大政治家几起几落的人生经历和政治抱负不谈，纯粹从一位远方游子思念家乡的角度切入文本，就会显得单薄而轻浮。相反，如果我们在了解诗人个人经历和当时的处境之后，再去带领学生朗读，一定会起到事半功倍的效果。又比如《最后一分钟》，如果缺乏对1840年鸦片战争以来中国被蹂躏和欺凌的历史的了解，又怎样能读出"那挺直的，中国人的脊梁的沉重感"和"一滴泪，让大海沸腾"的自豪感？再如季羡林先生的《怀念母亲》，如果没有对季老身世的充分了解，没有对"我的母亲"的资料介绍，又怎能体会那种愿"随母亲长眠于地下"的切肤之痛？有了必须要背景引入和资料补充，学生对文本的朗读一定有"柳暗花明又一村"的豁然开朗之感。

文学作品来源于生活，又高于现实生活，因此在表现手法上，作者往往会采用适度的夸张、合理的扭曲、巧妙的矛盾、特殊含义的事物来表达作者的情感、观点和体验，表现出来的就是文学作品的"不合常理"和"特定意象"。我姑且统一称之为"意象"，抓住这些"意象"，引导孩子们进行深度地思辨阅读，就能让学生对文本的距离感骤然拉近，从而有效地提升朗读的情感表达和水平。

又如上面列举的《泊船瓜洲》，第一句诗"京口瓜洲一水间，钟山只隔数重山"就不同凡响，浩然长江之水在作者笔下成了了然"一水"，似乎就是那条可以轻易跨越的村边小溪，"钟山"与"瓜洲"那么遥远的距离也"只"隔数重山，这是何等的"与众不同"。为何？这是地理距离与心理距离的巨大反差。因为对家乡的心理距离是如此的近，才有了作者笔下意象化的长江之"小"、数重山距离表达的"只"，不合常理的外表下是深深的思念故乡情。

又比如《梅花魂》中，作者不仅以大篇幅的梅花介绍吸引读者的眼睛，还在文中处处呈现中国文化的气息，如"梨花木大交椅""白杭绸""经、史、子、集""细亚麻布"等特殊的事物和意象，更有"冰凉的泪珠""血色的梅花"等特殊的表达，如果将之与《最后一分钟》中"都穿过这一滴泪珠，使大海沸腾"相比较，同样的眼泪，一个是冰凉的，一个是沸腾的，差距何其大，这究竟代表什么？通过学生的思辨阅读和讨论，不难得出结论，一个是思念故土而不能顾的悲凉之泪，一个是海外弃子风尘归来的热切之心。语言文字的背后蕴藏的是作者深沉的爱，有了对情感的把握，朗读的指导策略就显而易见、游刃有余了。

朗读技巧有先天因素、高下之分，但读者对文本的无限切近却没有根本区别。只要我们充分调动学生主体，多角度解读文本，巧妙地策略引领，一个五音不全、先天不足的人也依然可以与文本情感零距离，与作者同榻而坐，而这无疑才是我们追求的朗读内核。寄望青年教师能在教学中认真琢磨、勇于实践，把朗读作为解读文本的"金钥匙"，让学生在我们的指导下，在一节课里，能通过对文本的逐层深入，由读准、读通、读流利到最终有感情地朗读，让我们一起聆听花开的声音。

从"是什么"走向"怎么样"

深圳市龙华新区教育科学研究管理中心 路成书

在语文课堂教学中,很多老师往往关注于教材内容。从人物特点到内在情感,从故事背景到含义分析,事无巨细,头头是道。课堂精彩纷呈,师生兴奋异常。这难道真的就是我们需要的语文课堂?非也。

语文,究竟是什么?语文教师,究竟要做什么?

语文,就是语言文字之语文教师,就是要千方百计提升学生的语文素养,也即语言文字的运用能力。简而言之,我们是要培养学生听、说、读、写等各种语文能力,全面提升学生的语文素养。基于这一点的认识,我们就应该树立起清晰的观点——语文,不是为了学习一篇篇的课文,而是通过这些课文的学习使学生掌握终身受用的语文能力。

叶圣陶先生说"教材无非是个例子",这绝对是至理名言。他很准确地对语文教材进行了定位。教材顶多是个例子,是学生习得语文知识和能力的例子。它至少包含两层含义:一是教材不是教学的唯一,随时可以被更好的例子代替;二是教材本身不是教学内容,需要我们利用这个例子萃取需要的教学内容,这与其他学科迥然不同。

第一层含义提醒我们,我们的教学立足点不在教材,而在于我们的教学目标。为了教学目标,我们可以对教材进行有效地融合、取舍、拓展,甚至抛弃。明白了这一点,将大大有利于我们改善教学内容、简化教学时间、集中教学精力、落实教学效果。

语文教材的版本多样,文学作品浩如烟海,当我们以使用的版本进行教学设计时,可以把眼光放得更宽些,立足于教材但又不拘泥于教材,跳出教材本身精读、略读、自读的限制,对于自己觉得有价值的内容可以放慢脚步、细细品味;对自己觉得可有可无的就一笔带过;对于自己觉得可以有更好选择的,则可以完全抛弃。

第二层含义提醒我们,不能把语文教学目标仅仅定位于让学生明白教材的内容"是什么",更要在了解大致内容的基础上学会"怎么样"。也就是说,我们要更多地关注教材内容所呈现出来的表现形式。从文章结构到表达顺序,从选材特点到遣词造句,从标点符号到修辞运用,从细节描写到场面渲染……这林林总总,才是对学生终身发展有益的"语文知识"。在此基础上进行听说读写的基本能力训练,才显得有的放矢。

换而言之,在语文教材的处理上,我们主张内容与形式兼顾,教师在引领孩子们学习课文"是什么"的基础上,再往前走一步,引导孩子们思索这些内容作者是用"怎么样"的形式呈现给我们的,这些"怎么样"对我们今后的写作、说话会产生哪些有益的启示。从关注教材内容到关注教材形式,需要我们从明白"是什么",走向真正地学会"怎么样"。

固本求源回归语文课堂本真

深圳市龙华新区民顺小学　潘向阳

语文所承载的是我们的母语，是工具，是"百科之本"。可现状是没有哪一门学科像语文这样任人评说，也没有哪一门学科遭遇过这样的尴尬——学生苦，老师也苦。相信大多数语文教师都无数次地叩问过自己：语文到底该怎么教？

我们期待朴实、简约的语文课堂教学风格，我们平时挂在嘴边的口头禅"听说读写"常规训练，却很难落实到课堂上。什么样的本色才是语文课堂教学的真本色？简言之，扎实的"听说读写"训练。

一、重聆听，让课堂充满人性的关怀

聆听习惯应从老师开始。我们的课堂为什么组织不好，为什么学生不好好听课？我看，很大的原因在于老师。老师的榜样不在，怎能培养好学生的聆听习惯？

课堂需要聆听的艺术——聆听的体态和聆听的反应。老师的聆听姿态应该有涵蓄万千、包容万象的韵致——面含微笑，神情专注，身体似月牙般微微前倾，听学生娓娓道来。我们许多教师不善于听，往往表现为心不在焉、东张西望，或漫不经心地反剪着手，或一脸的严肃，等等。这些给学生的信息是，我可能答错了，非常后悔自己举手，说话的声音越来越小。举手前的那份自信和骄傲，被老师的漠然泯灭了。聆听学生的发言，老师要及时捕捉学生发言的信息并给予回应，肯定、引导、纠正、提炼、鼓励等。如果老师听完学生的回答而毫无表示，发言的学生便会心里不踏实，学生会感觉老师不在乎他。如果老师都是这样的境况，那想培养学生的聆听习惯，收效不大。

所以，聆听从老师开始，要潜移默化地培养学生聆听的习惯。从小学课堂开始培养学生聆听的美德，对他们今后的人际交往都将起到深远的影响。

二、重说话，让学生既得言又得能

我们老师是否真心将"话语权"还给了学生？为什么我们的课堂互动不起来，老师学生说不到一块儿？很重要的原因，就是老师的语言没有走进学生的心坎。

1. 善于启发和鼓励

一篇课文隐含着许多值得思考、探究的"文点"，而老师则要让这些隐藏的信息浮出来，要让学生有话可说、有话想说。学生不愿说，不敢说，特别到了高年级，课堂几乎是"万马齐喑"，原因是怕说错，怕同学取笑，怕老师批评。此时，如果教师话语亲切，如"愿意把你的想法告诉同学们吗？""你认为呢？""谁有不同见解？"让学生放下包袱，轻松发言。那么，课堂活了，思维活了，学生说话的能力也随之提高了。

2. 善于引导和评价

学生说话不完整、意思不到位，是教师在指导学生说话训练时遇到的最普遍现象，也是最难解决、突破的难点。允许学生有不同见解，鼓励学生自由联想、猜想、想象，并进行发散思维。若一味肯定，会混淆学生辨别真伪的能力。若一味否定，必然会抹杀学生发言的积极性。因此，教师的评价要恰如其分。肯定学生知道了什么，掌握了什么，以及学会怎样说才会更好。如"你说对了，真像一个小哲学家。""你说得很有条理，能说得更具体些吗？"……千万不可简单地消极评价，使学生丧失信心。让学生既得"言"，又得"能"。得言，积累了语言，丰富了词汇；得能，提高了学生的口语表达能力。

三、重朗读，让课堂韵味悠长

朗读不仅是一项口头语言艺术，更是活跃学生思维的好帮手。语文朗读的"本"，体现着汉民族的思维方式——重感悟与直觉。宋代大教育家朱熹提出"涵泳"读书法，读书犹如沉浸水中游泳一般。曾国藩解释得十分透彻："涵泳者如春雨之润花，如清渠之溉稻……泳者，如鱼之游水，如人之濯足……善读书者，须视书，而视此心如花、如稻、如鱼、如濯足，庶可得之于意之表。"他把读书时的反复诵读、品味形象地比喻为春雨润花、清水溉稻、鱼入水中、溪流濯足，也就是必须全身心地沉浸在语言环境里去口诵心惟，方能知其意、得其趣、悟其神。可以说这是朗读到一定程度的境界，是我们语文教师所追求的。

小学语文朗读的"本"，我认为是培养学生开口朗读的习惯，读出汉语的字正腔圆。只要多读、勤指导，就能达到朗读的效果。如在晨读和内容不多的课前，让学生开声朗读，指导学生朗读的方法，掌握发音、节奏、重音、语速、语气、语调等技巧，或由老师范读，培养学生的语感，等等。这样，学生在正式上课前就已经被琅琅书声所熏陶，言动而心动，从而使学生的心理由单纯的文字开始走向充满"动感"的语境。

朗读活动贯穿于教学的始终，留出充分的时间，要求学生响亮、清晰、认真地朗读课文，读出小学生的"语文味"。一位教师指导学生读"邓爷爷小心地把树放进树洞里"。第一遍，孩子们亮着嗓门读着，"言动而心未动"。老师对学生说："孩子们，我们再读一遍，小心别把树碰疼了哦。"这时的学生扬着眉，轻柔地、入境地读着。所以，读书切不可做个读书的样子，草草收场。启发学生有种想读书的冲动，激起学生读书的欲望，体会到读书是一种享受。教师还要注意朗读的目的性和层次性，真正让学生在朗读中增加语言和文化的韵味。

四、重书写，让孩子的作业美起来

中国的汉字一直以来被称为是最难写的字，但它承载了中华五千年传统文化的变迁，具有独特的行款美、对称美和形体美，值得每一个中国人学习并传承。可是多数学生的字迹不工整、不规范，错别字、乱涂乱改现象普遍存在，作业本像"大花脸"。为何小学生的书写习惯和水平如此糟糕？其主要原因是教师不重视，忽视学生对汉字书写习惯的培养。

大凡名师授课，他们的板书从来都是美观而又中规中矩、棱角分明的。

学校在加强师生书写方面应采取一系列措施，如将书法纳入课程，逐步引导学生不用涂改液等。特别强调对教师的培训，如要求教师每天坚持书写一行粉笔字，提倡用正楷书写板书等。教师的言传身教和示范，对帮助和指导学生写好字有特殊作用。小学生具有好动、好奇和模仿力强的特点，"打铁先得自身硬"，教师如能写一手漂亮的硬笔字和软笔字，对指导学生写字来说，本身这"一手"就是一本活教材，学生就会在耳濡目染中书写好我们的母语。小学语文教师应责无旁贷地培养学生掌握正确的书写姿势，养成良好的书写习惯，书写规范、端正、整洁的正楷字。

总之，语文课要像语文课，不要整堂课充斥着各种各样的活动，如表演、唱歌、画画、自然、科技等，就是没有语文课该有的听、说、读、写。不要将与课文内容不那么相关的东西全被"整合"进了课堂，导致"种他人田，荒自己地"。这种高能耗低产出的现象，背离了语文教学的本真。"听说读写"，传承中华民族优秀传统文化才是我们语文课堂教学的本真。

师生关系也是一种生产力

深圳市龙华新区民顺小学　江梓润

"老师，我有一个发现！课文中的老师一句话可以让同学们陷入沉默，另一句话又可以让教室里热闹起来！"刚刚读了一遍《可贵的沉默》，就有聪明的孩子发现了课文中暗藏的玄机。

是的，老师一句"你们中间有谁知道爸爸妈妈的生日，请举手"，让正在热烈讨论生日聚会、生日礼物、父母祝福的孩子们霎时安静下来。"怎么才能知道爸爸妈妈的生日呢？"让躲闪的目光从四面八方回来，孩子们又七嘴八舌地议论起来。

的确，在课堂上，老师具有极大的力量，他可以让孩子愉快，也可以让他们悲伤；他是创造痛苦的工具，也是启发灵感的媒介。师生关系如何很大程度上取决于老师。

我认为，促使教育质量提升的主体是教师和学生，而良好的师生关系能激发学生的学习兴趣和生活热情，激发学生的创新能力，对提高教育质量的生产力具有巨大的作用。马克思主义认为，生产关系对生产力具有反作用。当生产关系同生产力的发展要求相适应、适合生产力的状况时，就能推动社会生产力的发展；而当生产关系不适合生产力的状况时，就会阻碍生产力的发展。生产关系一定要适应生产力的性质，这是人类社会发展的普遍规律，同样也适用于教育。构建新型师生关系是时代发展的客观要求。

赏识是良好师生关系的关键。崔永元在《不过如此》中叙述过"数学恐惧症"：

高考结束，我的第一个念头是，从此再不和数学打交道了。38岁生日前一天，我从噩梦中醒来，心狂跳不止，刚才又梦见数学考试了。水池有一个进水管，5小时可注满，池底有一个出水管，8小时可以放完满池的水。如果同时开进水管和出水管，那么多少小时可以把空池注满？呸，神经吧，你到底想注水还是想放水？

有一天我去自由市场买西瓜，人们用手指指点点，这不是《实话实说》的小崔，我停在一个西瓜摊前，小贩乐得眉开眼笑，崔哥，我给你挑一个大的。一共是7斤6两4，一斤是1块1毛5，崔哥，你说是多少钱？

我忽然失去控制，大吼一声，少废话！

抱歉！对我来说，数学是疮疤，数学是泪痕，数学是老寒腿，数学是类风湿，数学是股骨头坏死，数学是心肌缺血，数学是中风……

当数学是灾难时，它什么都是，就不是数学。所以我请求各位师长手下留情，您不经意的一句话、一个举动或许会了断学生的一门心思，让他的生命走廊中少开一扇窗户。

幸而他的语文老师不同，否则一个主持天才便可能被毁了：

王老师教语文，也是班主任。我的第一篇作文被王老师大加赞赏，她尤其欣赏这一句：运动员像离弦的箭一样……后来才知道，这不过是个套路而已。但是如果不是赞扬，而是一顿批评呢？孩子的自信心通常是被夸奖出来的。

同样是崔永元，遇上的是截然不同的老师，其成长历程也发生了戏剧性的变化——从一个"至今未发现有任何缺点"的优等生转而加入后进生的队伍。其原因是患上了"数学恐惧症"，更准确地说是患上了"教师恐惧症"！"数学是疮疤，数学是泪痕，数学是老寒腿，数学是类风湿，数学是股骨头坏死，数学是心肌缺血，数学是中风……"这一连串的比喻，让人心里一阵酸楚，在一个优等生的眼中（崔永元的优秀已是个不争的事实），数学尚且是"灾难"，那么可想而知，对于其他学生而言，对于那些整天生活在铺天盖地的批评与否定旋涡里的孩子们而言，"灾难"又岂止数学一个？这不能不说是个悲剧——教育的悲剧！而教师，正是这一幕悲剧的导演！

诚然，这并不是为师者的初衷，所以，我们不要成为学生的悲剧！学会"赏识"，让我们的学生在快乐中体验成长的乐趣，用赏识为孩子们的生命洒上一路阳光！

建立良好的师生关系还应激发、尊重学生的兴趣爱好，有时候良好的师生关系能够挽回生命。北郊初中的陈小平校长在课堂上讲述了下面一段故事：

初二有名男生，篮球打得非常好，但成绩不好，家长给的压力特别大。他自己觉得自己没有什么优点，没有存在的价值了，产生了轻生的念头。他爬到阳台上想跳楼，家人苦苦的劝说无效，只好通知了班主任。班主任平时和他的关系很好，因为他的篮球打得非常好，让他当了班里的队长。班主任只说了句："你不在了，我们班的篮球队怎么办，你可是队长哦？"没想到学生哭得更厉害了，他说："就是因为这个所以自己一直没跳。"一句话，挽回了一条充满活力的生命。

师生关系是相辅相成、相互促进、相互学习的。孔子在《论语》中提到"敏而好学，不耻下问"，就已经告诉我们师生之间在学习上是共同进步的，据此，我们就应该允许学生在某方面的知识超越教师。但悲哀的是在我们当下的课堂中，很多老师仍然认为自己是权威，认为学生比自己懂或是问及自己不懂的知识是非常没面子的事，导致师生关系恶化。我见过一位从中学下到小学来的老师，当六年级学生搭着他的肩膀，亲热地叫他"谭哥"的时候，该老师怒发冲冠，拂袖而去，从此他再也走不进孩子的心里了。

在这个高速发展的信息时代，在知识大爆炸的当下，这已经是一个无权威的时代——我们掌控多年的"单面舞台"变成了"旋转舞台"，学生通过各种渠道获得新知，在很多方面已经超越了老师。我们要允许和鼓励学生多获取自己感兴趣的新知识，尊重学生获得新知，与学生共同进步，陪着他们一起成长，搭建平台让学生站在教师的肩膀上看得更远。这需要教师放下"爱面子"的传统感觉，建立良好的师生关系，为提高教育质量和学生的终身发展奠定基础。

与季老的"初次相识"

深圳市龙华新区民顺小学　唐嘉佳

今天早上，跟往常一样，4：30左右醒了，赶紧打开电脑，也许是昨天一直对一个人念念不忘的缘故。那人就是"季羡林"，我心中无比敬仰的一位大师。

真是他的人格魅力感动了我，昨晚在"度娘"上找了一下他的资料。他的一辞"大师"，二辞"泰斗"，三辞"国宝"，最先映入我的眼帘。种种光环加在他的头上，而他却一一要将其去掉。是他配不上这些头衔吗？当然不是！他通晓12国语言，出版24卷文集，在8个方面的研究领域中都做出成绩，用他自己的话说是："梵学、佛学、吐火罗文研究并举，中国文学、比较文学、文艺理论研究齐飞。"我不得不对这样的名人心生敬意！

∽ 初次相识 ∽

最先触动我的是他的感情生活。他有一段包办婚姻，妻子彭德华虽只有小学文化，但是一个真正善良的人，一生没有跟任何人发过脾气。上对公婆，她真正尽了孝道；下对子女，她真正做到了慈母；中对丈夫，她绝对忠诚、绝对服从、绝对爱护。她是一个极为难得的孝顺媳妇、贤妻良母。留德十年，像季老这样优秀的男子固然会得到众多女生的青睐。伊姆加德女士成了季老在德国的恋人。季羡林内心充满矛盾与痛苦——自己是一个有妻子、有儿女的人，尽管那是一次没有爱情的包办婚姻，但是他必须面对这个现实。最终，他做出决定，回到中国，不再与其联络。

他的这段鲜为人知的爱情经历，也毫不避讳地在他的长篇回忆录《留德十年》中被自己爆料了，并且有了深深的反省。这需要何等的勇气！季老用他的实际行动向我们再次展示了他那"敢说真话"的性格。有读者被这段爱情故事所感动，专程到哥廷根寻找到伊姆加德小姐，却发现她终身未嫁，伴着一台老式打字机，一等就是60年。为了季羡林，她付出了一生的光阴和爱情。

作为一个丈夫，他坚守了自己的责任；作为一个父亲，他保守了自己的美德；作为一个情人，他恪守了自己的道德。不管怎样，他是一个值得钦佩的人！现在若是我们每个家庭，每个有夫之妇、有妇之夫在遇到如此易走偏路之时都能像季老这样做，我想大概也就真正和谐了吧！

当看到季老去世，躺在冰冷的床上，他的骨灰将按照他的遗愿分三个地方安葬时，我哭了！季羡林先生也实现了生前遗愿——回到"母亲身边"。季羡林先生还可以在北京，继续与北大学子等人共勉；还可以跟好友继续在河北，"谈一谈生前不能谈的问题"；还可以在山东与父母和妻子，继续谱写"孝"与"爱"的佳话。

实在抑制不住自己，我决定将季老的作品全拿过来读一读。尽我所能，将季老的形象还原，带给我们的民顺学子一个丰满的季老形象。我想跟孩子们一同成长，一同来感受季老，一同用季老的行动来指引我们未来的生活。最后，"要说真话，不讲假话。假话全不讲，真话不全讲"。我想用季老的一句名言跟我的老师和孩子们共勉！

首次交谈

今天早上，也是五点就醒了。

老公帮忙借来的书，季羡林的《随缘而喜——我的人生哲学》《季羡林散文·天雨曼陀罗》和《国学常识》放在那里，该看哪本呢？散文吧！

《两行写在泥土上的文字》——代序，这个必须读。看完之后，我一直在想这是季老自己写的还是别人写的？看文章内容，完全是季老的口吻。乍一看标题，代序是别人写的吗？学困而知不足，又找了一下"度娘"——代序就是"代替序言或引言的文章"，出自《离骚》"春与秋其代序"。在代序里，两行写在泥土上的文字，让季老"真正动了感情，两行眼泪一下子涌出了眼眶，双双落到了泥土地上"。

季老好　　98级日语
来访　　98级日语

这两行泥土上的文字，是这样来的——开学前期，阵雨过后的某个清晨，98级日语班的某个同学用这么有个性而独特的方式，用树枝在季老家门口写下的。照此推测，这个学生是慕名而来的，这个学生不愿打扰季老，这个学生是有创新意识的！在这篇文章里，我看出了季老是一个关心青年人的值得钦佩的人。特别喜欢这段话，摘录如下：

人不应当一过了青年阶段，就忘记了自己当年穿开裆裤的样子，好像自己一出生就老成持重，对青年总是横挑鼻子竖挑眼。我相信，中国青年都是爱国的，爱真理的。即使有什么"逾矩"的地方，也只能耐心加以劝说，惩罚是万不得已而为之的。一个国家，一个民族，如果对自己的青年失掉了信心，那它就失掉了希望，失掉了前途。我常常这样想，也努力这样做。

他是这样说的，也是这样做的。也正是因为他这种行为，感动了许多的青年人。许多青年人写信给他，就连有些不敢跟父母交谈的轻生自杀之类的想法，他们也敢跟季老一吐为快。当季老读到这些时，他也感动不已。也正是这些青年人，给了耄耋之年的季老"再少"之感。双方在这些书信中，互相找到了情感的寄托。也相信季老的许多回信，挽回了许多青年人对生的希望，也鼓励了许多有志青年对理想的追求。

《留德十年》的十八章，向我们描述了饥饿，最有趣的是季老在德国受的"洋罪"。所谓"洋罪"就是在德国吃了面包之后出虚恭("放屁"的意思)。

我就曾在看电影时亲耳听到虚恭之声,此伏彼起,东西应和。我不敢耻笑别人。我自己也正在同肚子里过量的气体做殊死斗争,为了保持体面,想把它镇压下去,而终于还经失败告终。

出虚恭也就是因为面包里掺了有人说是"鱼粉"的东西,看了让人忍俊不禁!此文里还描述了许多关于"挨饿"的片段。印度宗教《长阿含经》里饿鬼宁愿忍受"捉扑热铁上,舒展其身,以铁钩钩口使开,以热铁丸着其口中,焦其唇舌,从咽至腹,通彻下过,无不焦烂",也不愿忍受饥饿。何等饥饿之极!东方果戈理《钦差大臣》里奥西普:"(叹口气)唉,我的天,哪怕有点菜汤喝喝也好呀。我现在恨不得把整个世界都吞下肚子里去。"惊叹果戈理的夸张,更同情奥西普的饥饿。

作者的日子比地狱中的饿鬼还要苦上十倍。虽如此饿,但在《山中逸趣》中,他还是向我们展现了一个像莫扎特小夜曲似的哥廷根的山林。自从季老来到哥城的第一天起,他就爱上了这片山林。这片山林让季老在飞机散布死亡时,能涌起一种安全感。可以说这片小山林就是季老的世外桃源了!

逸趣有,但作者还是不得不回到现实。留德期间,跟家人失联,他还是很挂念家人的:

祖国是什么样子了?家里又怎样了?叔父年事已高,家里的经济来源何在?婶母操持这样一个家,也真够她受的。德华带着两个孩子,日子不知是怎样过的?"可怜小儿女,未解忆长安。"我想,他们是能够忆长安的。他们大概知道,自己有一个爸爸在很远很远的地方。家里还有一条名叫"憨子"的小狗,在国内时,我每次从北平回家,一进门就听到汪汪的吠声;但一看到是我,立即摇起了尾巴,憨态可掬。这一切都是我时刻相信的。连院子里那两棵海棠树也时来入梦。这些东西都使我难以摆脱。真正是抑制不住的离愁别恨,数不尽的不眠之夜!

接着季老也想到了母亲:

我脑海里那一点母亲的影子,是我在十岁时离开她用眼睛摄取的,是极其不可靠的。可怜我这个失母的孤儿,连在梦中也难以见到母亲的真面目,老天爷不是对我太残酷了吗?

这让我想起前年在教六年级上册季羡林的《怀念母亲》时,面对零散的日记,如何能让孩子体会到季老对祖国母亲与对亲生母亲的怀念?现在我大概找到了方法,让孩子读整本的书,让孩子走进那一篇篇有热度的原文,何愁学生对其印象不深刻?这也为我以后的教学提供了一个很好的思路。我愿践行。

荟萃　淬炼　精粹
——多元文本解读心理策略分析

深圳市坪山新区坪山实验学校　庄泳程

从接受美学的角度讲，"阅读并不仅仅是被动的接收，而是主体的同化。不同时代、不同文化背景、不同经历、不同素养、不同价值取向的读者主体的不同，因而同化的结果也是不同的。"（孙绍振）从文本解读的角度讲，这种"不同的结果"就表现为解读的多元。尊重、理解进而融合这些"不同的结果"，需要良好的心理品质的依托。由此，多元文本解读必须讲究基于内部心理品质的策略。

所谓心理策略，就是从心理品质出发所制定的方法、路径的提升与融合。多元文本解读追求文本解读的多元化，尤其需要依托良好的心理品质。首先在解读的起点，要有荟萃不同视角的视野，丰富解读的广度；其次在解读的过程，要有淬炼文本价值的意识，夯实解读的厚度；最后在解读的终极目标，要有提炼解读精粹的习惯，丰盈解读的效度。这种建立在解读主体心理品质上的策略，利于师生在解读中养成良好的品析、甄别、比较语言文字内核的习惯，从而让解读的多元化更有意义。

一、解读的起点策略：荟萃多种视角

所谓荟萃，就是精美东西的汇集，在此特指多种解读精义的搜集和整理。视角，则指文本解读的不同角度。文本解读的起点，不仅要将解读的目光投注于文本肌体，更要占有更多不同视角解读的感性材料，这能让解读从一开始就进入宽广的视野。文学作品作用于不同的读者身上或同一读者处于不同氛围之中，所引发的生活感应、所打开的思维流程、所产生的心灵震撼、所荡起的联想启迪、所建构的知识图式不同，就会使文本的解读呈现不同的视角。余秋雨说："在一个琳琅满目的世界，学会排序是一种本事，不至于迷路。有的诗文，初读也很好，但通过排序比较，就会感知上下之别。日积月累，也就有可能深入文学最微妙的堂奥。"从这个角度上讲，真正多元的解读，首先就是要荟萃不同的解读视角，从中进行比较、甄别，学会"排序"，久而久之，也有可能进入文本"最微妙的堂奥"。

比如《地震中的父与子》这篇文章。课文讲了地震发生后，父亲锲而不舍连续38个小时解救儿子，儿子埋在废墟底下坚定地等着父亲的到来，表现父子"了不起"的事。对于文章的解读，从本意上讲，就可以有多个视角：

（1）叙述者视角。教师可以站在第三者的立场上，把解读的重点放在父与子的"了不起"上，通过对语言文字的品味，体会父子为什么"了不起"。

（2）情节视角。教师也可以把解读的重心放在故事情节的填补上——38个小时，你可以做什么？38个小时，父亲会经历什么？38个小时，废墟下的孩子会怎么样？

（3）人物视角。教师还可以将视角投注在"父亲"身上，抓住语言文字细节，解读山一般的"父爱"。不同的视角无对错之分，但有高低之别。我国古典美学中有"诗有三境"之说，即"物境""情境"和"意境"。以上三种不同视角的解读，也表现了教师主观解读的心理和参与行为的高低。"物境"如镜中之像，仅得形似；"情境"即参与情感体验，高出一层；"意境"则超越一般性的情感体验，"张之于意而思之于心"，达到解读的高层境界。

以上案例给予我们的启发，就是文本解读是可以有多个视角的。比如文本解读的层次角度：读出文本的本意、深意、新意；文本解读的性质角度：生命性、审美性、生活性、文化性、智慧性；文本解读的"语文味"角度："文味""情味"及其二者的统一；文本解读的方法角度："知人论世""以意逆志"等。唯有荟萃多种视角的意识和习惯，方能让多元的解读在一开始就视野宽广，方能在解读的起点就有了游刃的多重路径，方能在荟萃之余辨优劣、明方向，真正选择适合文本、适合教学的解读方向。

二、解读的过程策略：淬炼教学价值

阅读教学的教学价值是什么？语文是一门人文学科，人文之精神在于促进人的生活质量、思想内核、生命品质的提高。这同样应该成为阅读教学的终极目标，也是阅读教学价值所在。文本解读的过程，就是要借助文本这个载体，通过师生共同的解读，寻找适切师生在阅与读的过程中提升师生生命品质的节点。这个节点，在解读上就表现为解读的要点是否扎根于学科本真，服务于学生学习，彰显出教师个性，落实于思维创新，尤其不能偏离文本的内核，舍本逐末、画蛇添足、避重就轻。由此，解读的过程还须历经淬炼。淬炼的过程，就是甄别、判断、选择的过程。不经过苦心孤诣的揣摩和比照，是不可能真正抵达文本解读的核心的。这种揣摩和比照，必须成为一种常态意识。从矛盾对立的哲学观来讲，这个节点要兼顾师生教与学的需要，要统筹读者与作者创与阅的主旨，更要平衡编者与读者编与读的用心。

（1）教师视角和学生视角的平衡。教师视角是指教师阅读文本的角度，一般带着成年般审视的目光，而学生视角则是孩子从自身知识水平及生活阅历出发阅读文本的角度，一般比较纯粹而单纯。多元解读不仅要兼顾教师的视角，更要兼顾儿童的视角，从中发现两种视角的交叉、融合，甚至是矛盾的点，这个点就是两种不同视角的平衡点。比如《祖父的园子》。萧红用儿童的语言，写出了儿童眼里的世界，这样的世界在学生的眼里就是自由、就是快乐、就是生机勃勃。然而熟识萧红的人，又怎能忽略乱世飘零中萧红步履蹒跚的身影，又怎能忽略萧红在孤灯残影中的那一声声呐喊，祖父的园子就是萧红心里的精神家园啊！如何平衡教师与学生视角，就是多元解读的着力点所在。

（2）读者视角和作者视角的平衡。作者视角表现为作者创作的初衷，而读者对于一篇作品的观感，也肯定会衍生出诸多个人的色彩，因为阅读肯定会带着补充、丰富和自我的审视，这就是读者视角。多元文本解读的关键在于，寻找读者视角与作者视角的交集所在。这个交集，就是文本的内核所在。比如《去年的树》。很多人阅读《去年的树》，关注到了鸟儿对友情的呵护、对承诺的执着，而新美南吉最初的出发点其实是表现一种对生命的淡然，甚至是淡淡的忧伤。他用"物语"的表现形式，通过树的生命历程，展示了对于生命幻灭的最为朴素的人生态度。显然，这样的创作初衷如果贸然投射到课堂，无疑是孩子无法承受的分量。如何达成平衡，是考验教师解读功力的重要问题。

（3）编者视角和教学视角的平衡。作为教材中的每一篇文章，其摆放的每一个位置，其实浸透了编者的独特用心。这种用心，就是编者对于文本理解的视角。这是解读的一个重要因素，是解读中不能绕过的一个重要节点。而教学的视角往往是就单篇教学文本而言的。由此，编者视角和教学视角的平衡，就表现为教学的个性必须是基于遵循编者意图基础上的发挥。比如人教版新课标第十册第八单元的《长征》。作为孤立的文本，教学中要呈现的无疑是长征中的大场景，而作为"毛泽东专题"单元下的第一篇文章，我们更要聚焦大场景背后的那个人——毛泽东。编者视角与教学视角如何平衡，最终将衡量多元解读是否有意义。

三、解读的终极目标：提炼解读精粹

多元解读的最终目的在于服务教学，由此，解读的精粹就表现为是否利于教学的最终解读内容。提炼的过程，就是在大量荟萃和着力淬炼的前提下，筛选、组合、取舍解读内容，并转化为教学设计的过程。没有淬炼解读精粹的意识和习惯，所有的多元解读也只能是一盘散沙，不能成为系统，甚至会使自身在多种解读的视角中迷失了教与学的方向。而这种提炼解读精粹的习惯，需要一种持之以恒、深入分析并精准提升的定力和意志品质。具体来说，包括：

（1）懂得融合。融合就是融汇，进而达成贯通。融汇的是不同视角的解读，贯通的是对于文本达成统一而完整的意象解读。如对于《祖父的园子》，教学诚然需要蹲下来的姿态，也总需要拖起来的助力。是否可以在儿童视角的基础上，适当渗透成人的视角，通过童年的自由快乐与生机对比成年的禁锢、漂泊与落魄，最终达成对"园子"意象的理解呢？祖父的院子里，满是自由、快乐和生机，而成年的生活是时局的动荡、生活的颠沛流离、家园的支离破碎。这样的对比，是否能荡激孩子的心田，深化孩子们对园子意象的解读？孩子的发现是令我们惊讶的：祖父的园子是萧红漂泊时心灵的港湾，是饥寒交迫时一盏温暖的灯，更是她脆弱心灵最后的壁垒，是她心灵的家园啊！是萧红心底深处的一个梦！自由、快乐、生机，一切园里的事物只能在梦里相见了；在这样的梦里，只愿沉醉，不愿醒来！在这样的淬炼中，师生共同完成的文本解读触碰出了更为智慧的火花。在孩子们诗化般的语言中，不仅园子的意象显得更为饱满，而且语言与思维的升华也更为厚实。这样的解读，才是真正的多元解读。

（2）善于换位。换位，在多元文本解读过程中，更多体现为角色的换位。它表现为审视文本的不同角色体验，这种换位，于文本最终解读精粹的提炼有醍醐灌顶之效。《去年的树》中我关注到了课题这个点。课题是《去年的树》，而作品中却用大量的笔墨描写"今年的鸟"，如果用鸟儿的目光来审视整个故事，我们读到的可能就是友情、承诺和忧伤，那么，如果是用"去年的树"作为切入点，如果用"去年的树"来审视整个故事，读到的又是什么呢？借用这种角色换位的教学思路，孩子们就有可能读到一种生命的变化历程，读到"树"对于生命变化的一种豁达观感——从一棵树到一根火柴，未必就是忧伤，燃烧自己照亮别人进而回归大地，这是一种自然的规则，尊重并正视这种规则，可以获得内心的从容与淡然。当然，这样的解读未必能成功地投射到课堂，还要基于教师的能力、学生的眼界、课堂的具体生成而定，但这样的解读，无疑比单一地关注"友情、承诺、忧伤"更为多元。

（3）敢于取舍。取舍无疑是智慧的。文本解读之所取者，是为了丰盈对于文本的理解；之所舍者，是敢于抛却无关于教学目标的解读内容，最终让教学更为扎实有效。有位老师用"伟人风采、凡人情怀"的单元主题来解读《长征》，这样的立意就显得更为高明。通过"伟人风采"，呈现红军战士对于长征中"难"的蔑视，表现一种革命乐观主义及大无畏精神；借助"凡人情怀"，补充长征中那一个个温情的故事，尤其是补充毛泽东长征中的三次落泪，把伟人的姿态放低，沾上凡人的气息，展示革命领袖有血有肉、有情有泪的情感，不仅更为立体地还原了长征的真实情况，更丰盈了一代伟人的人物形象，可谓一举多得。这样的多元解读，需要适当舍去长征途中红军的豪迈情怀，而补充更多的毛泽东的感性素材。这样的解读，才是更能站得住脚的，才是更能体现编者意图的。

综上所述，从内部心理品质出发，强化荟萃、淬炼、精粹的多元文本解读意识并养成习惯，利于师生在文本解读中丰富解读的广度、夯实解读的厚度、丰盈解读的效度，更能有效地提高阅读教学的效率。唯此，多元，方能更有意义！

简约中的精彩
——听于永正《林冲棒打洪教头》有感

深圳市龙华新区民顺小学　尹志波

前几年，参加深圳市的一次小学语文教学教研活动，有幸聆听了于永正老师执教的《林冲棒打洪教头》，其名师和名师课堂的魅力至今让我回味无穷。于老师的课堂简简单单、朴朴实实，于平凡中见巧妙、细节处见精彩，充满着浓厚的"语""文"味道，可谓平淡至极却又巧妙至极，简约至极却又丰富至极，对于我们创设真实、扎实、朴实的语文课堂有着很好的启示。

一、简洁精妙的课堂结构

于老师的这节课环节设计非常简单、平实，没有刻意为之的奇思妙想，没有程序繁多、氛围嘈杂的现象。

第一课时：先让学生读课题，纠正"头"的读音，理解"教头"的意思。接着检查生字，先出示一类生字，然后是课文中的多音字，结合理解一些词语。然后按自然段指名读书，教师予以评价和指导。课文读完了，抓住主要人物林冲，让学生说说印象，然后概括成一个字"让"。

第二课时：围绕"让"字，抓住重点段落第3、4、7小节中"躬身施礼、起身让坐、不敢不敢、只好、请教、扫"等关键词语，带领学生深入文本，感悟林冲的礼让、忍让、谦让、宽让，使人物形象在阅读中得到凸显和放大。

最后引用《论语》中子禽和子贡的对话，突出"温良恭俭让"是中华传统美德，升华主题。尾声部分采用说话的形式，让学生说说文中另一个人物洪教头的形象。

细细体会，这一课堂结构简化了细密、多余的环节，除了有助于让学生有更多的时间、更大的空间去潜心读书，加深对文本的理解和体验外，还有更深的用意。首先，从字开始，到词，再到段，进而到文，又从文，到段，再到词，环环相扣，循序渐进，既严谨又科学。

另外，深入文本，抓住一个"让"字，完成了从部分到整体的第一次阅读；在此基础上从"让"字出发，从段到词，再到"温良恭俭让"主题的领悟，完成了从整体到部分再到整体的第二次阅读。这种设计删繁就简、干净利落，既科学又合理，遵循了学生的认知规律和阅读规律，把握住了阅读教学的根，看似简单，实则很不简单！

二、简约深入的文本解读

于老师曾说:"语文教师首先要钻研文本。只有钻出味儿才能教出味儿来,只有教师走进文本,走进人物内心,课堂教学才能游刃有余。"这堂课最大的亮点、最能给人以震撼的地方,也恰恰在于对文本入木三分、以一当十的深度解读。

教《林冲棒打洪教头》,一般教师对于文本的理解和人物性格的把握,尤其是对于林冲的认识,多数都停留在"武艺高强、谦逊有礼"这一层面上。于老师在教学《林冲棒打洪教头》时,把人物放置在《水浒传》这部著作的背景当中,单用一个"让"字,就解读出了一个与众不同、个性鲜活的林冲——他的一生是"让",当让无可让时,就冲冠一怒上梁山。洪教头进到大厅,林冲"躬身施礼""起身让座",是"礼让";被洪教头奚落、羞辱,不但不怒,反而连声说"不敢,不敢",是忍让;洪教头掂起棒来,"耍了一阵",大喝一声"来!来!",林冲"只好""请教",是谦让;一交手,洪教头举起棒"劈头打来",林冲只是"一扫",洪教头"扑"地倒地而未受伤,这是难得的宽让!最后归结到中华美德"温良恭俭让"中的"让"。这样,"提领而顿",而"百毛皆顺"了。从高修养到高道德,层层深入,林冲的形象逐渐变得高大丰满、有血有肉。这样的深度解读不禁令人拍案叫绝!

另外,对于文中的次要人物——洪教头,于老师的解读也独具匠心。一般教师的课上带给学生的就是"傲慢无礼、目中无人、缺乏教养"。但是在于老师的课上,教师提出:"洪教头是坏人吗?从哪里可以看出来?"学生再次阅读课文发现了更多有价值的信息,从"满面羞惭"等看出他能够认识自己的问题,有羞愧之心,这样的人不能算作大坏蛋。相比而言,这样的认识就更客观全面,一分为二。事实上,作品刻画的就是这样具有多面性、多重性的人物形象。正是因为有了于老师对文本的深刻解读,我们在课堂上看到的人物就不再是孤立、单一、绝对的了。

三、简要实在的教学策略

纵观于老师的这节课,既没有哗众取宠的游戏表演,也没有眼花缭乱的多媒体课件,但给人的感觉却非常扎实、有效。原因是于老师采用了"读"这一最简单、最实用、最有效的学习方法,给予学生充分的读书时间,让学生"读而思,思而读",思考语文文字的内涵。而教师恰到好处地点拨、提示、激发、渲染,使学生的朗读充盈着丰富的情意,阐释着对文本深刻的体悟。

在教学中,开篇学生朗读课题,教师指导纠正"洪教头"中"头"的轻声读法。接着,采取自由读、范读、指名读、齐读等方式,引导学生把课文从头至尾读一遍。然后,把课文重点段第3、4、7节多读几遍,读出自己的思考,读出自己的理解,林冲与洪教头的人物形象在学生脑海中是那样的鲜明。

"林冲的人品、为人有什么特点?用一个字进行概括。"学生初步阅读课文,感知林冲"武艺高超、谦虚有礼"的性格特点之后,教师抛出这样一个问题,引领学生再次进入文本深度阅读，读出一个"让"字。最后，紧扣重点词"躬身施礼、起身让坐、不敢不敢、只好、请教、扫"，引领学生朗读描写人物言行的内容，读出林冲的"礼让""忍让""谦让""宽让"。这样，没有花哨的课件演示，没有让学生模拟棍棒打斗，仅凭借简简单单、实实在在的读书，一个"坚忍"的好汉形象便栩栩如生地出现在学生面前。整个教学淳朴恬淡、本色天然，一切都那么简单、自然。

简简单单的设计，从从容容的引导，扎扎实实的读书，呈现的是原生态的课堂，体现的是大师的教学智慧。大道至简，真水无香。在"泛语文""非语文"充斥课堂的今天，于老师在教学中折射的"简而精，单而丰"正是语文教学的价值所在。